LE CID

D'APRÈS DE NOUVEAUX DOCUMENTS

PAR

R. DOZY

Commandeur de l'ordre de Charles III d'Espagne, membre correspondant
de l'académie d'histoire de Madrid, associé étranger de la Soc. asiat.
de Paris, professeur d'histoire à l'université de Leyde, etc.

Nouvelle édition

LE CID

Se vend :

à Paris   chez **B. Duprat,**
» Madrid   »   **C. Bailly-Baillière,**
» Londres   »   **Williams & Norgate,**
» Leipzig   »   **T. O. Weigel.**

Vu les traités internationaux relatifs à la propriété littéraire, l'éditeur de cet ouvrage se réserve le droit de reproduction et de traduction. Il poursuivra toutes les contrefaçons faites au mépris de ses droits.

E. J. BRILL.

LE CID

D'APRÈS DE NOUVEAUX DOCUMENTS

PAR

R. DOZY

Commandeur de l'ordre de Charles III d'Espagne, membre correspondant de l'académie d'histoire de Madrid, associé étranger de la Soc. asiat. de Paris, professeur d'histoire à l'université de Leyde, etc.

Nouvelle édition

LEYDE
E. J. BRILL
Imprimeur de l'Université

1860

LE CID

D'APRÈS DE NOUVEAUX DOCUMENTS

> Ich weiz wol, ir ist vil gewesen,
> die von Tristande hant gelesen:
> unde ist ir doch niht vil gewesen,
> die von im rehte haben gelesen.
>
> Gottfried von Strassburg,
> *Tristan und Isolt*, vs. 31 — 34.

INTRODUCTION

> Decidnos por Dios, señor,
> Quien sois vos ?
> Gil Vicente, *Comedia do viuvo*.

Parmi tous les héros que l'Espagne a produits au moyen âge, il n'en est qu'un seul qui ait acquis une réputation vraiment européenne: c'est Rodrigue Diaz de Bivar, le Cid Campéador. Les poëtes de tous les temps l'ont chanté. Le plus ancien monument de la poésie castillane porte son nom; plus de cent cinquante romances célèbrent ses amours et ses combats; Guillen de Castro, un des plus mâles talents de la Péninsule, Diamante, d'autres encore, l'ont choisi pour le héros de leurs drames. Tout le monde le connait : en France, par la tragédie de Corneille, en Allemagne, par la traduction que Herder a donnée du Romancero.

D'où vient ce puissant intérêt, ce prestige attaché à ce nom? Qu'a-t-il donc fait, ce Cid, pour que l'Espagne en soit si fière, pour qu'il soit devenu le type de toutes les vertus chevaleresques, pour qu'il ait jeté dans l'ombre tous ses frères d'armes, tous les héros espagnols du moyen âge? Et puis, le Cid des *cantares*, des romances, des drames, est-il bien le Cid de l'histoire? Ou bien n'est-il qu'une création magnifique des poètes de la Péninsule?

Depuis bien longtemps, ces questions ont occupé les historiens de l'Espagne et de l'Europe entière. La critique historique en était encore à ses premiers tâtonnements, que déjà un poète et un historien du XVe siècle, Fernan Perez de Guzman [1], exprima des doutes sur certains points de l'histoire du Cid, et dans le siècle où nous sommes, le jésuite Masdeu n'a pas craint d'avancer que l'on ne possède sur ce héros fameux aucune notice qui soit certaine ou fondée, que l'on ne sait absolument rien à son sujet, pas même sa simple existence. Aucun autre écrivain n'a poussé le scepticisme aussi loin; mais il n'en est pas moins vrai, d'abord que certaines romances et certaines par-

---

1) Voyez son poème intitulé *Loores de los claros varones de España*, copla CCXIX (dans Ochoa, *Rimas inéditas del siglo XV*).

ties de la *Cronica general* renferment des erreurs et des fictions; ensuite que les anciens témoignages latins ou espagnols sont très-rares et très-maigres; car tout ce qu'on possède en ce genre se réduit au contrat de mariage entre Rodrigue et Chimène [1], et à quelques lignes d'une chronique latine, écrite dans le midi de la France, vers l'année 1141, où elle s'arrête. Les autres sources de l'histoire du Cid sont toutes postérieures à l'année 1212. Ce sont de courtes notices qui se trouvent dans la chronique latine de Burgos, dans les *Anales Toledanos primeros*, dans le *Liber Regum*, dans les Annales latines de Compostelle, dans la chronique de Lucas de Tuy, et dans celle de Rodrigue de Tolède; et l'on s'est demandé si l'on pouvait accorder une bien grande confiance à des chroniqueurs du XIII° siècle, quand il s'agissait du Cid, qui, comme nous l'apprend le biographe d'Alphonse VII, était déjà devenu le héros des chants populaires un demi-siècle après sa mort. Nous possédons en outre les *Gesta Roderici Campidocti*, ouvrage que Risco a découvert dans la Bibliothèque du couvent de Saint-Isidore à Léon, et qu'il a publié en 1792, dans un livre qui porte ce titre: *La Castilla y el mas famoso Castellano*. Cette biographie assez étendue doit avoir

---

1) Ce document a été publié en 1601 par Sandoval (*Monesterio de San Pedro de Cardeña*, fol. 43 r. — 44 v.), et réimprimé par Sota (*Chronica de los principes de Asturias, y Cantabria*, p. 651) et par Risco (*La Castilla*, p. VI et suiv. de l'appendice).

été écrite avant l'année 1238, époque de la prise de Valence par Jacques Ier d'Aragon; car, en parlant de la prise de Valence par les Sarrasins après la mort de Rodrigue, l'auteur dit : « et numquam eam ulterius perdiderunt. » Il n'est plus permis aujourd'hui de révoquer en doute l'existence du manuscrit de Léon, comme Masdeu l'a fait en 1805, car ce manuscrit se trouve actuellement dans la Bibliothèque de l'Académie de l'histoire à Madrid, laquelle possède aussi un autre exemplaire de ce livre, exemplaire dont l'écriture est du XVe siècle [1], tandis que celle du manuscrit de Léon, à en juger par le fac-simile des cinq premières lignes que l'on trouve dans la traduction espagnole de l'ouvrage de Bouterwek, est du XIIe ou du commencement du XIIIe siècle [2]. Mais il reste encore à examiner si ce livre est en tout point digne de confiance, comme l'ont cru Risco et Jean de Müller, le célèbre historien de la Confédération suisse, qui a publié, en 1805, une histoire du Cid, ou bien si c'est un tissu de fables, comme Masdeu a tâché de le prouver dans une dissertation de 168 pages, qui se trouve dans le vingtième volume de son *Historia critica de España*.

D'un autre côté, on se demande s'il y a quelque

---

1) *Voir le Memorial histórico Español*, t. IV, p. XII.

2) Telle est l'opinion des traducteurs de Bouterwek; c'est aussi celle de notre savant archéologue M. le docteur Janssen, que j'ai consulté à ce sujet.

chose de vrai dans l'ancienne Chanson du Cid, que Sanchez a publiée en 1779, et dans cette partie de la *Cronica general* où il est question de notre héros. La Chanson a été regardée par Jean de Müller comme une source à laquelle l'historien pouvait puiser, et encore de nos jours cette opinion a trouvé des défenseurs. Quant à la *Cronica general*, un savant allemand, M. Huber[1], est d'avis que la partie de ce livre qui traite des affaires de Valence, n'est pas, comme on le croit ordinairement, fabuleuse et absurde; il pense au contraire qu'il est possible que ce récit ait été écrit par un Arabe valencien, contemporain du Cid, puisqu'il est à la fois simple et circonstancié, mais nullement poétique, et que le Cid y apparaît sous un jour peu favorable.

Voilà donc plusieurs questions, toutes plus ou moins épineuses, plus ou moins controversées jusqu'ici. Qu'est-ce que la chronique latine: est-elle histoire ou fiction? Qu'est-ce que la *Chanson du Cid?* Est-ce une chronique rimée ou bien un ouvrage d'imagination? Y a-t-il quelque chose de vrai dans la partie de la *Cronica general* qui traite du Cid, dans la chronique qui porte son nom, dans les romances, dans la *Cronica rimada* qu'a publiée M. Francisque Michel? Enfin, qu'était-ce que le Cid? Qu'a-t-il fait? Com-

---

1) Voyez l'Introduction que ce savant a ajoutée à son édition de la *Chronica del Cid*, Marbourg, 1844, p. LVI et suivantes.

ment et pourquoi est-il devenu le héros espagnol par excellence? Pourquoi son histoire, vraie ou fausse, est-elle devenue le thème favori des poètes du moyen âge? En quoi le Cid de la tradition diffère-t-il du Cid de l'histoire?

PREMIÈRE PARTIE

LES SOURCES

I.

> Right well I note, most mighty Soveraine,
> That all this famous antique history
> Of some th' aboundance of an ydle braine
> Will iudged be, and painted forgery,
> Rather then matter of iust memory.

> But let that man with better sence advise,
> That of the world least part to us is red;
> And daily how through hardy enterprise
> Many great regions are discovered,
> Which to late age were never mentioned.
> Spenser, *The Faerie Queene*, Book II.

> Sus treib ich manige sûche,
> unz ich an einem bûche
> alle sîne jehe gelas,
> wie dirre aventure was.
> Gottfried von Strassburg,
> *Tristan*, vs. 63—66.

Une découverte inattendue m'a mis en état de débrouiller et d'éclaircir la matière qui nous occupe. Pendant mon séjour à Gotha, dans l'été de l'année 1844, j'examinai le manuscrit arabe 266. que le Catalogue présente comme un fragment de l'histoire d'Espagne par Maccarî. Je ne tardai pas à reconnaître que ce titre est faux, et que le manuscrit contient la première partie du troisième volume de la *Dhakhîra* d'Ibn-Bassâm, ouvrage qui traite des hommes de lettres qui fleurirent en Espagne dans le Ve siècle de l'Hégire [1]. Je ne tardai pas non plus à m'apercevoir que ce manuscrit contient un long et important passage sur le Cid, passage d'autant plus remarquable qu'Ibn-Bassâm écrivit ce volume à Séville en 503 de l'Hégire [2], 1109 de notre ère, c'est-à-dire dix années seulement après la mort du Cid. Son récit est donc le plus ancien de tous ceux que nous possédons, puisqu'il est antérieur de trente-deux années à la chronique latine écrite dans le midi de la France, et ce qui en rehausse la valeur, c'est que l'auteur y invoque le témoignage d'une personne qui avait connu le Campéador.

Le passage dont il est question, se trouve dans le chapitre qui roule sur Ibn-Tâhir, l'ex-roi de Murcie, qui, après avoir perdu son trône, s'était établi à Valence. Je vais le traduire dans son entier, car il ne contient rien qui, par la suite, ne doive nous être éminemment utile, et quoiqu'il soit fort difficile de

---

1) Voyez *Scriptorum Arabum loci de Abbadidis*, t. I, p. 189 et suiv., où j'ai parlé longuement d'Ibn-Bassâm, de sa *Dhakhîra*, du manuscrit d'Oxford (2e volume) et de celui de Gotha.

2) Voyez *ibid.*, p. 197. L'année arabe 503 commence le 31 juillet 1109 et finit le 19 juillet 1110; mais il est très-certain qu'Ibn-Bassâm écrivit le passage en question, avant le 24 janvier 1110, époque de la mort de Mostaïn de Saragosse. Ce prince, comme on le verra tout à l'heure, vivait encore quand Ibn-Bassâm écrivit.

faire passer dans une langue moderne ce style de rhéteur, hérissé de périphrases verbeuses et de métaphores bizarres, je tâcherai cependant de rendre les paroles de l'auteur aussi littéralement que je pourrai le faire sans nuire à la clarté et sans trop heurter le génie de la langue française :

« Ibn-Tâhir écrivit une lettre à Ibn-Djahhâf, quand le cousin germain de ce dernier se fut révolté à Valence. Nous en empruntons ce qui suit:

« Comme les preuves que vous m'avez données de votre bienveillance, mon respectable ami, sont pour moi un habit que je n'ôterai jamais, et que vous m'avez imposé la reconnaissance comme un précieux fardeau que je ne cesserai de porter, je vais me confier à vous les yeux fermés, et j'imputerai la faute de ce qui s'est fait à un injuste destin. Après sa révolte qui, à ce qu'il pense, l'a porté jusqu'aux étoiles et l'a rendu bien supérieur aux habitants du ciel, votre cousin (que Dieu nous fasse jouir longtemps de ses talents!) me regardait de travers, et il croyait que je lui portais envie ou que j'étais son rival. Mais que Dieu maudisse celui qui lui envie cette magnifique révolte;

Elle n'était faite que pour lui, et il n'était fait que pour elle [2]!

---

1) Voyez le texte dans l'Appendice, n° I.
2) Ce vers, qu'Ibn-Tâhir place ici par ironie, est sans doute d'un poëte ancien, et je suppose qu'il se trouvait dans un poëme composé à la louange d'un prince. Le pronom féminin se rapporterait donc

« Puis son noble courroux s'est déchaîné contre moi, et il m'a tracassé de toutes les manières. Cependant je dévorais mes chagrins quelque cuisants qu'ils fussent; je faisais semblant de ne pas m'apercevoir de ses desseins; je cachais ma douleur si grande qu'elle fût; je ne me vengeais qu'en lui faisant du bien. Mais aujourd'hui il a eu l'idée (et il en a de détestables) de combler la mesure de l'iniquité et de l'insolence, et il m'est arrivé une chose si étrange que je n'avais jamais pu la supposer; aussi la cause de sa conduite m'est inexplicable. Quand mon messager est venu le trouver pour l'interroger sur certaines choses, il lui a montré un visage morne et refrogné; il lui a tourné le dos et a fait preuve d'un insupportable orgueil. Néanmoins j'ai su me contenir, car j'ai voulu respecter la bienséance et ne faire que ce qui était convenable; mais ce n'est pas par respect pour Abou-Ahmed que je me suis contenu, et ses procédés envers moi n'ont pas été tels qu'ils dussent m'empêcher d'agir.

« Je le jure solennellement: si le destin vous conduit vers moi et que je me trouve encore ici, je vous ferai goûter tous les plaisirs et je vous porterai sur les mains, vous et vos amis[1]. Mais que Dieu vous

---

au mot الربيسة, et le sens serait: « le trône n'était fait que pour lui, et il n'était fait que pour le trône. »

1) Dans le texte, Ibn-Tâhir se compare à un chameau, et il dit:

laisse longtemps dans votre demeure, et qu'il la protége contre les malheurs! Qu'il vous conserve votre haute dignité qui vous servira de marchepied pour arriver à des charges encore plus éminentes! Que l'élévation de celui dont je vous ai parlé, ne vous porte pas malheur, mais que sa chute vous porte bonheur! Car on ne souffre pas longtemps un homme tel que lui; il ne reste pas longtemps en place, et on ne lui accorde pas un long délai!»

«Abou-'l-Hasan [1] dit: Cet Abou-Abdérame ibn-Tâhir vécut assez longtemps pour être témoin de la chute de tous les princes des petites dynasties, et de la calamité qui frappa les musulmans de Valence; calamité qui fut causée par le tyran le Campéador, que Dieu le mette en pièces! Il fut alors jeté en prison dans cette Marche, l'an 488 [2]. De sa prison, il écrivit à un de ses amis une lettre où il dit:

«Je vous écris au milieu du mois de Çafar. Nous sommes devenus prisonniers après une suite de malheurs si graves qu'ils n'ont jamais eu leurs pareils. Si vous pouviez voir Valence (que Dieu veuil-

---

«je vous porterai sur mes épaules et sur mon dos, vous et vos amis.»

1) C'est-à-dire Ibn-Bassâm (Abou-'l-Hasan Ali ibn-Bassâm), comme porte le man. B.

2) Cette date est fausse, comme nous le verrons plus tard. Ibn-Tâhir écrivit la lettre qu'on va lire, au milieu de Çafar 487, c'est-à-dire le 6 mars 1094. Il était alors prisonnier dans le camp du Cid, auquel il avait été livré par Ibn-Djahhâf.

le la favoriser d'un regard et lui rendre sa lumière!), si vous pouviez voir ce que le destin a fait d'elle et de son peuple, vous la plaindriez, vous pleureriez ses malheurs; car les calamités lui ont enlevé sa beauté; elles n'ont laissé aucune trace de ses lunes ni de ses étoiles! Ne me demandez donc pas ce que je souffre, quelles sont mes angoisses, quel est mon désespoir! A présent je suis obligé de racheter ma liberté au prix d'une rançon, après avoir affronté des périls qui m'ont presque ôté la vie. Il ne me reste d'autre espoir que la bonté de Dieu, à laquelle il nous a accoutumés, et sa bienveillance qu'il nous a garantie. Je vous ai fait partager mes chagrins, car il faut tout partager avec son ami, et je connais votre fidélité et le bienveillant intérêt que vous me portez. Je l'ai fait aussi pour pouvoir demander de vous une sincère et fervente prière en ma faveur: peut-être une telle prière sera-t-elle suivie de ma mise en liberté, car Dieu (son nom soit glorifié!) aime à exaucer les prières. Puissiez-vous toujours voir ses bénédictions dans l'endroit où vous vous trouvez!»

«Abou-'l-Hasan dit: Puisque nous avons parlé de Valence, nous devons faire connaître la calamité qui la frappa, et nous devons dire quelque chose de la guerre dont cette province fut le théâtre: guerre dont la course précipitée ne se prolongea que trop longtemps pour l'Islâm, et que les grands et perpétuels efforts d'hommes justement inquiets ne purent réprimer. Nous devons aussi faire connaître les raisons des crimes commis pendant cette guerre, et des maux que les musulmans eurent à endurer; nous devons nommer ceux qui marchèrent sur le chemin de cette guerre, ceux qui entraient et sortaient par les portes de ces combats acharnés.

RÉCIT DE LA CONQUÊTE DE VALENCE PAR L'ENNEMI, ET DE LA RENTRÉE DES MUSULMANS DANS CETTE VILLE.

« Abou-'l-Hasan dit: Dans le quatrième volume [1], nous placerons, s'il plaît à Dieu, quelques sentences et quelques phrases, qui feront voir comment Alphonse (que Dieu le mette en pièces!), le tyran des Galiciens, ce peuple infidèle, s'empara de la ville de Tolède, cette perle placée au milieu du collier, cette tour la plus élevée de l'empire dans cette Péninsule. Nous expliquerons alors les raisons qui firent obtenir à Alphonse le gouvernement de cette ville, et qui lui accommodèrent là un doux lit, de sorte qu'il maniât aisément les habitants, dorénavant semblables à des chameaux dociles, et qu'il établit sa résidence dans ces hautes murailles. Yahyâ ibn-Dhî-'n-noun, qui portait le surnom royal d'al-Câdir-billâh, fut celui qui attisa le premier le feu de la guerre, et le fit flamber. Lorsqu'il céda Tolède (que Dieu veuille renouveler sa splendeur passée et récrire son nom sur

---

1) Ce quatrième volume n'existe pas en Europe, ou du moins on ne l'a pas encore trouvé.

le registre des villes musulmanes!) à Alphonse, il stipula que ce dernier s'engagerait à lui soumettre la rebelle Valence, et à lui prêter son appui pour conquérir et occuper cette capitale, cet appui dût-il être exigu; car Câdir savait qu'auprès d'Alphonse il ne serait qu'un prisonnier ou un domestique. Il se mit donc en route; mais les portes des châteaux se fermèrent devant lui, et les auberges ne voulurent pas le recevoir. A la fin il arriva à la forteresse de Cuenca, auprès de ses partisans, les Beni-'l-Faradj, ainsi que nous le raconterons, s'il plaît à Dieu, dans le quatrième volume. Les Beni-'l-Faradj étaient ses serviteurs les plus fidèles et les aveugles exécuteurs de ses ordres, aussi bien de ceux qu'il avouait que de ceux qu'il démentait. Au commencement, ce fut par leur appui qu'il parvint à son but; à la fin, ce fut auprès d'eux qu'il se retira. Puis il commença à se mettre en relation avec Ibn-Abdalazîz; il sut coudre excuses à excuses, et dans ses lettres il donna à son affaire un tour spécieux. Ibn-Abdalazîz riait rarement alors, mais il pleurait souvent: quelquefois il disait ce qu'il pensait, mais ordinairement il le cachait. Les astres roulent toujours, et l'ordre de Dieu s'exécute quoi qu'il arrive!

« Sur ces entrefaites, on apprit qu'Ibn-Abdalazîz avait rendu le dernier soupir, et que ses deux fils se querellaient à Valence. Alors Ibn-Dhi-'n-noun se rendit vers cette ville aussi rapidement que les *catâs* tombent sur les bords de l'eau¹, et il y arriva à l'improviste, ainsi qu'un espion vient interrompre tout à coup un rendez-vous d'amour.

« Plus tard, dans l'année 479, les princes de notre pays se mirent en rapport avec l'émir des musulmans ² (que Dieu lui soit propice!), ainsi que nous l'avons dit plus haut, et celui-ci remporta sur le tyran Alphonse (que Dieu le mette en pièces!) cette glorieuse victoire du vendredi, comme nous l'avons raconté ³. Alphonse (que Dieu le maudisse!) retourna alors vers son pays; mais il ressemblait à un oiseau dont les ailes ont été brisées, à un malade qui a de la peine à respirer. Alors la poitrine de ce Yahyâ ibn-Dhî-'n-noun se trouva dégagée; il aspira l'air vital, et, heureux d'avoir encore un souffle de vie, il fit ce que firent tous les autres princes: il conclut une alliance avec l'émir des musulmans.

« Mais, comme nous l'avons dit, le mauvais vouloir des princes augmentait tous les jours, et leurs calomnies mutuelles rampaient de l'un à l'autre. Dieu permit alors à l'émir des musulmans de déjouer leurs

---

1) Le *catâ* est une espèce de perdrix; M. de Sacy en a parlé fort au long dans sa *Chrestomathie arabe* (t. II, p. 367 et suiv.). Chanfarâ, dans le magnifique poème (vs. 36 et suiv.) que M. Fresnel a traduit avec tant de talent et de bonheur, se glorifie que, grâce à l'extrême rapidité de sa course, il arrive avant les *catâs* à la citerne.

2) Tel était le titre que portait Yousof ibn-Téchoufîn l'Almoravide.

3) Il s'agit ici de la bataille de Zallâca, livrée le vendredi 23 octobre 1086.

intrigues, de guérir les maux que causait leur jalousie, et de délivrer tous les musulmans de leurs mauvaises actions et de leurs desseins abominables. Il commença à le faire, ainsi que nous l'avons dit, dans l'année 483. Son autorité fut reconnue aussitôt dans toutes les provinces, et, dans les prières publiques, les prédicateurs prononçaient son nom avec orgueil. Pendant le reste de l'année 483, et pendant l'année suivante, il continua à chasser les roitelets de leurs trônes, ainsi que le soleil chasse les étoiles devant lui, et à faire disparaître jusqu'aux derniers vestiges de leur puissance. A cette occasion Abou-Tammâm ibn-Riyâh composa ce vers :

Leurs pays ressemblent à des femmes qu'un destin inexorable force à divorcer d'avec leurs époux.

Et quand les Beni-Abbâd eurent été détrônés, Abou-'l-Hosain ibn-al-Djadd composa ceux-ci, dans lesquels il fait allusion, je crois, au seigneur de Majorque [1] :

Allez dire à celui qui espère pouvoir dormir tranquillement: Vos reins sont bien loin de la couche! Quand vous voyez que le destin a brisé en pièces les montagnes de Radhwâ [2], que croyez-vous qu'il fera d'un papillon?

---

1) Le seigneur de Majorque était alors Nâcir-ad-daula Mobaschir. Il avait été nommé au gouvernement de cette île par Ali ibn-Modjéhid, le seigneur de Dénia ; mais quand celui-ci eut été privé de ses États par Moctadir de Saragosse, il s'était déclaré indépendant. *Voir* Ibn-Khaldoun, man., t. IV, fol. 28 v.

2) Radhwâ est le nom d'une chaîne de montagnes près de Médine. C'est ici que le poète fait allusion aux Abbâdides, qu'à cause de

« Quand Ahmed ibn-Yousof ibn-Houd, celui qui, aujourd'hui encore, gouverne la Marche de Saragosse [1], s'aperçut que les soldats de l'émir des musulmans sortaient de chaque défilé, et que, du haut de tous les beffrois, ils épiaient ses frontières, il hala après eux un chien de Galice [2], appelé Rodrigue et surnommé le Campéador. C'était un homme qui faisait métier d'enchaîner les prisonniers; il était le fléau du pays;

---

leur bravoure et de leur puissance, il compare à de hautes montagnes.

1) Ahmed Mostain, roi de Saragosse, mourut dans cette même année 503, où Ibn-Bassâm écrivit. Ibn-al-Abbâr (p. 224) donne la date précise de la mort de ce prince, quand il dit : « Il fut tué dans la guerre sainte, non loin de Tudèle, le lundi, 1er jour de Redjeb de l'année 503. » Le 1er Redjeb 503 tombe réellement un lundi, et il répond au 24 janvier 1110. La mort de Mostain est fixée à la même année dans une charte de Sainte-Marie d'Yrache, que cite Moret (*Annales de Navarra*, t. II, p. 83). Dans une autre charte, citée par Blancas (*Aragon. rer. comment.*, p. 637), on lit : « Facta carta Era 1148, anno quo mortuus est Almustahen super Valterra » — Valtierra se trouve près de Tudèle, au nord de cette ville — « et occiderunt cum milites de Aragone et de Pampilona, noto die vm. Kal. April. Regnante Domino nostro Iesu Christo, et sub eius gratia Anfusus. » — Alphonse Ier, roi d'Aragon et de Navarre, le mari d'Urraque de Castille et de Léon — « gratia Dei Imperator de Leone et Rex totius Hispaniæ, maritus meus. » Blancas, Briz Martinez (*Hist. de San Juan de la Peña*, p. 724) et Moret (*loco laud.* et p. 86) ont conclu de là que Mostain mourut le 24 mars (qui tombe un jeudi) 1110; mais la date qui suit les mots solennels *noto die*, est ici, comme toujours, celle où la charte a été écrite, et non celle de l'événement dont il vient d'être parlé en parenthèse. La charte n'indique donc pas le jour, mais seulement l'année, où Mostain fut tué.

2) Par le mot *Galice*, Ibn-Bassâm et les auteurs de son temps entendent la Castille et Léon.

il avait livré aux roitelets arabes de la Péninsule plusieurs batailles, dans lesquelles il leur avait causé des maux de toute sorte. Les Beni-Houd l'avaient fait sortir de son obscurité [1]; ils s'étaient servis de son appui pour exercer leurs violences et exécuter leurs vils et méprisables projets; ils lui avaient livré différentes provinces de la Péninsule, de sorte qu'il avait été à même de parcourir les plaines en vainqueur et de planter sa bannière dans les plus belles villes. Aussi sa puissance était devenue très-grande, et il n'y avait contrée d'Espagne qu'il n'eût pillée. Quand donc cet Ahmed, de la famille des Beni-Houd, craignit la chute de sa dynastie et qu'il vit ses affaires s'embrouiller, il voulut placer le Campéador entre soi et l'avant-garde de l'armée de l'émir des musulmans. Par conséquent, il lui fournit l'occasion d'entrer sur le territoire valencien, et lui donna de l'argent et des troupes. Le Campéador mit donc le siége devant Valence, où la discorde avait éclaté et où les habitants s'étaient divisés en plusieurs factions. Voici pourquoi. Quand le faqui Abou-Ahmed ibn-Djahhâf, qui remplissait alors à Valence l'emploi de cadi, vit d'un côté la nombreuse armée des Almoravides, et de l'autre, ce tyran que Dieu maudisse, il excita une sédition. Il prit exemple sur le filou qui a d'excellentes occasions pour

---

1) Il ne faut voir ici qu'une de ces phrases de rhéteur, qui en disent plus que l'auteur n'en voulait dire.

exercer son métier quand il y a de la rumeur sur le marché; il voulut obtenir le gouvernement en trompant les deux partis; mais il avait oublié l'histoire du renard et des deux bouquetins [1]. D'abord il prit à son service un petit nombre des soldats de l'émir des musulmans; puis il fondit avec eux sur le palais du méchant Ibn-Dhî-'n-noun, dans un moment où celui-ci ne se tenait pas sur ses gardes et où ses soldats n'étaient pas auprès de lui, de sorte qu'il n'avait d'autres défenseurs que ses larmes, et que personne ne pouvait le plaindre, hormis le fer de la lance (qui le frappa). Alors il le tua, dit-on, par la main de l'un des Beni-'l-Hadidî, qui voulait venger ceux de ses parents qu'Ibn-Dhî-'n-noun avait tués, ou qu'il avait privés de leurs dignités. (L'histoire de ces Be-

---

1) Un renard vit un jour deux bouquetins qui se donnaient très-chaudement des coups de corne; leur sang coulait à grands flots. Il faut profiter de tout, pensa le rusé compère, et il se mit à lécher le sang qu'avaient perdu les deux champions. Mais ceux-ci qui, à ce qu'il paraît, avaient des idées très-rigides sur la propriété, ne goûtèrent nullement l'idée du fin matois: oubliant leur querelle, ils l'attaquèrent tous les deux et le tuèrent sur la place.

J'étais dans le même cas qu'Ibn-Djahhâf: comme lui, j'avais oublié cette fable, que j'avais pourtant lue dans Bidpai (p. 94). Mon excellent ami, M. Defrémery, a eu la bonté de me le rappeler, en ajoutant qu'elle est racontée aussi dans le *Pantchatantra* (livre I, chap. intitulé *Aventures de Déca-Sarma*, cité par Aug. Loiseleur des Longchamps, *Essai sur les fables indiennes et sur leur introduction en Europe*, p. 33, 34), dans l'*Anwâri Sohailî* (édit. de 1829, p. 72) et dans l'*Homayoun nâmeh* (*Contes et fables indiennes de Bidpai et de Lokman*, traduites par Galland, t. I, p. 310, 311).

ni-'l-Hadidî sera racontée plus tard, s'il plaît à Dieu, et les détails en seront exposés dans ce livre, à l'endroit convenable [1].) A l'occasion du meurtre d'Ibn-Dhî-'n-noun Câdir par Ibn-Djahhâf, Abou-Abdérame ibn-Tâhir composa ces vers:

Doucement, ô toi dont un œil est bleu et l'autre noir [2], car tu as commis un crime horrible: tu as tué le roi Yahyâ, et tu t'es revêtu de sa tunique [3]. Le jour où tu seras récompensé comme tu le mérites, viendra inévitablement!

« Quand Abou-Ahmed eut exécuté son projet, et que son pouvoir, à ce qu'il prétendait, se fut affermi, des troubles éclatèrent et les glaives se tournèrent les uns contre les autres. Il n'y avait là rien d'étonnant, car Abou-Ahmed se trouva obligé de régler les affaires publiques dont il n'avait jamais sondé les secrets, de remplir des fonctions administratives dont il n'était pas habitué à s'acquitter avec rapidité, dont il ne connaissait pas les difficultés nombreuses; il ne savait pas que gouverner est tout autre chose que de dire à des hommes qui se disputent, ce que commande la loi; il ne savait pas que commander des troupes est tout autre chose que de déclarer tel contrat de plus grande valeur que tel autre, ou de faire un

---

1) D'après le man. B., le passage auquel Ibn-Bassâm renvoie ici, se trouve dans le quatrième volume de son ouvrage.

2) Quand on lit الأحنف, comme porte le man. B., il faut traduire: « Ô toi, l'homme aux jambes torses. »

3) C'est-à-dire, tu t'es approprié les vêtements royaux, tu as usurpé le trône.

choix entre différents témoignages. Il ne s'occupa que des trésors d'Ibn-Dhi-'n-noun, dont il s'était rendu maître, et ces trésors lui faisaient oublier qu'il était de son devoir de réunir des soldats et d'administrer les provinces. Il fut abandonné par la petite troupe almoravide qu'il avait prise à son service, et dans laquelle les Valenciens voyaient leur meilleur appui contre les périls dont les menaçait la présence de leur cruel ennemi.

« Rodrigue désira donc plus ardemment que jamais de s'emparer de Valence. Il se cramponna à cette ville comme le créancier se cramponne au débiteur; il l'aima comme les amants aiment les lieux où ils ont goûté les plaisirs que donne l'amour. Il lui coupa les vivres, tua ses défenseurs, lui causa toutes sortes de maux, se montra à elle sur chaque colline. Combien de superbes endroits (où l'on n'osait former le vœu d'arriver, que les lunes et les soleils n'osaient espérer d'égaler en beauté) dont ce tyran s'empara et dont il profana le mystère! Combien de charmantes jeunes filles (quand elles se lavaient le visage avec du lait, le sang jaillissait de leurs joues; le soleil et la lune leur enviaient leur beauté; le corail rivalisait avec les perles dans leur bouche) épousèrent les pointes de ses lances, et furent écrasées sous les pieds de ses insolents mercenaires!

« La faim força les Valenciens à manger des animaux immondes. Abou-Ahmed ne savait que faire;

les maux dont il était lui-même la cause, lui avaient fait perdre la tête. Il implora le secours de l'émir des musulmans, quoique celui-ci fût à une grande distance; quelquefois il put lui faire entendre ses plaintes et l'exciter à venir le secourir; d'autres fois on l'en empêcha. L'émir des musulmans prenait intérêt à son sort; mais comme il était loin de Valence et que le destin en avait disposé autrement, il ne put le secourir assez tôt. Lorsque Dieu a résolu une chose, il lui ouvre les portes et aplanit les obstacles!

« Le tyran Rodrigue obtint l'accomplissement de ses infâmes souhaits. Il entra dans Valence l'année 488 [1], en usant de fraude, selon sa coutume. Le cadi s'était humilié devant lui; il l'avait reconnu pour son souverain et il avait obtenu de lui un traité. Mais ce traité ne fut pas observé longtemps. Ibn-Djahhâf resta pendant peu de temps auprès de Rodrigue, qui s'ennuyait de sa présence et qui voulait le faire tomber. Il en trouva le moyen, dit-on, au sujet d'un trésor d'une très-grande valeur, qui avait appartenu à Ibn-Dhî-'n-noun. Rodrigue, dès qu'il fut entré dans Valence, avait interrogé le cadi à ce propos, et l'avait fait jurer, en présence d'un grand nombre d'hommes des deux religions, qu'il ne possédait pas ce trésor. Le cadi avait prêté les serments les plus solennels; il ne savait pas quelles calamités et quelles dou-

---

1) Cette date est fausse, comme l'observe très-bien Ibn-al-Abbâr. L'auteur aurait dû dire: l'année 487.

leurs l'avenir lui réservait! Rodrigue avait conclu avec lui une convention en présence des deux partis, convention qui avait été signée par les hommes les plus considérés des deux religions, et où il avait été déclaré que, si dans la suite Rodrigue trouvait ce trésor chez le cadi, il aurait le droit de lui retirer sa protection et de verser son sang. Peu de temps après, Rodrigue découvrit que le cadi possédait ce trésor; il le prétendit du moins, mais peut-être n'était-ce qu'un faux prétexte. Quoi qu'il en soit, il lui enleva ses biens et le fit torturer de même que ses fils, jusqu'à ce que le malheureux cadi, accablé de douleur, n'espérât plus rien; puis il le fit brûler vif. Un témoin oculaire m'a raconté que le cadi fut enfoncé jusqu'aux aisselles dans une fosse qui avait été creusée à cet effet, et que, lorsque le feu eut été allumé autour de lui, il rapprocha de son corps les tisons ardents, afin de hâter sa mort et d'abréger son supplice. Que Dieu veuille écrire cet acte sur la page où il a enregistré les bonnes actions du cadi; qu'il veuille le regarder comme suffisant pour effacer les péchés qu'il avait commis; que dans la vie future, il daigne nous épargner ses douloureux châtiments, et nous aider à faire des choses qui nous méritent son approbation!

«Le tyran (que Dieu le maudisse!) voulut alors brûler aussi la femme et les filles du cadi; mais un des siens le pria d'épargner leur vie, et après avoir éprouvé quelques difficultés, il le fit abandonner son projet. Il préserva donc ces femmes du supplice que Rodrigue voulait leur faire souffrir.

« Cette terrible calamité fut un coup de foudre pour tous les habitants de la Péninsule, et couvrit toutes les classes de la société de douleur et de honte.

« La puissance de ce tyran alla toujours en croissant, de sorte qu'il fut un lourd fardeau pour les contrées basses et pour les contrées élevées, et qu'il remplit de crainte les nobles et les roturiers. Quelqu'un m'a raconté l'avoir entendu dire, dans un moment où ses désirs étaient très-vifs et où son avidité était extrême: — Sous un Rodrigue cette Péninsule a été conquise, mais un autre Rodrigue la délivrera; — parole qui remplit les cœurs d'épouvante, et qui fit penser aux hommes que ce qu'ils craignaient et redoutaient, arriverait bientôt! Pourtant cet homme, le fléau de son temps, était par son amour pour la gloire, par la prudente fermeté de son caractère et par son courage héroïque, un des miracles du Seigneur. Peu de temps après, il mourut à Valence d'une mort naturelle. La victoire suivait toujours la bannière de Rodrigue (que Dieu le maudisse!); il triompha des barbares ; à différentes reprises il combattit leurs chefs, tels que Garcia, surnommé par dérision Bouche-Tortue, le comte de Barcelone [1] et le fils de Ra-

---

1) Dans le texte il y a *le prince* (ou *le chef*) *des Francs*. Les

mire [1]: alors il mit en fuite leurs armées, et tua avec son petit nombre de guerriers leurs nombreux soldats. On étudiait, dit-on, les livres en sa présence; on lui lisait les faits et gestes des anciens preux de l'Arabie, et quand on en fut arrivé à l'histoire de Mohallab, il fut ravi en extase et se montra rempli d'admiration pour ce héros.

« A cette époque Abou-Ishâc ibn-Khafâdja composa sur Valence les vers suivants [2]:

Les glaives ont sévi dans ta cour, ô palais! La misère

---

historiens arabes plus modernes donnent indistinctement le nom de Francs à tous les peuples chrétiens de la Péninsule; mais Ibn-Bassâm donne constamment aux Castillans et aux Léonais le nom de Galiciens, aux Navarrais celui de Basques, et aux Catalans celui de Francs. La *Cronica general* les appelle aussi *Franceses*. Les troubadours appellent ordinairement les Catalans par leur nom véritable; mais quelquefois ils leur donnent aussi celui de Francs. Voyez, par exemple, l'appel à la croisade contre l'Almohade Yacoub Almanzor, par Gavaudan le Vieux (*apud* Raynouard, *Choix des poésies originales des troubadours*, t. IV, p. 87). On sait que la Catalogne était un fief français.

1) Tous les rois d'Aragon portent chez les Arabes le nom de *fils de Ramire*.

2) Le célèbre poète Ibn-Khafâdja était né à Alçira en 1058, et mourut en 1139. Ibn-Bassâm (man. de Gotha, fol. 144 r. — 183 v.), Ibn-Khâcân (*Calâyid*, Livre IV, ch. 1er) et Ibn-Khallicân (t. I, p. 19, 20 éd. de Slane) lui ont consacré des articles. Son *Diwân* se trouve dans la Bibliothèque de l'Escurial (n° 376), dans celle du musée asiatique à Saint-Pétersbourg, dans celle de Copenhague, dans celle de Cid Hammouda à Constantine, et enfin dans la Bibl. impériale (Asselin 418, 1518 du suppl. ar.). M. Defrémery a eu la bonté de feuilleter ce dernier exemplaire, mais il n'y a pas trouvé les quatre vers que cite Ibn-Bassâm.

et le feu ont détruit tes beautés! Quand à présent on te contemple, on médite longtemps et on pleure.... Ville infortunée! Tes habitants ont été les pelotes que se renvoyaient les désastres; toutes les angoisses se sont agitées dans tes rues désertes! La main du malheur a écrit sur les portes de tes cours: Tu n'es plus toi-même; tes maisons ne sont plus des maisons!

«Quand l'émir des musulmans (que Dieu lui soit propice!) eut entendu cette affreuse nouvelle et qu'il eut appris cet horrible malheur, il fit de grands efforts; Valence lui était un fétu dans l'œil; il ne songeait qu'à elle; elle seule occupait ses mains et sa langue. Ayant envoyé pour la reconquérir des troupes et de l'argent, il tendit ses lacets. Le sort des armes fut inégal: tantôt la victoire se déclara pour l'ennemi, tantôt pour les troupes de l'émir des musulmans. A la fin, celui-ci effaça la honte qui avait frappé la ville, et lava les outrages qu'elle avait reçus. Le dernier des généraux qu'il y envoya à la tête d'une nombreuse armée, fut l'émir Abou-Mohammed Mazdali [1], la pointe de l'épée de l'émir des musulmans et le cordon dont celui-ci se servait pour enfiler ses perles. Dieu lui fit conquérir la ville et permit qu'elle fût délivrée par lui, dans le mois de Ra-

---

1) Ce nom étant d'origine berbère, les lexicographes arabes n'en donnent pas la prononciation; mais j'ai cru devoir suivre celle que l'on trouve dans un man. d'Ibn-Khaldoun que possède la Bibl. de Paris (مَزْدَلِي), et dans une ancienne chronique espagnole, les *Anales Toledanos II* (p. 403: *Almazdali;* l'article est de trop).

madhân ¹ de l'année 495. Que Dieu veuille lui assigner une place dans le septième ciel, et qu'il daigne le récompenser de son zèle et de ses combats pour la sainte cause, en lui accordant les plus belles récompenses qui soient réservées à ceux qui ont pratiqué la vertu!

« A cette époque, Abou-Abdérame ibn-Tâhir écrivit au vizir Abou-Abdalmelic ibn-Abdalazîz une lettre où il dit:

« Je vous écris au milieu du mois béni ²; nous avons remporté la victoire, car les musulmans sont entrés dans Valence (que Dieu veuille lui rendre la force!), après qu'elle a été couverte de honte. L'ennemi en a incendié la plus grande partie, et il l'a laissée dans un tel état qu'elle est propre à stupéfier ceux qui s'informent d'elle, et à les plonger dans une silencieuse et morne méditation. Elle porte encore les vêtements noirs dont il l'a couverte; son regard est encore voilé, et son cœur qui s'agite sur des charbons ardents, pousse encore des soupirs. Mais

---

1) Ce renseignement est inexact. En 495, Ramadhân commençait le 19 juin et finissait le 18 juillet 1002; mais d'après Ibn-al-Abbâr (dans l'Appendice, n° II), Valence fut reconquise dans le mois de Redjeb 495, et Ibn-al-Khatîb donne la date précise, à savoir le 15 Redjeb, c'est-à-dire, le 5 mai 1102. Les *Anales Toledanos I* disent de même: « El Rey D. Alfonso dexó deserta á Valencia en el mes de Mayo, Era 1140. » Le fait est qu'Ibn-Bassâm a tiré une fausse conclusion de la lettre d'Ibn-Tâhir.
2) Ramadhân.

son corps délicieux lui reste; il lui reste son terrain élevé qui ressemble au musc odorant et à l'or rouge, ses jardins qui abondent en arbres, son fleuve rempli d'eaux limpides; et grâce à la bonne étoile de l'émir des musulmans et aux soins qu'il lui vouera, les ténèbres qui la couvrent se dissiperont; elle recouvrera sa parure et ses bijoux; le soir elle se parera de nouveau de ses robes magnifiques; elle se montrera dans tout son éclat, et ressemblera au soleil quand il est entré dans le premier signe du zodiaque [1]. Louange à Dieu, le roi du royaume éternel, parce qu'il l'a purgée des polythéistes! A présent qu'elle a été rendue à l'Islâm, nous pouvons de nouveau nous glorifier d'elle, et nous consoler des douleurs que le destin et la volonté de Dieu avaient causées.»

«Vers la même époque [2], il écrivit au vizir et faqui Ibn-Djahhâf cette lettre de condoléance sur la mort de son cousin germain qui avait été brûlé et dont nous avons parlé plus haut:

«Un homme qui comme vous (que Dieu veuille vous épargner les malheurs!) est plein de religion et inébranlable dans la foi, qui a une conscience pure, qui cherche en vain son égal, qui a une incontestable su-

---

1) On sait que le soleil entre dans le signe du bélier à l'équinoxe du printemps.
2) *Plus tard*, lit-on dans le man. A.; mais il est certain que la lettre suivante a été écrite longtemps avant celle qu'Ibn-Bassâm vient de rapporter.

périorité d'esprit et qui connait les vicissitudes de la fortune, — un tel homme supporte patiemment les calamités; il les dédaigne et les méprise, car il sait que telles sont les vicissitudes du destin et de la fortune, qu'il y a un temps où il faut mourir, et que le sort a réglé d'avance tout ce qui arrive. Eh bien! le malheur (plaise à Dieu qu'il ne vous atteigne jamais et que jamais il ne nous vous enlève!) a voulu que le faqui, le cadi Abou-Ahmed (que Dieu lui pardonne ses péchés!) fût privé de sa haute dignité et mis à mort. Les étoiles de la gloire, je le jure, ont disparu alors que cet homme honorable a péri; les cieux de la noblesse ont versé des larmes quand il tomba et quitta ce monde. En effet, par sa belle conduite et par le secours qu'il prêtait aux infortunés, il ressemblait à la pluie pendant un été stérile, au lait pendant le temps où l'on n'en trouve que difficilement; loin d'être cruel, il aimait à pardonner les offenses; il était affable envers ses voisins et fort estimé par ses amis; il séduisait les cœurs par ses manières courtoises, et asservissait les hommes libres par sa bonté. A présent qu'il est mort et que le feu a consumé ses membres, le monde porte le deuil. Comme il gouvernait la ville avec soin et qu'il exterminait ses ennemis, elle verse maintenant sur lui des larmes aussi abondantes que les gouttes d'une pluie de printemps, et partout elle déplore sa perte. Oh! que la mort l'a enlevé vite! Et cela dans un temps où il était votre joie, où il vous avait donné la gloire pour collier, et où il avait élevé votre puissance au-dessus de toute autre! Mais ayons confiance, si grand que soit notre malheur, car nous avons été créés par Dieu et nous retournerons vers lui ; sachons supporter notre perte avec une résignation dont Dieu nous récompensera largement dans la vie future, quoique nous ayons toute raison de nous affliger, puisque le trépassé était d'une origine illustre, qu'il était pour nous une montagne inaccessible à nos ennemis, et un asile situé sur la hauteur. Le même malheur nous a frappés tous les deux ; mais tâchons de nous consoler ; si nous y réussissons, ce sera pour nous le plus précieux trésor dans l'autre vie, et nous aurons droit à la plus grande rémunération. »

« Abou-'l-Hasan dit : Abou-Abdérame a composé tant d'excellentes pièces, et ses pensées et ses actions sont si belles, que ses faits ne peuvent être racontés tous ici, et que la noblesse de son caractère ne peut être décrite avec les développements convenables. Mais j'ai copié la plupart de ses compositions dans un livre à part, auquel j'ai donné le titre de *Fil de perles, sur les lettres d'Ibn-Tâhir*. En ce moment, il vit à Valence ; il a conservé l'usage de toutes ses facultés, bien qu'il soit âgé de quatre-vingts ans environ. Il a encore bonne ouïe ; il n'a pas cessé de mettre sur le papier des idées qui ôtent tout leur éclat aux colliers de perles, et en comparaison desquelles les nuits éclairées par un beau clair de lune sont obscures. Mais ce que nous avons écrit peut suffire, car quel homme pourrait donner tout ce qu'il y a à dire sur ce sujet?»

Ibn-Bassâm, on l'a vu, ne donne pas une biographie proprement dite du Cid; il se contente d'indiquer les principaux faits qui signalèrent le cours de sa vie. Cependant les renseignements qu'il fournit, sont d'une très-grande importance. Selon lui, Rodrigue avait été d'abord au service des Beni-Houd, les rois arabes de Saragosse. Les *Gesta* disent la même chose. Masdeu (p. 177, 178) a trouvé cette circonstance tout à fait incroyable; les auteurs contemporains du Cid, prétend-il, et ceux des deux siècles suivants, n'ont jamais insinué une pareille chose; c'est donc une fable inventée par les romanceros et les jongleurs; impossible de croire qu'un prince mahométan accorde sa confiance et son amitié à un ennemi de sa religion, que les sujets de ce prince tolèrent parmi eux un tel homme. «C'est pousser les choses jusqu'au bout!» s'écrie Masdeu. Sans doute, il y a ici quelque chose de bien ridicule; mais ce n'est pas le récit de l'historien latin, soutenu qu'il est par le témoignage d'un auteur arabe, contemporain du Cid.

Ibn-Bassâm atteste aussi que Rodrigue combattit, à différentes reprises, le comte de Barcelone, le roi d'Aragon et Garcia, surnommé Bouche-Tortue, sobriquet que les auteurs chrétiens ont épargné à leur compatriote Garcia Ordoñez, le comte de Najera, l'ennemi mortel du Cid. Masden nie qu'une seule de ces guerres, racontées dans les *Gesta*, ait eu lieu.

Le récit du siége de Valence, tel que le donne Ibn-Bassâm, offre plusieurs rapports avec celui de la *Cronica general*, qui a été traité d'absurde.

Enfin, il n'y a pas jusqu'à la terrible parole prononcée par Rodrigue, qui ne se retrouve; cette fois non pas dans un écrit qui veut passer pour historique, mais dans une romance [1]. Il est vrai que l'idée de Rodrigue y a revêtu une forme moins orgueilleuse; mais il faut faire attention que, chez Ibn-Bassâm, le Cid parle à un Arabe, tandis que, dans la romance, il parle à son suzerain. « Je ne suis pas un assez mauvais vassal, dit-il à Alphonse, pour que, avec beaucoup d'autres comme moi, je ne regagnasse rapidement ce que le roi goth perdit. »

Comme le passage d'Ibn-Bassâm semble donc démontrer que les documents chrétiens, et notamment les *Gesta* et la *Cronica general*, méritent plus de confiance que les historiens modernes ne leur en ont accordé, je crois devoir soumettre ces documents à un nouvel examen, et je commencerai par la *Cronica general*.

---

1) « El vasallo desleal. »

II.

$$\text{أضْيَعُ مِنَ ٱلْمُصْحَفِ فِى بَيْتِ}$$
$$\text{ٱلزِّنْدِيقِ ٱلْأُمِّي}$$

Ibn-Bassâm, fol. 2 r.

Francisco.
  Remember, she's the dutchess.
Marcella.
But used with more contempt, than if I were
A peasant's daughter; baited, and hooted at,
Like to a common strumpet.

Massinger, *The Duke of Milan*, II, 1.

  Let me see the jewel, son !
'T is a rich one, curious set,
Fit a prince's forehead.

Fletcher, *Women pleased*, IV, 4.

Dans la seconde moitié du XIIIe siècle, Alphonse X, surnommé le Savant (et non pas le Sage, comme on traduit ordinairement), composa la grande chronique d'Espagne, connue sous le nom de *Cronica general* [1]. C'est une compilation pour laquelle l'auteur a consulté les chroniques latines de Lucas de Tuy et de Rodrigue de Tolède; mais il a aussi fait usage de poèmes espagnols qui traitaient des sujets historiques, absolument comme l'a fait Tite-Live, et quelquefois il ne s'est pas même donné la peine de faire disparaître la mesure ou les assonances. En outre, il avait à sa disposition quelques livres arabes, parmi lesquels il y en avait qui étaient dignes de foi, tan-

---

1) Voyez cette note dans l'Appendice, n° III.

dis que d'autres, ceux qui traitaient de la conquête de l'Espagne par les musulmans, étaient plutôt des romans historiques.

Il y a sans contredit peu de critique dans ce grand travail, et il ne pouvait en être autrement, car à cette époque la critique historique n'existait pas encore dans l'Espagne chrétienne. Cependant le livre a de grands mérites. On y trouve les esquisses d'une foule de poèmes épiques que, sans lui, nous ne connaîtrions pas du tout, et il a créé la prose castillane, — non pas cette pâle prose d'aujourd'hui, qui manque de caractère, d'individualité, qui trop souvent n'est que du français traduit mot à mot — mais la vraie prose castillane, celle du bon vieux temps, cette prose qui exprime si fidèlement le caractère espagnol, cette prose vigoureuse, large, riche, grave, noble et naïve, tout à la fois; — et cela dans un temps où les autres peuples de l'Europe, sans en excepter les Italiens, étaient bien loin encore d'avoir produit un ouvrage en prose qui se recommandât par le style.

L'histoire du Cid remplit plus de la moitié de la quatrième ou dernière partie de la *Cronica general*. On se demande si cette partie a été composée par Alphonse ainsi que les trois précédentes. Florian d'Ocampo, qui a donné, en 1541, une très-mauvaise édition de l'ouvrage, nous apprend dans deux notes placées à la fin de la 3ᵉ et de la 4ᵉ partie, que de son temps plusieurs personnes instruites pensaient que cette dernière partie n'a été ajoutée qu'après la mort d'Alphonse X, par ordre de son fils Sancho; qu'elle se compose de morceaux détachés, écrits par des auteurs anciens, et auxquels il a manqué une main habile pour les corriger, comme Alphonse avait corrigé les trois autres parties. Ces notes de Florian d'Ocampo, bien qu'elles reposent sur la fausse supposition qu'Alphonse n'a pas écrit lui-même la *Cronica*, mériteraient d'être prises en considération, s'il s'agissait réellement ici d'une tradition tant soit peu ancienne; mais après un mûr examen, je n'y vois que ceci: Quelques personnes du XVI° siècle ont observé certain fait, et ils en ont tiré une conclusion. En effet, Florian d'Ocampo et ses amis ont trouvé que le style de la 4° partie différait de celui des trois autres, et ils y ont remarqué des « vocablos mas groseros. » Cette différence ne saute pourtant nullement aux yeux; si on laisse de côté le récit du siége de Valence, tout le reste de la quatrième partie est écrit dans le même style que les trois autres. Mais Florian d'Ocampo paraît précisément avoir eu en vue le long récit en question, et il l'a trouvé trop mal écrit pour qu'il pût admettre qu'il eût passé sous les yeux du savant roi; de là sa conjecture, car je ne puis donner d'autre nom à son observation. Le méchant style du récit incriminé s'expliquera, je crois, d'une tout autre manière; mais il faut observer encore que le prince don Juan Manuel, qui a écrit un abrégé de la chronique de son oncle, ne dit nullement que la fin ne soit pas de lui; il présente le tout comme l'œuvre d'Alphonse, et personne, à ce qu'il paraît, n'en avait douté avant que Florian d'Ocampo écrivît ses deux notes. Il n'y a donc aucune raison valable pour ne pas attribuer cette quatrième partie à l'auteur des trois précédentes.

En écrivant la vie du Campéador, Alphonse a fait usage de Lucas de Tuy, de Rodrigue de Tolède, des *Gesta* et de la *Chanson du Cid*; mais quand on déduit de son récit les fragments tirés de ces quatre livres et quelques courts récits qui sont évidemment fondés sur la tradition ou sur des poèmes, il reste un fort long morceau qui ne se trouve pas dans les ouvrages que nous venons de nommer. Ce long morceau se distingue en deux parties qui portent un caractère tout à fait différent, et dont la dernière, remplie de miracles et de faits qui sont en opposition avec le témoignage des historiens, n'est à mon sens qu'une légende composée dans le cloître de Saint-Pierre-de-Cardègne. Nous y reviendrons. La première partie est une histoire détaillée de Valence, depuis la prise de Tolède par Alphonse VI jusqu'à la conquête de Valence par le Cid.

Je ne sais pas trop bien quels griefs on a contre ce récit, car nulle part je n'en ai trouvé une critique appuyée de raisons et de preuves. Il paraît que ce récit ne méritait pas un tel honneur. Masdeu qui a consacré un si grand nombre de pages à l'examen des *Gesta*, se débarrasse non-seulement du récit en question, mais de toute la *Cronica general*, dans ces peu de paroles (p. 320): « Je porte cette histoire sur le catalogue des romances, parce que, au jugement des savants, c'est là la place qui convient à la plupart de ses récits, à ceux surtout qui ont trait à la vie et aux gestes du Campéador. » Et tel est à peu près l'avis de tous les historiens modernes. Un seul d'entre eux, M. Huber, a abandonné dernièrement l'opinion générale, qu'il partageait encore en 1829 quand il publia son histoire du Cid. L'opinion qu'a émise M. Huber et dont j'ai déjà parlé dans l'introduction, fait sans doute beaucoup d'honneur à son tact critique; mais ne connaissant pas l'arabe et n'étant pas familiarisé avec les récits des historiens musulmans, il n'a pas pu prouver sa thèse. Aussi je ne sache pas que, jusqu'ici, elle ait trouvé des partisans, et tout en recommandant l'argumentation de M. Huber à l'attention de mes lecteurs, je me sens forcé de suivre ma propre route.

Si ce morceau n'est pas de l'histoire, qu'est-ce donc? Est-ce une légende? Mais il ne contient aucun miracle, rien de ce qui caractérise une légende; tout au contraire, le point de vue du chroniqueur, loin d'être catholique, est essentiellement musulman. Un auteur catholique n'aurait jamais composé un récit de cette nature, mais il se serait bien gardé surtout d'employer des phrases comme celle-ci (fol. 331, col. 2) [1]: « Alors il vit (il est question d'Ibn-Djahhâf) quelle imprudence il avait commise en chassant les Almoravides hors de la ville, et en se fiant à des hommes d'une autre religion. » Ce morceau n'est donc pas une légende: serait-ce par hasard un poème refondu en prose? Mais il n'est pas du tout poétique, à moins que la poésie n'ait eu l'étrange fantaisie d'aller se fourrer dans des tarifs de vivres et autres choses aussi platement prosaïques. Et puis, il faut avoir une bien singulière idée de la poésie espagnole et de la fierté castillane, quand on pense qu'un poète aurait représenté le héros de sa nation comme un traitre infâme qui foule aux pieds les traités les plus solennels; comme un monstre impitoyable qui fait brûler en un seul jour dix-huit Valenciens affamés et qui en fait déchirer d'autres par des dogues. Est-ce là le Cid toujours loyal, toujours noble, toujours humain de la *Chanson* et des romances? Ce Cid dont on aurait pu dire:

> Deus ! con se joignent en lui bel
> Cuers de lion et cuers d'aignel![2]

Non, mille fois non; mais c'est bien là le Cid d'Ibn-Bassâm et des autres historiens arabes.

---

1) Je cite l'édition de Zamora, de l'année 1541.
2) *Partonopeus de Blois*, vs. 8599, 8600.

En effet, il y a des preuves évidentes que ce récit a été traduit de l'arabe. Le style contraste singulièrement avec le style ordinaire de la *Cronica*. Il est lourd et embarrassé; il louche et il boite; il a tout l'air d'une traduction, et d'une traduction non-seulement fidèle, mais servile, d'une traduction qui veut rendre jusqu'à la construction de l'original; quelquefois il est si obscur, surtout quand l'écrivain s'embrouille dans les pronoms possessifs (c'est surtout par le fréquent emploi de ces pronoms que toute traduction servile d'un ouvrage arabe sera obscure), que j'ose dire qu'une foule de ses phrases sont inintelligibles pour quiconque ne sait pas l'arabe et ne traduit pas dans cette langue ces phrases entortillées. En général, le style est extrêmement simple; mais de temps à autre on rencontre des locutions qui se trouvent à chaque page chez les historiens arabes les plus sobres d'ornements, des locutions qui, par un fréquent usage, ont perdu leur force en arabe, mais qui font un singulier effet quand on les traduit littéralement dans une langue européenne, comme l'a fait le traducteur espagnol de ce morceau. Un Castillan n'aurait pas écrit, au milieu d'un récit fort prosaïque: « la chandelle de Valence s'éteignit et la lumière s'obscurcit [1]. » En arabe, la phrase أَطْفِئَ سِرَاجُ بَلَنْسِيَةِ

---

1) « Amatóse la candéla de Valencia é escureció la luz. » Fol. 314, col 3.

وعند النور ظلما, est extrêmement fréquente. On trouve ailleurs (fol. 333, col. 3): «et tout le peuple était déjà dans les ondes de la mort.» Jamais un Espagnol n'a employé cette métaphore arabe, فى امواج الموت. Dans un autre endroit (fol. 328, col. 2): «dando grandes bozes asi como el trueno é sus amenazas de los relampagos,» «poussant de grands cris comme le tonnerre, et» — mais je ne puis traduire cela dans aucune langue, l'arabe excepté: وتهاديدعم من البرق, ce qui, traduit mot à mot, est en effet: «é sus amenazas de los relampagos,» «et eorum minæ ex fulminibus.» L'expression est bien connue en arabe, mais il faut la traduire moins servilement si l'on veut se faire comprendre. La traduction espagnole est bien servile en effet. Au lieu de faire dire à Ibn-Djahhâf qu'il voulait rentrer dans la vie privée, ou qu'il y était rentré, on lui fait dire «qu'il voulait être comme un d'eux [1],» «qu'il se considérait dans l'endroit d'un d'eux [2];» expressions aussi peu espagnoles que françaises, mais parfaitement arabes كاحد منهم, يمكان احد منهم. Dans un discours du Cid on lit: «ca yo amo á vos é quiero tornar sobre vos,» littéralement: «car je vous aime et je veux tourner sur vous.» Cette expression est arabe: لوى على فلان. Plus loin on trouve: «é mando que non metan cativo

---

1) «É que querie ser como uno dellos.» Fol. 328, col. 1.
2) Fol. 330, col. 1.

ninguno en la villa,» ce qu'un écrivain français a traduit de cette manière: «j'ai ordonné qu'on ne fasse pas entrer de captifs dans la ville,» et tel, en effet, semble être le sens des termes espagnols; mais l'on se demande pourquoi le Cid aurait défendu de faire entrer des captifs dans Valence. Traduisons: وامرت اَلَّا يجعلوا اسيرا احدا فى المدينة. Ces paroles arabes répondent exactement aux termes espagnols, mais elles signifient: «j'ordonne que l'on n'arrête personne dans la ville,» et quand on traduit de cette manière, on obtient un sens parfaitement clair et raisonnable. Ailleurs on lit: «le roi de Saragosse ne lui tourna pas la tête [1],» ce qui doit signifier que ce roi ne fit point de cas du messager d'Ibn-Djahhâf, qu'il ne voulut pas écouter ses propositions. En arabe on dit en effet dans ce sens: لم يَلُو انيه راسًا ; mais cette phrase ne s'emploie ni en espagnol ni dans quelque langue romane que ce soit. Dans un autre endroit (fol. 324, col. 3) on trouve une expression non moins singulière. Câdir a été assassiné par ordre d'Ibn-Djahhâf, «é vino gran compaña é tomó el cuerpo é púsol en las treçes del lecho.» Au lieu de *treçes*, qui ne signifie rien [2], il faut lire *troços*. Traduisons: «et il vint

---

1) «Nol tornó cabeça el rey de Çaragoça.» Fol. 332, col. 2.
2) L'édition, de même que les anciens manuscrits, porte toujours un c cédille quand cette lettre a la valeur du z, soit qu'elle se trouve devant a, o, u, soit qu'elle précède l'e ou l'i.

une grande compagnie, et elle prit le corps et le plaça sur les tronçons du lit.» Ce qui ne convient nullement ici, car il n'a point été dit que le lit avait été rompu, il n'a pas même été question d'un lit. Aussi l'ancien éditeur, Florian d'Ocampo, n'a pas compris cette phrase puisqu'il a fait imprimer *treçes* au lieu de *troços*; le rédacteur de la *Cronica del Cid* ne l'a pas comprise non plus, car il dit: «et elle le mit sur des cordes (!) et sur un lit [1].» Traduisons: على اعواد السرير. Le mot اعواد signifie en effet *des tronçons, des morceaux de bois*, et سرير signifie *un lit* [2]. Nous pouvons donc traduire *sur les tronçons du lit*; mais cette traduction n'exprime nullement l'idée de l'auteur; car le mot سرير signifie aussi *un brancard*, et le mot اعواد désigne *les pièces de bois* dont ce brancard se compose. Aujourd'hui encore, on ne fait point usage de bière dans le Maroc, bien qu'on s'en serve en Égypte; quand on a lavé le corps, on le place sur un brancard, on le couvre d'une pièce de toile, et on le porte au cimetière [3]. Le même usage existait en Espagne, et les auteurs arabes de ce pays se servent souvent du mot اعواد (*les pièces de bois*), pris isolément, pour

---

1) «É pusolo en unas sogas é en un lecho.» Chap. 165.

2) Cette signification manque dans les Dictionnaires, mais il y a longtemps que j'en ai donné des exemples. Voyez *Script. Arab. loci de Abbad.*, t. I, p. 268, et comparez l'excellente traduction des *Voyages d'Ibn-Batoutah dans la Perse et dans l'Asie centrale*, que M. Defrémery a publiée (p. 48).

3) Jackson, *Account of Marocco*, p. 157.

désigner le brancard sur lequel on porte un mort au cimetière. C'est ainsi qu'Ibn-Khâcân [1] dit d'un homme qui venait de mourir: وَوُضِعَ عَلَى اعْوَادِهِ «il fut placé sur son brancard,» littéralement, «sur ses pièces de bois.» Dans un poème [2] que Motamid, l'ex-roi de Séville, composa quand il sentit sa fin approcher, on trouve ce vers:

ولم اكن قبل ذاك النعش اعلمه ان الجبال تتهادى فوق اعواد

«Avant d'avoir vu ce brancard (نعش est le synonyme de سرير), je ne savais pas que les montagnes (c'est ainsi que les Arabes appellent les héros) se transportent sur des pièces de bois.» La phrase اعواد السرير est aussi très-fréquente, et au lieu de traduire: «on plaça le corps sur les tronçons du lit,» le traducteur espagnol aurait dû dire: «on plaça le corps sur le brancard.» En effet, il dit immédiatement après, qu'on le couvrit d'une vieille *acitára* (d'une housse [3]), qu'on le porta hors de la ville et qu'on l'enterra.

Je dois encore signaler une autre bévue du traducteur espagnol; elle est bien propre à convaincre les plus incrédules que ce récit a bien réellement été traduit de l'arabe.

Après la révolte d'Ibn-Djahhâf et le meurtre de Câ-

---

1) *Caláyid*, man. A., t. I, p. 96.
2) *Apud* Abd-al-wâhid, p. 112.
3) Voyez cette note dans l'Appendice, n° IV.

dir, tous les partisans de ce roi prirent la fuite. «Fuxéron para un castiello que dezien Jubala *con un paño* de Benalfarax, aquel preso que fuera su alguazil del rey é del Cid.» «Ils s'enfuirent vers un château qu'on nommait Jubala, *avec une pièce d'étoffe* de Benalfarax (Ibn-al-Faradj), celui qui était maintenant prisonnier, et qui auparavant avait été le vizir du roi et du Cid.» Il faut avouer que cette pièce d'étoffe fait ici un effet fort singulier, surtout parce que, dans la suite, il n'en est plus question. Traduisons: مع قطعة لابن الفرج. Sans doute, cela peut signifier: «avec une pièce d'étoffe d'Ibn-al-Faradj,» car قطعة désigne fort souvent *une pièce d'étoffe* [1]. Mais ce sens ne convient nullement ici. Le mot قطعة désigne encore *un bataillon, un escadron, une troupe de soldats* [2]. Il faut donc traduire: «avec une troupe (avec des soldats) d'Ibn-al-Faradj,» et alors tout va à merveille.

Tous ces arguments, tirés du caractère et du style du récit, pourraient suffire à la rigueur. Mais les faits sont là pour leur prêter un puissant appui, pour lever jusqu'au moindre doute. Ce récit, nous pouvons souvent le contrôler à l'aide des auteurs arabes, quelquefois aussi à l'aide des chroniques et des char-

---

1) Voyez les exemples que j'ai cités dans mon *Dictionnaire détaillé des noms des vêtements chez les Arabes*, p. 368.
2) Voyez *Script. Arab. loci*, t. II, p. 232.

les chrétiennes. Je l'ai fait, et voici quel a été le résultat de mon examen. J'ai trouvé que partout ce récit s'accorde parfaitement avec les auteurs arabes les plus anciens et les plus dignes de foi; qu'on n'y trouve pas les fautes qui déparent les ouvrages des auteurs arabes plus modernes; qu'il contient des faits et des noms propres peu connus et qu'on ne trouve que par accident dans les auteurs arabes, mais qui sont d'une scrupuleuse exactitude; que les détails topographiques le sont aussi; que même les mots et les phrases qu'emploie l'auteur, se retrouvent dans les écrits arabes qui traitent de cette époque, surtout dans le *Kitáb al-ictifá*, excellente chronique qui a été composée, dans la seconde moitié du XIIe siècle, par un faqui africain, nommé Ibn-al-Cardebous [1].

Voulant donner quelques preuves de ce que je viens d'avancer, je remarquerai d'abord que la Cronica parle d'une porte de Valence qu'elle nomme *Belsahanes*, «ce qui signifie, dit-elle, porte de la couleuvre.» Il faut donc lire *Bebalhanes*, باب الحنش (comparez Alcala, au mot *culebra*), et il y avait réellement à Valence une porte ainsi nommée; Ibn-Khâcàn en parle dans son chapitre sur Ibn-Tàhir. Dans un autre endroit, la Cronica fait mention d'un personnage de Va-

---

1) Abou-Merwân Abdalmelic ibn-الكردبوس at-Tauzari. Je connais le nom de l'auteur du *Kitáb al-ictifá* par Ibn-Chebât, qui le cite fort souvent.

lence qu'elle nomme *Mahomad abenhayén alaronxa*. Il faut lire *Abu Mahomad* et *alarouxa* ou *alarauxa* (les auteurs espagnols du moyen âge donnent fréquemment aux noms relatifs la terminaison *a*, au lieu de *i*). Ce personnage vivait réellement à Valence vers l'époque dont parle la Cronica; le biographe Dhabbî lui a consacré un article, dont Casiri (t. II, p.138) a donné un extrait et que M. Defrémery a bien voulu copier pour moi sur le man. de la Société asiatique. On y lit qu'Abdallâh ibn-Haiyân (ou Hayén selon la prononciation des Arabes d'Espagne) al-Arauchi [1] était un savant théologien qui était né en 409 de l'Hégire et qui alla s'établir à Valence, où il mourut en 487 de l'Hégire, 1094 de notre ère. Ailleurs la Cronica parle d'un gouverneur de Xativa qu'elle nomme Abenmacor. Ce personnage se trouve aussi nommé incidemment par des auteurs arabes. Ainsi Ibn-Bassâm dit (man. d'Oxford, fol. 109 v.) que, lorsque Motamid eut fait mettre en prison son vizir Ibn-Ammâr, dans l'année 1084, plusieurs personnes demandèrent sa grâce, et, entre autres, le gouverneur de Xativa, Ibn-Mahcour (ابن محقور). Si ma mémoire ne me trompe pas, Ibn-Bassâm a copié la lettre qu'Ibn-Mahcour écrivit à Motamid à cette occasion; et j'ai sous les yeux des extraits d'une autre lettre, que Motamid fit écrire en réponse à celle d'Ibn-Mahcour. Ces extraits se trou-

---

1) Dans le man. الأروشى, avec les voyelles.

vent dans l'*Encyclopédie* de Nowairî, man. de Leyde, n° 273, p. 549. Le gouverneur de Xativa y est nommé par erreur ابن يحفور. Au reste, la prononciation de la Cronica est parfaitement exacte, car les Arabes d'Espagne ne faisaient presque pas entendre l'*h*, et ils donnaient au ﺞ le son de *o*. Dans un autre endroit (fol. 324, col. 4), la Cronica raconte qu'Ibn-Djahhâf abhorrait son cousin germain [1], l'*alcalde mayor* de la ville; qu'il renfermait l'autorité de ce cousin dans de très-étroites limites (*nin mandava nin vedava*, dit le texte; c'est encore une phrase arabe, امرٍ ونهىٍ); qu'il ne lui donnait que de très-faibles appointements, enfin, qu'il le vexait de toutes les manières. Ibn-Khâcân et Ibn-Bassâm racontent la même chose, et leur témoignage est confirmé par la lettre qu'Ibn-Tâhir adressa à ce cousin d'Ibn-Djahhâf et que nous avons traduite plus haut. Ailleurs (fol. 330, col. 4 et fol. 331, col. 2), la Cronica donne à un officier d'Ibn-Djahhâf le nom d'*Atetoin* ou d'*Atetorui*. L'une et l'autre leçon sont altérées, mais la dernière se rapproche fort de la véritable. Il faut lire *Atecorni*, car dans les manuscrits, le *c* et le *t*, de même que l'*n* et l'*u*, permutent facilement. Ce nom relatif s'écrit en arabe التاكرنى, que tout le monde prononcerait at-Técorni, si l'on ne savait, par le *Lobb-al-*

---

[1] Au lieu de *hermano*, comme porte l'édition de la Cronica, il faut lire *primo cormano* avec la *Cron. del Cid* (ch. 166).

lobáb de Soyouti et par les Dictionnaires géographiques, qu'il faut prononcer at-Técoronnî 1). Or, les Técoronni étaient réellement une famille valencienne, et nous savons par Ibn-Bassâm (man. de Gotha, fol. 10 r.) que l'un d'entre eux, Abou-Amir ibn-at-Técoronnî, avait été vizir sous le règne du roi de Valence Abdalazîz Almanzor.

La Cronica raconte que lorsque Càdir prit la fuite, il cacha dans sa ceinture un collier d'un grand prix; puis elle ajoute: «é diz que fué de Seleyda muger que fué de Abenarrexit él que fué señor de Belcab: é que pasó despues á los reyes que dizien Benuiuoyas que fuéron señores del Andaluzia.» Tous les noms propres ont été altérés ici par les copistes ou par l'éditeur; mais l'auteur a voulu dire que ce collier avait appartenu d'abord à Zobaida, l'épouse du calife de Bagdad Hâroun ar-Rachîd, et ensuite aux Omaiyades d'Espagne. Un passage d'Ibn-Adhârî (t. II, p. 93) confirme ce renseignement. On y lit ceci: «Lorsque Mohammed Amîn, fils de Hâroun ar-Rachîd, eut été tué [dans l'année 813] et que ses richesses eurent été pillées, ses bijoux et ses meubles précieux furent apportés en Espagne, et l'on remit à Abdérame II, le sultan de ce pays, le collier connu sous le nom de *collier des lentilles* [on semble l'avoir appelé ainsi

---

1) Ce nom relatif dérive d'une ville du Midi appelée Técoronna. C'est le mot latin *corona* auquel on a ajouté le préfixe berber.

parce qu'il était composé de petites pierres vertes et rondes, de petites émeraudes], qui avait appartenu à Zobaida. »

Dans un autre endroit (fol. 525, col. 1 et 2) on lit qu'après la mort de Càdir, Abou-Isà ibn-Labboun, le seigneur de Murviédro, céda ses châteaux à Ibn-Razin, à la condition que celui-ci pourvoirait à sa subsistance, et qu'il alla s'établir à Albarracin avec ses femmes, ses enfants et ses amis. Ce renseignement est confirmé, non-seulement par Ibn-al-Abbâr, Ibn-Khâcân et Ibn-Bassâm, mais aussi par quelques pièces de vers composées par Ibn-Razin et par Ibn-Labboun eux-mêmes.

Les ressemblances entre le récit de la Cronica et celui du *Kitâb al-ictifâ* sont si nombreuses et si frappantes, que je crois devoir me borner à en citer un seul exemple. Je remarquerai donc que les renseignements que donnent ces deux ouvrages sur les bandes du Cid et d'Alvar Fañez, sont absolument les mêmes. « Ces bandes, ajoute la Cronica (fol. 331, col. 4), donnaient un Maure pour un pain ou pour un pot de vin, » et la même phrase se trouve dans la chronique arabe.

Mais le récit qu'Alphonse le Savant a traduit, est bien plus complet, bien plus circonstancié, bien plus exact que ceux de tous les autres auteurs arabes pris ensemble. Il l'est à un tel point qu'il ne peut avoir été composé que par un Arabe qui résidait à Valence pendant que le Cid assiégeait cette ville. Cet auteur paraît avoir écrit l'histoire de son temps jusqu'au moment où Ibn-Djahhâf fut jeté en prison, et je pense qu'il ne pouvait la conduire plus loin parce qu'il était un de ceux que le Cid fit brûler, dans le mois de mai ou au commencement de juin de l'année 1095, conjointement avec Ibn-Djahhâf.

En effet, ce récit est exact jusqu'à l'époque où Ibn-Djahhâf fut jeté en prison; mais la mort de ce personnage est racontée d'une manière assez singulière. Le Cid le fait juger par le faqui qu'il avait nommé cadi, et par les patriciens de Valence, lesquels décident que, parce qu'il avait tué son roi, il méritait, d'après la loi musulmane, d'être lapidé. Ce récit soulève deux objections: d'abord il est en contradiction avec le témoignage d'Ibn-Bassâm, auteur contemporain, et avec celui d'Ibn-al-Abbâr, historien très-exact et, de plus, Valencien [1]; en second lieu il n'y a pas, je crois, de loi musulmane qui dise ce qu'on lit ici. Après avoir placé ce récit controuvé, Alphonse se sert exclusivement de livres chrétiens, et l'on ne retrouve aucune trace de la chronique arabe. Comment expliquer ces circonstances? Faudrait-il supposer qu'Alphonse ait adouci ou changé le récit du supplice d'Ibn-Djahhâf, parce que ce récit présentait le Cid sous un jour trop défavorable? Je ne le crois pas; Alphonse ne peut avoir eu ce motif, car il n'a

---

1) Voyez le texte d'Ibn-al-Abbâr dans l'Appendice, n° II.

point dissimulé d'autres événements où le Cid se montra bien plus cruel encore que dans cette circonstance. Il faut donc admettre que la chronique arabe ne racontait pas le supplice d'Ibn-Djahhâf; qu'Alphonse a emprunté le récit de son supplice à un ouvrage chrétien, et notamment à la légende de Cardègne; qu'enfin le chroniqueur arabe a été obligé, par un accident quelconque, d'interrompre brusquement son travail.

Or, il est très-certain que le Cid fit brûler vifs en 1095, non-seulement Ibn-Djahhâf et ses parents, mais d'autres encore. Parmi ces malheureux se trouvait un homme de lettres qui avait rempli l'emploi de secrétaire auprès d'un vizir et qui s'appelait Abou-Djafar Battî (c'est-à-dire, originaire de Batta, un des villages situés aux environs de Valence) [1]. Ne pourrait-on pas supposer que cet écrivain est l'auteur du récit traduit dans la Cronica? Alors on s'expliquerait pourquoi ce récit s'arrête si brusquement et pourquoi le supplice d'Ibn-Djahhâf n'y était pas raconté. Je dois encore faire observer qu'à travers la rude et lourde traduction espagnole, on peut entrevoir facilement une diction arabe très-élégante. Cette circonstance plaide pour ma supposition, car Abou-Djafar Battî était un littérateur fort distingué.

---

1) Voyez Maccarî, t. II, p. 429, 755, et les textes que je donne dans l'Appendice, n° V.

Au reste cette chronique, quel qu'en soit l'auteur, est sans contredit le plus bel échantillon que nous ayons de l'historiographie arabe du XIe siècle, et Alphonse le Savant a droit à notre reconnaissance, puisqu'il nous a conservé, quoique dans une traduction barbare, ce trésor inappréciable.

Nous avons encore à expliquer comment et pourquoi cette traduction de la chronique arabe se trouve dans la *Cronica general*, et à réfuter l'opinion de ceux qui pensent que le récit en question a pour auteur un certain Abenalfange ou Abenalfarax; opinion qui était généralement reçue quand Escolano écrivit son excellente histoire de Valence, c'est-à-dire au commencement du XVIIe siècle, et qui a été adoptée dernièrement par M. Huber. Mais avant de pouvoir aborder ces questions, je dois dire ce que c'est que la *Cronica del Cid*.

Je résumerai en peu de mots le résultat de mon examen de cette chronique, qui a été publiée pour la première fois à Burgos, en 1512, par Juan de Velorado, abbé de Saint-Pierre-de-Cardègne, d'après le manuscrit de ce couvent. Je dirai donc que ce n'est rien autre chose que la partie correspondante de la *Cronica general*, retouchée et refondue arbitrairement par quelque ignorant du XVe, ou tout au plus de la fin du XIVe siècle, probablement par un moine de Saint-Pierre-de-Cardègne, puis retouchée et refondue aussi arbitrairement, au commencement du XVIe, par l'éditeur Juan de Velorado.

Pour prouver la dernière thèse, je citerai le témoignage de Berganza, qui n'a été remarqué ni par le dernier éditeur, M. Huber, ni, je crois, par aucun de ceux qui, dans ces derniers temps, ont parlé de la *Cronica del Cid*. Il faut observer que Berganza, qui publia son livre en 1719, est peut-être le seul écrivain qui ait comparé l'édition de Velorado avec le manuscrit de Cardègne. Or, voici ce qu'il dit (t. I, p. 390) : « Je dois avertir que la Chronique du Cid imprimée ne s'accorde pas, pour ce qui concerne certains détails et certains chapitres, avec la Chronique manuscrite; ainsi je me réglerai sur celle qui se trouve dans nos archives. » J'ai vu d'ailleurs par quelques collations qui m'ont été fournies par M. Defrémery, que l'édition de Velorado diffère assez notablement du manuscrit de la *Cronica del Cid* que possède la Bibliothèque impériale (n° 9988). Ce manuscrit diffère moins de la *Cronica general* que l'édition de Velorado, mais il en diffère pourtant. Quand on n'a pas sous les yeux le manuscrit de Cardègne, il est impossible de dire quels changements il faut attribuer à l'ancien moine et quels à Velorado. Toujours est-il qu'ils sont tous, sans exception, très-malheureux et souvent ridicules. Dans le récit arabe, les deux rédacteurs n'ont pas compris une foule de phrases, peu espagnoles à la vérité. Ils les ont ou sautées, ou changées avec une incroyable maladresse. Aussi quand les détails de ce récit, tel qu'il se trouve dans la *Cronica general*, s'accordent parfaitement avec les récits arabes, il n'en est nullement de même de ceux qui se trouvent dans la *Cronica del Cid*, bien que ce soit le même récit quant au fond. Remarquons encore que le rédacteur de ce misérable pastiche n'a pas même pris soin d'en séparer ce qui n'aurait pas dû s'y trouver. Écrivant une Chronique du Cid, il a cependant admis beaucoup de choses qui se trouvent dans la *Cronica general*, mais qui n'ont rien à voir avec ce héros. A la fin de son travail, il dit qu'il y a mêlé ces notices, « parce que cette chronique ne pouvait s'écrire d'une autre manière. » Je ne sais si le rédacteur a pu le faire, même j'en doute fort; mais de deux choses l'une: ou il aurait dû séparer de son livre ce qui n'y appartenait pas, ou bien il n'aurait pas dû l'écrire. Il y a plus: ce moine maladroit dit tout simplement: « comme nous avons déjà dit, » là où il s'agit de faits antérieurs à l'époque du Cid et dont il ne parle pas du tout, et il dit aussi: « comme nous dirons plus tard, » quand il s'agit de choses qui n'arrivèrent qu'au XIIIe siècle et dont il ne parle pas non plus [1].

C'est de cette chronique que nous est venu l'Abenalfange qui aurait écrit le récit arabe; car elle dit (chap. 180): « Et alors Abenalfange, un Maure qui écri-

---

1) Voyez les exemples qu'a rassemblés M. Huber (Introduction, p. xlv, dans la note) — pour prouver tout autre chose, il est vrai.

vit cette histoire en arabe à Valence, nota combien valaient les vivres, pour voir combien de temps la ville pouvait encore tenir; et il dit que le *cafiz*» etc. Il n'existe pas en arabe un nom propre Ibn-al-Fandj. Je vois par le livre de Berganza (t. I, p. 390), que le manuscrit porte *Abenfax*. En supposant que c'est *Abenfax, Abenfarax, Ibn-Faradj*, le passage mériterait sans doute considération, s'il se trouvait dans la *General*; mais il ne se trouve que dans un livre où, quelques lignes plus haut, le récit arabe a été interpolé de cette manière: «Mais notre seigneur Jésus-Christ ne voulut pas qu'il en fût ainsi» etc.

Le fait est que le moine du XV⁰ siècle, qui a composé la *Cronica del Cid*, a mis le récit arabe sur le compte du personnage fabuleux qui passait pour l'auteur de la vieille légende de Cardègne. Voulant donner à son travail une apparence de vérité, ce légendaire l'avait attribué à un contemporain du Cid, et rien n'était plus commun dans le moyen âge que cette espèce de fraude. Les auteurs des romans du cycle carlovingien prétendent presque toujours que ces livres ont été trouvés à Saint-Denis. Le roman provençal connu sous le nom de *Philomena*, se dit écrit par un maître d'histoire, contemporain et ami de Charlemagne, et appelé Philomena. Même des poëmes historiques se publiaient sous un pseudonyme. Ainsi la Croisade contre les Albigeois, récit assez fidèle et composé par un troubadour contemporain, se dit écrite par un personnage qui avait longtemps étudié la géomancie, et qui s'appelait maitre Guillaume, de Tudèle en Navarre. Cervantes a tourné en ridicule cette coutume, quand il prétend que son Don Quichotte est une traduction d'un ouvrage arabe, écrit par Cide Hamete Benengeli. Il est même fort possible qu'il ait voulu persifler surtout la Cronica del Cid, où le véritable récit arabe fourmille de phrases chrétiennes interpolées, et où la légende catholique de Cardègne (ainsi que dans la *General*) est attribuée à un Arabe valencien. Cette supposition devient fort probable, quand on voit Cide Hamete commencer un chapitre par ces paroles: «Je jure comme chrétien catholique [1].»

Le prête-nom, le Turpin, de la légende, est donc le valencien Abenalfarax, le neveu d'Alfaraxi, qui se trouve souvent nommé dans la légende et dont parlaient probablement les traditions monastiques que le légendaire a suivies. Ayant embrassé le christianisme, cet Alfaraxi avait reçu le nom de Gil Diaz, et après la mort du Cid, il s'était fait moine dans le couvent de Cardègne. A en croire la légende, le Cid l'avait nommé cadi de Valence; car là où le véritable récit arabe s'arrête, la *General* (fol. 337, col. 2) dit: «Les Valenciens demandèrent au Cid qu'il nommât son *alguazil* (vizir) et qu'il leur donnât pour cadi

---

[1] *Don Quijote*, IIe partie, c. 27.

son cadi qui se nommait Alhugi; et celui-ci était le personnage qui avait fait les vers [c'est-à-dire, l'élégie sur Valence], ainsi que l'histoire l'a raconté. Et après que le Cid se fut établi dans la ville de Valence, ce Maure se convertit, et le Cid le fit baptiser, ainsi que l'histoire vous le racontera dans la suite.» Au lieu d'Alhugi, la *Cronica del Cid* (ch. 208) porte *Aya Traxi;* mais il est certain qu'il faut lire *Alfaraxi*, car il est raconté plus loin (fol. 359, col. 1 et 2), que le faqui qui avait été nommé cadi des Maures par le Cid et qui se nommait Alfaraxi, «celui qui avait fait et inventé les vers sur Valence,» vint trouver le Cid; «et il était de si bon entendement et de si bon jugement, et il était tant latin, qu'il semblait chrétien, et à cause de cela le Cid l'aimait.» Si on lit ici que l'Alfaraxi de la légende avait composé l'élégie sur Valence, qui se trouve dans le récit arabe, il ne faut y voir qu'une assertion sans fondement de l'auteur de la *General;* ce renseignement ne pouvait se trouver dans la légende, comme nous le verrons tout à l'heure. Là où le récit arabe s'arrête, la *General* suit d'abord la *Chanson du Cid* (*Gener.*, fol. 358, col. 1 *med.* — fol. 359, col. 2; *Chanson du Cid*, vs. 1215 jusqu'à la fin) en y ajoutant de temps en temps quelques notices tout à fait fabuleuses, qu'elle a empruntées à la légende de Cardègne. Puis elle dit (fol. 359, col. 3): «D'après ce que raconte l'histoire du Cid, que composa, à partir d'ici, Abenalfarax, le neveu de Gil Diaz, à Valence, » etc. (Un peu plus bas (col. 4) Abenalfarax se trouve nommé de nouveau, et fol. 362, col. 2: « Segun que cuenta Abenalfarax él que fizo esta estoria en aravigo. ») Il ne faut pas croire que la *Cronica* ne commence qu'ici à se servir de la légende de Cardègne; mais à partir d'ici, elle s'en sert exclusivement.

Est-il probable à présent que le récit arabe ait déjà été traduit dans la vieille légende? Je crois que non. Ces deux récits ont un caractère tout à fait différent: l'un est musulman et présente le Cid sous un jour assez défavorable; l'autre est ultra-catholique et le Cid y devient un saint qui fait des miracles. Impossible que le légendaire, qui voyait dans son héros un modèle de piété et de dévotion, ait copié un récit qui le représente comme un monstre de cruauté. C'est parce que je crois ce fait impossible, que j'ai dit que la phrase où il est raconté qu'Alfaraxi ou Gil Diaz avait composé l'élégie sur Valence, a été ajoutée par Alphonse le Savant. Quand on suppose qu'elle se trouvait chez le légendaire, on dit en même temps que celui-ci a connu et suivi en partie le récit arabe. Cela ne pouvant être, il faut bien croire que cette phrase est une de ces nombreuses additions arbitraires qu'on remarque dans la *General*, quand on compare ses récits avec les sources où elle a puisé.

Supposons donc qu'Alphonse le Savant a traduit le récit arabe; alors on s'expliquera pourquoi ce récit, peu flatteur pour le Cid, se trouve dans la *General*. Alphonse, qui savait l'arabe et qui aimait à s'entourer de savants de cette nation, détestait la noblesse qu'il eut maintes fois à combattre et qui finit par le détrôner. Il doit donc avoir accepté avec empressement le récit arabe-valencien, qui était hostile au Cid. Le Cid, en effet, toujours exalté dans les romances comme rebelle et ennemi de la royauté; le Cid, si cher à la Castille parce qu'il triomphe du roi qui l'a exilé, le Cid était un ennemi pour Alphonse, qui dut se trouver heureux de dénigrer le représentant idéal du noble castillan. Je crois donc qu'il a traduit lui-même le récit arabe; et cela aussi littéralement que possible, afin qu'on ne pût pas l'accuser d'avoir calomnié l'idole de la noblesse. Et voilà pourquoi le style de la traduction est si mauvais, pourquoi il diffère si sensiblement du style ordinaire du roi auteur.

Jusqu'ici nous n'avons parlé que des récits arabes. Nous devions commencer par là parce qu'ils sont les plus anciens, et parce que le Cid n'est point devenu pour les musulmans un personnage semi-fabuleux. Pour eux il ne pouvait le devenir; la société arabe était arrivée depuis longtemps à un état de civilisation qui exclut les traditions populaires et poétiques. Pour eux le Campéador était un chevalier chrétien comme un autre; ils pouvaient le haïr, mais voilà tout. Il faut examiner à présent les récits chrétiens.

III.

>Ne tout mensonge, ne tout voir;
>Ne tout huile, ne tout savoir.
>
>Robert Wace, *Roman de Rou*.

>Ne chi più vaglia, ancor si trova il vero;
>Che resta or quanto or qual superiore.
>
>Ariosto, *Orlando furioso*, XXV, 1.

On sait que c'est Masdeu qui a attaqué les *Gesta* sur tous les points, et qui a tâché de prouver que ce livre ne mérite pas la moindre confiance. On sait aussi que ceux qui sont venus après lui, ont trouvé ses arguments convaincants.

Je dois avouer que je ne partage pas cette opinion; qu'à quelques rares exceptions près, je n'adopte aucun des raisonnements de Masdeu; qu'en conséquence, je ne puis adopter le résultat auquel il est arrivé.

Dans des questions qui ne sont pas purement et simplement philosophiques, il ne suffit pas de raisonner logiquement: il faut encore de l'érudition. Or, je dois bien le dire, Masdeu ne me semble pas avoir possédé les connaissances nécessaires pour l'accomplissement de la tâche qu'il s'était imposée; on trouve dans son livre des preuves frappantes et nombreuses du contraire. L'auteur des *Gesta* dit par exemple, que Chimène, fille de Diégo comte d'Oviédo, l'épouse de Rodrigue, était la *neptis* d'Alphonse VI. Elle était en effet la fille de Chimène, fille d'Alphonse V, et par conséquent, cousine germaine d'Alphonse VI[1]. Masdeu (p. 168, 169) fait tous ses efforts pour nier cette circonstance; mais ne pouvant trouver aucun argument valable, il se jette en désespéré sur le mot *neptis*, auquel il ne semble connaître aucun autre sens que celui de *petite-fille*, et il prétend que l'auteur a confondu Alphonse V avec Alphonse VI, puisqu'il dit que Chimène était petite-fille de ce dernier; ce qui, en effet, serait tout à fait absurde. Masdeu semble donc avoir ignoré que, dans le latin du moyen âge, *nepos* et *neptis* se prennent souvent dans le sens de *cousin germain*, *cousine germaine*. C'est une ignorance bien peu pardonnable chez un historien soi-disant critique; mais puisqu'il ne connaissait pas ce fait, pourquoi ne s'est-il pas donné la peine de chercher le mot *nepos* dans le Glossaire de Ducange et dans le supplément de Carpentier?

Masdeu a laissé échapper d'autres bévues aussi extraordinaires, en parlant du surnom de Rodrigue, *el Campeador*. Il dit que ce surnom ne se trouve que dans les auteurs du XIIIe siècle, et que, d'ailleurs, ce n'est pas non plus un titre honorifique. *Campeada*, dit-il, signifiait une incursion en pays ennemi,

---

1) Voyez Florez, *Reynas Catholicas*, t. I, p. 131, et les auteurs qu'il cite. Voici la table généalogique:

Alphonse V	
Sancha, mariée à Ferdinand Ier	Chimène, épouse de Diégo d'Oviédo
Alphonse VI	Chimène, épouse du Cid

telle qu'en fait un capitaine de cavalerie légère, non un général d'armée. Un *campeador* est donc un soldat aventureux et hardi, mais qui ne sait pas conduire la guerre d'une manière savante. Dans la guerre, c'est le plus bas emploi («el mas baxo oficio»). Ne dirait-on pas, à entendre Masdeu, que le titre de *Campeador* n'est pas très-ancien? Et cependant, sans citer tous les vieux documents latins et espagnols où on le rencontre, ne se trouve-t-il pas chez tous les auteurs arabes qui parlent de Rodrigue, à partir d'Ibn-Bassâm, qui écrivait en 1109? Les Arabes écrivent الكنبيطور, en ajoutant les voyelles اَنْكَنْبِيْطُور. Remarquons que *n* avant *b* se prononce *m*, que les Arabes n'ont point de *p*, et qu'en Espagne le son ط se prononçait constamment *o*, alors nous aurons *el-cambeyator*. Cette transcription du latin *campeator* n'est-elle pas parfaitement exacte? Et osera-t-on encore soutenir que ce titre ne se trouve que chez des auteurs du XIIIe siècle? Mais ce n'est pas un titre honorifique, dit Masdeu, c'est plutôt un sobriquet injurieux. Si Masdeu avait lu les anciens poètes de sa nation, il aurait su que Gonzalo de Berceo, qui florissait vers l'année 1220, dit dans sa *Vida de Santo Domingo de Silos* (copla 127):

> El Rey Don Garcia de Nagera Sennor,
> Fijo del Rey Don Sancho el que dicen Mayor,
> Un firme caballero, noble campeador,
> Mas para sant Millán podrie ser meior.

Le roi Don Garcia, seigneur de Nagera, fils du roi don Sancho, surnommé le Grand, était un vaillant chevalier, un noble *campeador*, mais pour (le cloître de) Saint-Millan il aurait pu être meilleur.

Est-ce que *campeador* est ici un sobriquet injurieux? Le roi Garcia remplissait-il dans la guerre le plus bas emploi?

Mais c'est ici le lieu d'expliquer ce titre de Campéador. Celui de *Mio Cid* que portait Rodrigue (« mio Cid semper vocatus, » dit l'ancien biographe d'Alphonse VII), s'explique aisément: c'est سيدي *mon seigneur*, et cette qualification était sans doute donnée au chevalier castillan par ses soldats arabes et par les Valenciens, devenus ses sujets. Mais celui de Campéador est moins facile à interpréter, et il me semble que non-seulement Masdeu ne l'a pas compris, mais qu'en général on n'en a pas saisi le véritable sens. Aussi M. Huber [1], plus prudent en ceci que d'autres écrivains, a-t-il déclaré que l'on ne peut donner que des conjectures sur la signification de ce nom.

Il va sans dire que Campéador n'a rien à démêler avec le mot latin *campus*. Il dérive au contraire du mot teutonique *champh*, qui répond aux mots *duellum* et *pugna*; le verbe *kampjan* répond à *prœliari*, et le substantif *kampfo* ou *kampfjo* répond aux mots *gladiator, athleta, tiro, pugil, pugillator, agonista, venator*,

---

1) *Geschichte des Cid*, p. 96.

miles. Ces termes se rencontrent déjà dans les plus anciens monuments de la langue allemande [1]. L'anglo-saxon avait le mot *cœmpa* qui était l'équivalent de l'allemand *kamfo*, et le verbe *campjan*. Dans l'allemand du moyen âge, le mot *kampf* s'employait dans le sens de *duel*, et il était l'opposé de *lantstrit* [2]. Cette racine et ses dérivés se sont conservés dans toutes les langues germaniques, l'anglais excepté [3]. L'islandais a le verbe *keppa* et le substantif *kempa* (champion); le suédois, le danois et le hollandais ont *kamp*, en allemand *kampf*; le verbe est *kâmpa* en suédois, *kiœmpe* en danois, *kempen* en hollandais, *kämpfen* en allemand; le champion se nomme *kâmpe* ou *kâmpare* en suédois, *kiœmpe* en danois, *kempe*, *kamper* ou *kemper* en vieux hollandais, *kämpfe* en allemand. Dans le latin du moyen âge on trouve les substantifs *camphio*, *campio*, *camphius*, les verbes *campare*, *campire* et probablement *campeare* (d'où dérive *campeator*). Cette racine teutonique a aussi passé dans les langues romanes : en français *champion*, en provençal *champion*, *campiou*, *champien*, en italien *campione*, en catalan *campion*, en portugais *campeão*, *campião*, en espagnol *campeon*.

On a cru généralement que *campeador* était synonyme de *champion*; mais cette opinion est erronée. Le

---

1) *Voir* Graff, *Althochdeutscher Sprachschatz*, t. IV, p. 406, 407.
2) *Voir* Ziemann, *Mittelhochdeutsches Wœrterbuch*, au mot *kampf*.
3) Les Anglais ont reçu leur *champion* des Normands.

champion était un homme qui allait d'un lieu à un autre pour louer ses services dans les combats judiciaires. Il combattait à pied, jamais à cheval, et n'avait d'autres armes qu'un bâton et un bouclier. Les champions étaient réputés infâmes; les lois les mettaient sur la même ligne que les voleurs et les filles publiques [1]. Si donc *campeador* était l'équivalent de *champion*, Masdeu aurait eu raison sans le savoir, en disant que *campeador* était un sobriquet injurieux. Mais le véritable sens du mot *campeador* exprime un usage que les Espagnols avaient emprunté des Arabes, et en vertu duquel certains preux sortaient des rangs, quand deux armées étaient en présence, pour défier les ennemis, pour engager quelques-uns d'entre eux à accepter un combat singulier. Ordinairement celui qui faisait l'appel au combat improvisait quelques vers dans le mètre *redjez*, auxquels son adversaire répondait dans le même mètre et en employant la même rime. Sortir des rangs pour appeler un ennemi au combat, s'appelait en un seul mot *baraza* برز [2]; celui qui le faisait, portait le nom de

---

[1] Voyez l'excellent article *campio* dans Ducange, et comparez Ziemann, *Mittelhochdeutsches Wœrterbuch*, au mot *kempfe*.

[2] Ce sens est extrêmement fréquent, et si l'on ne savait que les significations les plus usitées manquent souvent dans nos dictionnaires arabes, on aurait le droit de s'étonner de ne pas l'y trouver. Pour ne pas remplir une demi-page de citations, je me bornerai aux suivantes: *Fables de Bidpai*, p. 6; Ibn-al-Athir, t. XI, p. 257 éd. Tornberg; Nowairi, *Hist. d'Espagne*, man. 2h, p. 443; Hoçri, *Zahr-al-âdâb*, man. 27, fol. 21 r.

mobâriz, que Pierre d'Alcala a très-bien traduit par *desafiador* [1]; et celui qui avait la coutume de faire de tels défis, qui, pour ainsi dire, en faisait son métier, se nommait *barrâz*. Cet usage, qui était fort ancien, existait encore dans le XIe siècle, et un auteur arabe qui avait séjourné à Saragosse et qui était contemporain du célèbre Campéador, Tortôchi, nous offre à ce sujet un récit qui me paraît assez curieux pour que j'en donne ici la traduction [2]:

« Il y avait à Saragosse un cavalier, nommé Ibn-Fathoun, qui était de ma famille, car il était l'oncle de ma mère. Aucun Arabe ni aucun barbare (chrétien) ne l'égalait en bravoure; aussi Mostaïn, le père

---

[1] Le même lexicographe traduit aussi très-bien *desafio por uno* par *mobáraza*.

[2] Ibn-abî-Zandaca Tortôchi (de Tortose) naquit en 1059. Il séjourna à Saragosse, où il prit des leçons d'Abou-'l-Walîd Bâdjî, et il étudia les belles-lettres à Séville, sous le grand Ibn-Hazm. En 476 (1083, 4), il quitta l'Espagne, fit le pèlerinage de la Mecque, et s'établit pour quelque temps en Syrie. Dans la suite, il jouit de la faveur d'Ibn-al-Batâyihî qui, après le meurtre d'Afdhal Châhânchâh, en décembre 1121, fut élu vizir par les émirs égyptiens. Ce fut à ce noble personnage qu'il dédia son *Sirâdj al-molouc*, ouvrage qu'il doit avoir composé entre 1122 et 1126, qu'Ibn-al-Batâyihî fut arrêté et mis à mort par le calife Fatimide Amir. *Voir* Ibn-Khallicân, Fasc. VI, p. 141—143, et Maccari dans son Ve livre.

Le *Sirâdj al-molouc* est une sorte de manuel à l'usage des princes. Il contient aussi une foule de courtes histoires, souvent très-curieuses.

J'ai traduit le passage que je cite ici, d'après trois manuscrits, les nos 70, 354 *a* et 354 *b*. Il se trouve dans le chapitre 61, qui traite de l'art de la guerre.

de Moctadir [1], l'estimait fort et lui payait cinq cents ducats de solde. Tous les chrétiens connaissaient sa valeur et redoutaient de le rencontrer sur le champ de bataille. On raconte que quand un chrétien abreuvait son cheval et que l'animal ne voulait pas boire, il lui disait: — Bois donc! as-tu vu Ibn-Fathoun dans l'eau? — Ses camarades lui portaient envie à cause de la haute solde qu'il recevait, et des grands égards que lui témoignait le sultan. Ils surent le noircir auprès de Mostaïn, qui, pendant quelques jours, lui interdit sa porte. Ensuite Mostaïn fit une incursion dans le pays des chrétiens, et lorsque les deux armées furent en présence, un mécréant sortit des rangs (*baraza*) et se mit à crier: — Y a-t-il un *mobáriz?* — Un cavalier musulman alla à sa rencontre (*baraza ilaihi*). Ils joutèrent pendant quelque temps; mais le chrétien ayant tué son adversaire, les polythéistes poussèrent des cris de joie; les musulmans, au contraire, se laissèrent aller au découragement. Puis le chrétien se plaça de nouveau entre les deux rangs et cria: — Deux contre un! — Un musulman alla l'attaquer, mais il fut tué, lui aussi. — Trois contre un! — cria alors le chrétien; mais personne n'osa aller se mesurer avec lui, et l'on s'écria:

---

1) Il s'agit ici de Mostaïn Ier, le fondateur de la dynastie des Beni-Houd, qui commença à régner en 1039 et mourut en 438 de l'Hégire (1046, 7).

— Il n'y a qu'Abou-'l-Walid ibn-Fathoun qui puisse servir ici. — Mostaïn l'appela, le traita avec beaucoup de bonté et lui dit : — Ne voyez-vous pas ce que fait ce mécréant ? — Mais oui, je le vois. — Eh bien, qu'y a-t-il à faire ? — Que désirez-vous ? — Que vous nous délivriez de cet homme. — Cela sera fait dans un instant, s'il plaît à Dieu. — Immédiatement après, Ibn-Fathoun se revêt d'une chemise de toile et se met en selle; mais sans se munir d'aucune arme, il prend un fouet avec une longue cordelette, garnie d'un gros nœud, et va à la rencontre (*baraza*) du chrétien, qui le regarde plein d'étonnement. Les deux adversaires se précipitent l'un sur l'autre, et le chrétien désarçonne Ibn-Fathoun d'un coup de lance; mais celui-ci se cramponne au cou de son cheval; puis il se débarrasse de ses étriers, saute à terre, se remet en selle, s'élance sur son adversaire, et lui assène un coup de fouet sur le cou. La cordelette se tord autour du cou du chrétien; Ibn-Fathoun l'arrache avec la main de sa selle, et le traîne vers Mostaïn. Alors celui-ci reconnut qu'il n'avait pas bien agi envers Ibn-Fathoun; il le remercia avec chaleur et lui rendit tout ce qu'il lui avait ôté. »

Voilà le *barráz* arabe; ce qu'Ibn-Fathoun était dans l'armée de Mostaïn, Rodrigue Diaz l'était dans l'armée de Sancho de Castille, car *campeador* répond exactement à *barráz*. Et ceci n'est pas une conjecture: c'est un fait bien avéré. L'auteur de l'ancien poème latin sur Rodrigue, dit expressément que celui-ci devait son surnom à un combat singulier:

> Hoc fuit primum *singulare bellum*,
> Cum adolescens devicit Navarrum;
> Hinc Campidoctor dictus est maiorum
> Ore virorum.

D'ailleurs, dans un lettre écrite au Cid par Bérenger, comte de Barcelone, et copiée ou traduite dans les *Gesta* (p. xxxvii), on lit d'après l'édition de Risco: « Tandem vero faciemus de te *alboroz*. Illud idem, quod scripsisti, fecisti tu ipse de nobis. » Risco (p. 188) traduit: « Finalement nous ferons de vous ce qu'on appelle *alboroz*, et cela même que vous avez écrit et fait de nous, » et il n'ajoute aucune observation. M. Huber (*Gesch. des Cid*, p. 66): « Finalement tu éprouveras notre vengeance. Ce que tu nous reproches, tu le mérites de nous; » et dans une note (p. 170) il dit que, n'ayant pas trouvé le mot *alboroz* chez Ducange, il ne peut pas trop rendre compte de sa véritable signification, mais qu'il le croit analogue à *alborote, tumulte, sédition,* et à *alborozo, ravissement.* Deux difficultés se soulèvent contre cette explication. D'abord il n'y a pas la moindre trace d'un mot *alboroz* dans l'ancien espagnol. Mais supposé, pour un instant, que ce mot ait existé comme synonyme d'*alborote*, qu'est-ce que signifie alors la phrase: *nous ferons de vous tumulte, ou sédition?* Dans la traduction abrégée que donne la *Cronica general* (fol. 322, col. 3), on lit: « é farémos de ti alboras lo que feziste de nos. » Ici la ponctuation est déjà beaucoup meilleure que chez Risco, et l'un des *o* est un *a*; changeons aussi le second, et lisons: « Tandem vero faciemus de te, albaraz! illud idem quod, scripsisti, fecisti tu ipse de nobis; » — « finalement nous ferons avec toi, albarrâz! cela même que, comme tu écris, tu as fait avec nous. » Plus haut, Bérenger avait donné à Rodrigue le titre de campéador; mais ici il le traduit, parce qu'il voit en lui un chevalier arabe plutôt qu'un chevalier chrétien; aussi ajoute-t-il: « Dieu vengera ses églises, que tu as violées et détruites! »

Mais Bérenger de Barcelone nous ramène à Masdeu et à ses critiques.

L'auteur des *Gesta* donne constamment au comte de Barcelone le nom de Bérenger. Masdeu (p. 181—183 et passim) prétend que ce Bérenger n'a jamais été comte de Barcelone; que Barcelone ne lui a pas obéi un seul jour, soit pendant la vie de son frère Raymond II, soit pendant celle de son neveu, Raymond III; qu'il fut déshérité par son père; que pendant la vie de son frère, depuis 1076 jusqu'à 1082, il ne fut qu'un prétendant rebelle; enfin, qu'il n'a pas été tuteur de son neveu; c'est ce que prouvent, dit Masdeu, les diplômes et les priviléges de cette époque, où l'on rencontre toujours le nom de l'un des deux Raymonds, mais pas une seule fois celui de Bérenger. Il trouve que dans cette circonstance la *Chanson du*

Cid, la *Cronica general* et celle du Cid sont moins absurdes que l'histoire rimée, puisque ces livres nomment le véritable comte de cette époque, à savoir Raymond II. Masdeu ignorait-il donc que Raymond Ier, qui mourut en 1076, avait, par son testament, divisé ses États entre ses deux fils, Raymond II et Bérenger? Que ce testament existe dans les archives de Barcelone [1]? Que l'on y trouve aussi la charte où Raymond II promet à son frère Bérenger d'observer le testament de leur père [2]? Qu'il existe dans les mêmes archives une autre charte de Raymond II, datée du 18 juin 1078, et qui est de la même nature [3]? Qu'il y a une convention, datée du 27 mai 1079, entre Raymond II et Bérenger, où ils définissent le temps pendant lequel chacun des deux habiterait le palais de Barcelone; à savoir l'un à partir de huit jours avant la pentecôte jusqu'à huit jours avant la fête de noël, l'autre à partir de huit jours avant la fête de noël jusqu'à huit jours avant la pentecôte [4]? Que par un acte du 20 juin de la même année, Raymond et Bérenger, «comtes de Barcelone par la grâce de Dieu,» donnent de concert à l'abbaye de Saint-Pons la moitié du château de Peyriac dans le Minervois [5]? Que dans un autre acte, du

---

1) Voyez Diago, *Hist. de los Condes de Barcelona*, fol. 129 r.
2) Voyez *ibid.*, fol. 132 r.
3) *Ibid.*, fol. 132 r. et v.
4) Diago (fol. 132 v.) donne dans l'original une partie de ce document.
5) *Hist. génér. de Languedoc*, t. II, p. 252, et Preuves, p. 303.

26 juin de cette année, ils se nomment aussi « Nos duo fratres Comites Barchinonenses ¹ ? » Que dans l'enquête faite du temps d'Alphonse, roi d'Aragon, vers l'an 1170, touchant l'acquisition faite par les comtes de Barcelone, ses prédécesseurs, du comté de Carcassonne, il est aussi parlé de la division des États de Raymond Ier entre ses deux fils Raymond II et Bérenger ² ? Que quand Raymond II eut péri assassiné le 5 décembre 1082, laissant un fils, Raymond III, qui, à cette époque, ne comptait pas encore un mois, Bérenger conserva non-seulement la moitié du comté, mais qu'il fut aussi le tuteur du fils de son frère, ainsi qu'il résulte encore d'une charte ³ ? Qu'il existe un document du 13 novembre 1089, par lequel Arnaud Miron de Saint-Martin se reconnaît vassal du *comte* Bérenger en sa qualité de tuteur de Raymond III ⁴ ? Que dans une charte de 1090, Raymond III, qui était alors âgé de huit ans, et son oncle Bérenger se nomment tous les deux comtes de Barcelone ⁵ ? Qu'Ermengaud de Gerp, comte d'Urgel, donne, dans son testament daté du 29 avril 1090, le titre de comte de Barcelone à Bé-

---

1) Diago, fol. 133 r.
2) Ce document a été publié par Marca, *Marca Hispan.*, p. 1131, et par Dom Vaissette, *Hist. génér. de Languedoc*, t. II, Preuves, p. 12.
3) Diago, fol. 134 v.
4) Diago, fol. 134 v., 135 r.
5) Diago, fol. 142 v.

renger ¹? De deux choses l'une: ou Masdeu n'a pas connu ces chartes, auxquelles on pourrait en ajouter beaucoup d'autres ², et alors il est bien singulier qu'un homme si peu familiarisé avec les documents ait la prétention d'écrire une histoire critique d'Espagne en vingt volumes; ou bien il les a ignorées à dessein, parce qu'elles étaient favorables à l'histoire latine dont il combat l'authenticité, et si tel est le cas, il a fait preuve de mauvaise foi. L'histoire latine a parfaitement raison quand elle dit que l'adversaire de Rodrigue était Bérenger et non Raymond. Elle ne précise pas l'époque où Rodrigue combattit Bérenger pour la première fois, mais elle dit du moins que cela eut lieu quelque temps après la mort de Moctadir de Saragosse, c'est-à-dire, après l'année 1081. Que cette première guerre ait eu lieu avant ou après le 5 décembre ³ 1082, époque de l'assassinat de Raymond II, peu importe, car Bérenger était comte de Barcelone

---

1) Voyez l'original latin chez Diago, fol. 137 v.

2) Masdeu avoue lui-même qu'Urbain II, dans un bref de 1089, donne à Bérenger le titre de comte de Barcelone. M. Bofarull (*Condes de Barcelona*, t. II, p. 108—141) cite une foule d'autres chartes qui confirment ce que j'ai dit dans mon texte; à mon grand regret, il ne m'était pas permis de mettre ici à profit cet excellent livre, parce qu'il est postérieur à celui de Masdeu, et que, pour ne pas être injuste, je devais me borner à citer des ouvrages que Masdeu aurait pu consulter. Voyez aussi la charte publiée par Villanueva, *Viage literario*, t. VI, p. 318—320, et comparez p. 208—211 du même volume.

3) Cf. Bofarull, t. II, p. 119—123.

conjointement avec son frère. Plus tard Rodrigue ne peut avoir combattu que Bérenger, car le pupille de celui-ci, Raymond III, était encore enfant. Que Rodrigue a réellement combattu à différentes reprises le comte de Barcelone, c'est ce qui résulte du témoignage irrécusable d'Ibn-Bassâm.

L'incompétence de Masdeu étant déjà très-grande quand il s'agit de l'histoire de l'Espagne chrétienne, on conçoit qu'il est resté tout à fait étranger à l'histoire de l'Espagne arabe; ce qui, malheureusement, ne l'empêche pas de nier tout ce qui lui déplaît. L'auteur de l'histoire latine dit, par exemple, qu'à la mort de Moctadir, ses États furent partagés entre ses deux fils, dont l'un, Moutamin, obtint Saragosse, et l'autre, Alfagib, Dénia (p. xx), Tortose et Lérida (p. xxxiv). Masdeu (p. 179) a nié ce fait, en disant qu'Ali ibn-Modjéhid régnait alors à Dénia et qu'Alfagib n'existait pas. Rien n'est moins vrai. Moctadir s'était emparé de Dénia dans le mois de Chabàn de l'année 468 [1], c'est-à-dire, dans le mois de mars de l'année 1076, et, ayant détrôné Ali ibn-Modjéhid, il l'avait emmené avec lui à Saragosse. Dénia lui appartenait donc. Il est très-certain aussi qu'il partagea ses États

---

1) Ibn-al-Abbâr (*Script. Arab. loci de Abbad.*, t. II, p. 105); Ibn-Khaldoun (*apud* Weijers, *Loci Ibn Khacanis*, p. 115, et man., t. IV, fol. 27 r.). Nowairi (*apud* Weijers, p. 114) nomme Ramadhân 478; mais M. Weijers a déjà fait remarquer que c'est une grave erreur.

entre ses deux fils, et que l'un d'eux, celui qui portait le titre d'al-Hâdjib, reçut Lérida. C'est ce qui résulte du témoignage de l'auteur du *Kitâb al-ictifâ*[1], qui atteste que le seigneur de Lérida se nommait al-Hâdjib Mondhir, fils d'Ahmed (Moctadir) ibn-Houd. Il ne dit pas si Dénia et Tortose appartenaient aussi à ce prince, mais ce fait résulte du récit arabe traduit dans la *Cronica general*.

Voilà pour les observations les plus importantes que Masdeu a adressées à deux ou trois pages des *Gesta*. Je pourrais facilement multiplier ces échantillons de l'ignorance de l'écrivain espagnol; mais je ferai plutôt remarquer que, loin d'être impartial, il se montre partout plein de préventions. Ainsi, après avoir cherché en vain des arguments pour combattre l'authenticité du contrat de mariage de Rodrigue et de Chimène, il dit (p. 167) que, n'ayant pas été à Burgos, il n'a pas vu l'original, mais qu'il tient pour certain que, s'il l'eût examiné, il eût trouvé des preuves que ce document n'est pas aussi ancien qu'on le prétend. Il y a sans doute des savants qui trouvent toujours ce qui s'accorde avec leur système; mais ce ne sont pas ceux-là qui ont droit à notre considération et à notre estime.

Puis quelques-uns des principes de la critique de Masdeu sont assez singuliers. Il prétend que tel fait

---

1) Dans l'Appendice, n° II.

ne peut avoir eu lieu, parce qu'il présente le roi de Castille (p. 176 etc.) ou les Castillans (p. 155) sous un jour défavorable, et déjà dans sa préface (p. II), il condamne l'histoire latine, parce qu'elle lui semble injurieuse pour la nation espagnole et ses princes. Il rejette un récit parce qu'il ne fait pas honneur à la mémoire du Cid (p. 221, 227, 262 etc.), comme si les *Gesta* ne devaient contenir que l'éloge du Cid! Enfin, niant tout à tort et à travers, il est porté à démentir tous les faits qu'il ne trouve pas dans les maigres chroniques latines du XIe siècle. Ni les chartes ni les chroniques un peu moins anciennes n'ont pour lui la moindre autorité. D'un autre côté, il semble vouloir qu'au moyen âge tout se fît comme aujourd'hui, ou plutôt de la manière dont il eût voulu que les choses se passassent. Quelques-unes de ses remarques sur la paraphrase et les commentaires de Risco sont fondées, Risco n'ayant souvent pas compris le texte latin et ayant embrouillé notamment toute la chronologie, ainsi que l'a déjà remarqué M. Huber; mais il y en a d'autres où le ridicule dont Masdeu tâche de couvrir son adversaire, retombe sur lui-même. Ainsi Risco (p. 219) avait dit que la ville d'Albarracin empruntait son nom au prince maure Albarracin. Masdeu (p. 275) trouve cette assertion fort risible; il engage Risco à donner des notices plus circonstanciées sur ce point, puisqu'il importe à tout le monde, et surtout à ceux qui sont nés à Albarracin et qui y demeurent, d'en savoir autant que possible sur ce Maure « si remarquable; » il engage encore l'auteur de *La Castille et le plus fameux Castillan* à écrire un autre ouvrage sous ce titre: *Histoire d'Albarracin et du plus fameux Albarracinois.* Il y aura peut-être des personnes qui trouveront ces plaisanteries d'un goût contestable; mais le point essentiel, c'est que Risco a parfaitement raison. Inutile d'insister là-dessus, tout le monde sachant aujourd'hui qu'on donnait à la ville dont il s'agit le nom de Santa-Maria d'Ibn-Razin, pour la distinguer de Santa-Maria d'Ibn-Hâroun en Algarve; qu'Ibn-Razin y régnait, et que son nom a été corrompu par les Espagnols en Albarracin. Masdeu aurait pu apprendre cela de Casiri (t. II, p. 144).

J'ai donc peine à concevoir l'engouement que les historiens modernes montrent pour Masdeu, car à les entendre, il serait le modèle de l'historien critique. Je ne comprends pas comment M. Rosseeuw Saint-Hilaire (*Histoire d'Espagne*, t. I, p. III) peut admirer sa « vaste érudition; » comment M. Aschbach (*Gesch. der Ommaijaden*, p. VI) a pu dire que son ouvrage mérite d'être préféré à tous les ouvrages d'histoire espagnols. Masdeu, je n'en disconviens pas, n'était pas absolument dépourvu d'un certain gros bon sens, et comme, dans ses moments de loisir, il semble avoir lu, tout jésuite qu'il était, certains écrits de Voltaire, il exprime sa manière de voir avec une sorte de verve caustique, parfois assez amusante; mais, rempli de préjugés, il ne possédait ni assez d'érudition, ni des vues assez larges, ni peut-être assez de bonne foi, pour pouvoir jamais s'élever au rang d'un historien critique. Vu la grande réputation dont il jouit, je n'ai pas voulu passer ses remarques entièrement sous silence ; mais on comprendra aisément, d'après ce que je viens de dire, que, si M. Schæfer (*Geschichte Spaniens*, t. II, p. 397) a prétendu dernièrement, que « rien n'a été fait tant que Masdeu n'aura pas été réfuté point pour point, de même qu'il a attaqué les *Gesta* point pour point:» on comprendra, dis-je, que je n'ai nullement l'intention de satisfaire à cette exigence. Ce serait mettre la patience de mes lecteurs à une trop rude épreuve.

Prise dans son ensemble, l'histoire latine, que nous pouvons souvent contrôler à l'aide d'autres documents, me semble digne de confiance ; cependant je ne considère pas comme parfaitement exacts tous les récits qui s'y trouvent, et à mon sens, elle ne mérite ni la confiance illimitée que lui a accordée la droite, représentée par Risco et M. Huber, ni le mépris que lui a montré la gauche, représentée par Masdeu et ses disciples. La vérité se trouve, je crois, entre ces deux extrêmes: dans le cas présent, il ne faut être ni de la droite ni de la gauche, mais du centre, ou plutôt du centre droit.

Le Cid des *Gesta* n'est plus tout à fait le Cid de l'histoire, et il n'est pas encore le Cid de la poésie.

On conçoit que l'un ne fît pas place à l'autre d'une manière brusque et absolue; une telle transition est toujours plus ou moins lente, est toujours graduelle. Il y a d'abord une époque où un prosateur croit en savoir assez sur un personnage qui est devenu le héros de la poésie populaire, pour pouvoir écrire son histoire, son histoire véritable; il le fera avec toute candeur, avec la ferme intention de dire la vérité, de s'en tenir aux faits et de rejeter les fables des chanteurs populaires, « sub certissimâ veritate stylo rudi » (p. LIV). Mais comme on écrivait fort peu du temps du héros, l'historien, dans la plupart des cas, devra s'en rapporter à la tradition, souvent véridique encore, mais quelquefois altérée. Ce ne sont pas les chants populaires qui se mêlent à ses récits: contre eux il se tient sur ses gardes; ce sont plutôt des traditions déjà moins exactes, décolorées, confuses, incomplètes, fausses même, qui s'y glissent imperceptiblement. L'historien ne s'en doute pas; il croit toujours écrire de l'histoire: à son insu, il ne l'écrit plus. ' Voilà ce qui est arrivé à l'auteur des *Gesta*. Son récit, c'est bien de l'histoire la plupart du temps; c'est la biographie du Cid qui approche le plus de la vérité; mais ce n'est pas la vérité toute seule, ce n'est pas la vérité tout entière, et ce n'est pas toujours la vérité. L'auteur n'écrivit pas fort longtemps après la mort du Cid, comme le manuscrit de son ouvrage le prouve, car ce manuscrit, qui n'est pas l'autographe, témoin les fautes de copiste et les lacunes qu'on y trouve [1], est du XIIe ou du commencement du XIIIe siècle. Mais d'un autre côté, il n'était pas contemporain du Cid, car voici comment il commence son histoire : « Quoniam rerum temporalium gesta immensâ annorum volubilitate prætereuntia, nisi sub notificationis speculo denotentur, oblivioni proculdubio traduntur, idcirco et Roderici Didaci, nobilissimi ac bellatoris viri, prosapiam et bella, ab eodem viriliter peracta, sub scripti luce contineri atque haberi decrevimus. » Il craint donc que les faits et gestes de Rodrigue ne soient oubliés par laps de temps : chez un contemporain du fameux héros, une telle crainte ne serait pas naturelle. Aussi l'auteur n'affiche nulle part la prétention d'avoir vécu du temps de Rodrigue; qui plus est, il ne prétend pas être bien informé de tout ce qui le concerne; en parlant de sa généalogie, il emploie la formule dubitative : « hæc esse *videtur ;* » enfin il a la modestie de dire qu'il a écrit l'histoire du héros aussi bien que le lui permettait l'exiguité de ce qu'il savait, « quod nostræ scientiæ parvitas valuit. » Nous croyons donc qu'il a écrit environ cinquante ans après la mort de Rodrigue, vers l'an 1150, c'est-

---

1) Voyez p. XXVI, XXXVIII, XLI (où il faut lire *Sacarca*, ﺳﻜﺎرﻛﻪ en arabe, au lieu de *Salarca ;* c'était un endroit près de Saragosse qui se trouve mentionné dans l'*Abrégé des vies des grammairiens* par Dhahabi, man. de Leyde, no 654, article sur Ali ibn-Ismâîl Chacarki), XLIII.

à-dire à une époque où le souvenir des faits et gestes du Cid s'était déjà un peu effacé. Aussi manque-t-il souvent de renseignements. Il dit, par exemple, que Rodrigue passa neuf ans à Saragosse (ce qui n'est pas tout à fait exact); mais il ne dit rien de ce que Rodrigue fit pendant les trois ou quatre dernières années de son séjour dans cette ville, alors que Mostaïn occupait le trône. «Bella autem et opiniones bellorum, quæ fecit Rodericus cum militibus suis et sociis, non sunt omnia scripta in hoc libro.» Voilà sa phrase, qui veut dire qu'il ne savait rien de précis sur cette époque; et maintefois il lui arrive de ne souffler mot d'événements de la dernière importance et qui seuls en expliquent d'autres, fort obscurs en eux-mêmes, qui se trouvent racontés dans son propre livre.

Dans les *Gesta*, l'élément poétique se montre très-rarement, et je ne le trouve pas du tout chez Lucas de Tuy et Rodrigue de Tolède. Quand on compare les courtes et prosaïques notices que donnent ces deux auteurs, aux récits circonstanciés de la chanson de geste et de la légende de Cardègne, il est clair comme le jour, qu'ils ont dédaigné les traditions des légendaires et du peuple, et qu'ils se sont bornés, selon leur coutume, à copier les notices du moine de Silos. Ils nous dédommagent donc, jusqu'à un certain point, de la perte de la principale partie de l'histoire de ce dernier, dont nous possédons seulement l'introduction, qui va jusqu'à la mort de Ferdinand Ier, tandis que l'auteur avait pris pour tâche d'écrire l'histoire d'Alphonse VI. Le moine de Silos mérite une entière confiance quand il parle d'événements arrivés de son temps, et je n'hésite pas à l'accorder à ceux qui, à mon avis, n'ont fait que le copier. Quant aux courtes chroniques latines, elles n'enregistrent d'ordinaire que des faits très-certains, et il n'y a nulle raison valable pour croire que, dans cette seule circonstance, la tradition s'y soit glissée à la place de l'histoire. Ceux qui écrivaient ces notices sur les premières feuilles d'un livre, laissées en blanc, étaient ordinairement des clercs contemporains des événements qu'ils notaient; d'autres personnes continuaient ces notes, ou bien elles copiaient celles de leurs devanciers et y ajoutaient les leurs. Il ne faut donc pas croire que les notices qui se trouvent dans une courte chronique qui s'arrête à telle année du XIIIe siècle, n'ont été écrites que vers ce temps-là; presque toujours elles sont beaucoup plus anciennes, et souvent elles ont des contemporains pour auteurs.

Le *Liber Regum*, espèce de courte chronique espagnole, depuis Adam jusqu'à saint Ferdinand [1], contient aussi quelques notices sur le Cid. Nous ne nous

---

1) Voyez Florez (*Reynas*, t. I, p. 189) qui a publié une grande partie de cet ouvrage (*ibid.*, p. 481—494). Avant lui, Sandoval et d'autres s'en étaient déjà servis.

y arrêterons pas; c'est un résumé fort sec des *Gesta*, de la Chanson du Cid, de la légende de Cardègne et d'un petit nombre de traditions. Mais nous devons appeler l'attention sur un auteur contemporain du Cid, que la plupart des historiens modernes ont négligé de mettre à profit. Je veux parler de Pierre, évêque de Léon. Ce personnage, qui signe plusieurs chartes d'Alphonse VI, dans les années 1087, 1088, 1095, 1097 et 1106 [1], et qui, dans cette dernière année, se trouvait, comme il le raconte lui même [2], dans le camp d'Alphonse, alors en guerre contre les Maures, a écrit une très-courte histoire de ce roi, histoire dont Sandoval, qui publia ses *Cinco Reyes* en 1615, s'est encore servi [3], mais qui paraît perdue aujourd'hui. Elle renfermait sur le Cid quelques notices que Sandoval a reproduites.

---

1) Sandoval, *Cinco Reyes*, fol. 75, col. 1; fol. 79, col. 2; fol. 89, col. 2; fol. 96, col. 2; Sota, p. 535, col. 2.

2) Sandoval, fol. 95.

3) Fol. 21, col. 3: « Esto dize don Pedro Obispo de Leon en tiempo de don Alonso el Sexto, autor mas cierto, y grave, que largo en su historia. » Fol. 37, col. 3, au commencement du règne d'Alphonse VI: « Escrivió esta historia don Pedro Obispo de Leor, hecho por el mesmo Rey don Alonso: pero no dixo todo lo que yo diré. » Fol. 89, col. 2, sur la marge: « Este Perlado escrivió parte de la historia del Rey don Alonso; lo que uve della puse aquí. » Faut-il conclure de ce dernier passage, que Sandoval ne possédait pas cette chronique dans son entier? Fol. 101, col. 1: « Todas estas jornadas, y breve relacion de ellas dexó escritas don Pedro Obispo de Leon. »

IV.

Après avoir déterminé quelles sont les sources historiques auxquelles doit puiser l'écrivain qui veut donner une biographie du Cid, il me reste à préciser la date des poèmes qui célèbrent les faits et gestes de ce héros.

Parmi ces poèmes, le plus ancien est peut-être celui dont M. Édélestand du Méril a publié un court fragment dans ses *Poésies populaires latines du moyen âge* (p. 308—314) [1]. Il semble avoir été composé peu de temps après la mort du Cid, car le poète y adresse la parole à ceux qui ont joui de la protection de ce capitaine, quand il dit:

> Eia! lætando, populi catervæ,
> Campidoctoris hoc carmen audite!
> Magis qui eius freti estis ope,
> Cuncti venite!

Au reste, ce document n'appartient à la poésie que par sa forme; le fond en est historique.

Il n'en est pas de même de la Chanson du Cid que Sanchez a publiée et dont un écrivain allemand, M. Clarus, a donné une analyse très-fidèle dans son Histoire de la littérature espagnole au moyen âge.

---

1) L'éditeur (p. 313) pense que ce poème a été composé à Lérida. Il a été induit en erreur par le mot *hoste*, qui, dans le vers qu'il cite, ne signifie pas *ennemi*, mais *armée*, *hueste* en espagnol, *host* en vieux français (Alfagib régnait à Lérida).

Ce poème ne me semble contenir que deux ou trois faits historiques; le reste est de la poésie toute pure. Il a pour sujet principal, comme M. Wolf l'a déjà observé [1], le mariage des deux filles du Cid, et il se divise en trois parties ou branches, dont la première finit au vers 1093, avec les mots:

Aquis' conpieza la gesta de Mio Cid el de Bibar;

la deuxième, au vers 2286:

Las coplas deste cantar aquis' van acabando:
El Criador vos valla con todos los sos Sanctos.

C'est, comme le poète lui-même le dit assez clairement, une *chanson de geste*, genre de poème qui, en Espagne aussi, était fort connu et dont parle la *Cronica general* (voyez, par exemple, fol. 225, col. 3).

Le seul manuscrit qui existe de cet ouvrage est de l'année 1207, et je crois que la Chanson a été composée vers la même époque.

Sanchez et Capmany lui attribuent une plus haute antiquité; à en juger par la langue, disent-ils, elle doit avoir été composée vers le milieu du XIIe siècle; mais on n'a qu'à parcourir les chartes espagnoles de cette époque [2] pour se convaincre que la langue de

---

1) *Wiener Jahrbücher*, t. 56, p. 240.
2) Voyez les *Fueros* d'Oviédo, donnés par Alfonse VII en 1145, et publiés par Llorente, *Prov. Vascong.*, t. IV, p. 96—107, et les

la Chanson n'est nullement celle du milieu du XII⁰ siècle, qui se rapprochait beaucoup plus du latin. D'un autre côté, M. Wolf[1] a appuyé sur le vers bien connu (3735):

Hoy los Reyes de España sos parientes son,

«Aujourd'hui les rois d'Espagne sont les parents du Cid,» et il a pensé que la Chanson est une espèce d'épithalame, composé à l'occasion du mariage de Blanche, l'arrière-petite-fille du Cid, avec Sancho III de Castille, en 1151. Mais cette supposition me paraît arbitraire. Ni Blanche ni Sancho ne sont nommés une seule fois dans l'ouvrage. Après avoir raconté qu'Oiarra, infant de Navarre, et Ynigo Ximenez, infant d'Aragon (deux personnages entièrement fabuleux) épousèrent les deux filles du Cid, le poète s'écrie: «Voyez quel honneur obtient celui qui naquit dans une heure propice, puisque ses filles sont reines de Navarre et d'Aragon: aujourd'hui les rois d'Espagne sont ses parents!» De l'aveu de M. Wolf lui-même, il s'agit ici, non pas de tous les rois d'Espagne sans exception, mais de quelques-uns d'entre eux. Or, le poète lui-même indique quels rois il a voulu désigner: ce sont ceux de Navarre et d'Aragon. Que si au contraire, il avait eu en vue le mariage

---

pièces publiées par M. Yanguas, *Diccion. de antig. del Reino de Navarra*, t. I, p. 51—55, 208; t. II, p. 73, 74.

1) Voyez *Wien. Jahrb.*, t. 56, p. 250, 251.

de Blanche avec Sancho III, s'il avait composé son poème à l'occasion de ce mariage, il en aurait dit quelque chose, ses contemporains n'ayant pas sous la main un livre de la nature des *Reynas* de Florez, pour y découvrir sa pensée.

Du reste, il y a dans la Chanson très-peu de passages qui nous mettent à même de déterminer, avec toute la précision désirable, l'époque où elle a été écrite. J'en ferai pourtant remarquer un, d'autant plus qu'en le faisant, je pourrai opposer à M. Wolf une observation qu'il a faite lui-même. Cet éminent connaisseur de la poésie romane pense que la belle romance du comte Claros (« Media noche era por hilo ») a été composée dans le XIIIe siècle, principalement parce qu'il y est dit que le poitrail était garni de trois cents grelots,

Con trescientos cascabéles al rededor del petral,

et que cette mode était surtout pratiquée dans le XIIIe siècle [1]. Cette opinion, à l'appui de laquelle M. Wolf cite l'article *cascavellus* chez Ducange (il faut aussi consulter l'article *tintinnabulum*), me paraît parfaitement juste. En effet, dans le midi de la France, où l'on disait *cascavel* [2] ou *sonalh*, ce fut au XIIIe siècle que l'on garnissait les poitrails de grelots.

---

1) *Wiener Jahrbücher*, t. 117, p. 132, dans la note.
2) Voyez Raynouard, *Lexique roman*, t. II, p. 349.

Arnaud de Marsan (*Ensenhamen*, *apud* Raynouard, *Choix*, t. V, p. 44):

> E denan al peitral
> Bels sonalhs tragitatz
> Gent assis e fermatz;
> Car sonalhs an uzatje
> Que donan alegratje,
> Ardimen al senhor,
> Et als autres paor.

Aicart del Fossat (*apud* Raynouard, t. IV, p. 231), dans un sirvente sur la guerre entre Conradin et Charles d'Anjou :

> Trombas, tabors, sonaills, genz e peitrals,
> E cavalliers encoratz de contendre
> Veirem en cham [1].

Chez un troubadour de la fin du XIIe siècle, le célèbre Bertrand de Born, le mot *sonalh* se trouve bien, mais dans le sens de *cloche*, non dans celui de *grelot* [2]. Or, il est aussi question de poitrails, garnis de grelots, dans la *Chanson du Cid* (vs. 1516):

> En buenos cavallos á petráles ó á cascabéles,

et quoiqu'il soit possible qu'on en ait fait usage en Espagne vers le milieu du XIIe siècle, je crois cependant qu'on le prouverait difficilement.

Mais si nous ne voyons aucune raison pour attri-

---

1) Ces deux passages ne se trouvent pas cités dans le *Lexique roman*.
2) Voyez le *Lexique roman*, t. V, p. 263.

buer à la Chanson une plus haute antiquité que le commencement du XIIIe siècle, il est certain qu'elle n'est pas plus moderne que cette époque. Cette remarque n'est pas superflue, car dans la date du manuscrit il y a une rature après les deux CC, et l'espace est tel qu'un troisième C pourrait le remplir. Aussi Sanchez (t. I, p. 221) a pensé qu'on a rayé un C afin de faire paraître le manuscrit plus ancien, et l'écriture lui a paru du XIVe siècle. Supposé, pour un instant, que le manuscrit soit de 1507, l'ouvrage serait pourtant plus ancien. Il serait antérieur à la légende de Cardègne copiée dans la *Cronica general*, car dans cette légende, de même que dans les écrits du XIVe siècle, le hoqueton se nomme *gambax* [1], tandis que ce vêtement porte encore le nom de *belmez* ou *velmez* dans la *Chanson du Cid* (vs. 3084, 3648). La langue y est aussi un peu plus ancienne que dans les poésies de Gonzalo de Berceo, qui écrivait vers l'année 1220. Mais il me paraît même qu'on n'a qu'à examiner le fac-simile des quatre premiers vers du manuscrit, publié dans la traduction espagnole de Bouterwek (p. 112), pour se convaincre que ces caractères longs et minces appartiennent à l'année 1207, et non à l'année 1307. Je crois donc qu'il faut adopter une des autres conjectures de Sanchez, et supposer que le copiste a écrit par malheur un C de trop, ou

---

[1] Voyez *Cron. gen.*, fol. 361, col. 3.

la copulative *é*, qu'il raya quand il vit qu'elle n'était pas nécessaire.

La *Cronica rimada*, que M. Francisque Michel a publiée, en 1846, dans les Annales de Vienne (*Anzeige Blatt* du tome 116), d'après le manuscrit de la Bibliothèque impériale, où elle se trouve à la suite de la *Cronica del Cid*, — la *Cronica rimada*, bien qu'elle traite surtout du Cid, n'est pas cependant un poème dont celui-ci est le héros: c'est une chronique en vers, où il est question de plusieurs guerriers chers aux Castillans. Cet ouvrage, dont nous ne possédons que le commencement (le man. s'arrête brusquement au milieu d'un vers, dans le récit de l'expédition de Ferdinand et de Rodrigue en France), me parait beaucoup plus ancien que son langage et son orthographe, qui sont du XVe siècle, ne semblent l'indiquer. La grande incorrection du texte en est déjà une preuve. Ce texte fourmille de fautes et de lacunes, et ces dernières se trouvent même dans des lignes que personne ne peut méconnaître pour ce qu'elles sont, à savoir des gloses (voyez, par exemple, vs. 776 et 788). Aucun poème espagnol du moyen âge ne nous est parvenu dans un état aussi pitoyable. L'unique manuscrit de l'Alexandre est sans doute très-fautif; mais en comparaison de celui de la *Cronica rimada*, on dirait que c'est un manuscrit assez correct.

Plusieurs autres raisons, que je vais exposer, m'engagent à croire que cette *Cronica* a été composée, vers la fin du XII° ou au commencement du XIII° siècle, d'après les traditions et les chansons populaires. Je crois que l'auteur a conservé quelques-unes de ces chansons sans y apporter aucun changement, et dans le fragment qui nous reste, j'ai cru reconnaître un chant guerrier et deux romances.

Remarquons d'abord que le poète dit à différentes reprises (en se servant du présent, et non du prétérit), qu'il y a *cinq* rois (chrétiens) en Espagne. Il n'en était pas ainsi à l'époque dont il parle, celle de Ferdinand I*er*, et quand on se rappelle que les poètes du moyen âge, tout en parlant du passé, peignent toujours leur propre temps, il faut bien admettre que notre auteur a écrit à une époque où il y avait réellement cinq rois en Espagne. Il doit donc avoir vécu dans un temps où Léon et la Castille étaient des royaumes séparés, c'est-à-dire, entre 1157 et 1230 (les trois autres royaumes étaient alors l'Aragon, la Navarre et le Portugal).

Deux autres passages de la *Cronica* nous conduiront au même résultat. On y lit d'abord ceci (vs. 546 et suiv.) :

A los caminos entró Rodrigo, pessól é a mal grado;
de qual disen Benabente, segunt disc en el romance;
e passó por Astorga, é llegó á Monteyraglo;
complió su romerya por Sant Salvador de Oviedo.

Et plus loin (vs. 635 et suiv.) :

Metieronse á los caminos, passól (*lisez*: pessól á) Rodrigo a (*lisez:* ó a) mal grado,
que disen Benavente, segun dise en el romance.
Passólo á Astorga, é metiólo á Monteyraglo.

Il saute aux yeux qu'il y a deux vers dans le premier passage, et un dans le second, où l'assonance (*a-o*) manque. Puis Rodrigue a choisi une route bien étrange: il va d'abord à Astorga, ensuite à un endroit qui, comme nous le verrons tout à l'heure, est situé au sud-est de cette ville, et de là à Oviédo, au nord d'Astorga, dans les Asturies. Enfin il est clair que la ligne: « qu'on nomme Benavente en roman » (on sait que Benavente est une ville dans le royaume de Léon et qu'elle est le passage des pèlerins qui se rendent à Saint-Jacques-de-Compostelle [1]), n'est pas à sa place, et que le mot *Monteyraglo* est altéré, puisqu'on ne connait pas un endroit de ce nom. Une charte d'Alphonse VI, du 25 janvier 1103 [2], est éminemment propre à résoudre toutes ces difficultés. A la prière de l'hermite Garcelian, Alphonse et sa femme Isabelle y exemptent de tout impôt l'église et l'auberge de Saint-Salvador, situées sur la montagne Irago, où on logeait les pèlerins qui allaient à Saint-Jacques. On doit donc lire *Monte Yrago* au lieu de *Monteyraglo*; on doit rayer les mots *de Oviedo*, puisqu'il ne s'agit pas du tout de la cathédrale d'Oviédo, bâtie par Froi-

---

1) Voyez Laborde, *Itinéraire de l'Espagne*, t. II, 2e partie, p. 252.
2) Citée par Sandoval, *Cinco Reyes*, fol. 94, col. 1.

la I" et son épouse, et consacrée au *Sauveur*, ainsi que le copiste l'a cru, mais de l'église de *Saint-Salvador*, située sur la montagne Irago. Quand on a rayé cette glose tout à fait fausse, *de Oviedo*, l'assonance reparait. Enfin, il faut biffer la ligne: «qu'on nomme Benavente en roman.» Puisque dans les deux endroits où elle se trouve, elle n'est nullement à sa place et que l'assonance y manque, il est certain que c'était dans l'origine une note marginale, destinée à expliquer le nom propre *Monte Yrago*. De cette manière toutes les difficultés disparaissent; mais ces gloses et ces méprises montrent que la *Cronica* est beaucoup plus ancienne que le manuscrit que nous en possédons. Il me parait même que la composition de cet ouvrage remonte à une époque où Monte Yrago était plus connu, plus célèbre, que Benavente. Cette ville est en effet assez moderne, car elle ne fut fondée ou *peuplée* que par Ferdinand II de Léon (1157—1188)[1], et elle ne reçut son *Fuero* que du fils et successeur de Ferdinand, Alphonse IX (1188—1230), quelque temps avant l'année 1206[2]. Je ne veux pas affirmer que la *Cronica* ait été écrite avant la fondation de Benavente, car cette ville se trouve nommée dans un vers qui sans doute n'est pas une glose (vs. 693);

---

1) Lucas de Tuy, p. 106; Rodrigue de Tolède, VII, c. 19.

2) Dans cette année, Alphonse IX de Léon donna à Llanes le *Fuero* qu'il avait donné auparavant à Benavente. Ce *Fuero* de Llanes a été publié par Llorente (t. IV, p. 183—195).

mais il me parait qu'elle l'a été dans un temps où Benavente n'était pas encore une ville considérable, où l'on nommait encore Monte Yrago de préférence à Benavente.

Je crois que le poëme ne renferme rien qui soit contraire à mon opinion. Il est vrai que le poëte connait les armes parlantes de Castille et de Léon (vs. 264); mais celles-ci étaient déjà en usage du temps d'Alphonse VII [1], peut-être même plus tôt [2]. J'aurai bientôt l'occasion de signaler une autre circonstance qui confirmera mon opinion sur le temps où la *Cronica rimada* a été écrite; mais je dois parler auparavant des chansons que l'auteur me semble avoir insérées dans son travail.

Toute la *Cronica*, à l'exception du commencement et d'un petit nombre de morceaux peu étendus, qui sont en prose (M. Michel les a mal à propos imprimés comme vers), est en vers libres, et l'assonance est presque constamment *a-o*. Mais on y rencontre trois morceaux où l'assonance est masculine. La première fois (vs. 301 [3] et suiv.), elle est en *o* dans quatre vers, et en *a* dans la suite, jusqu'au vers 357. La seconde fois, elle est en *a* (vs. 372 et suiv.). La troisième fois (vs. 758 et suiv.), elle est en *o*. Ce der-

---

1) Voyez, dans la chronique latine qui porte le nom de ce roi, le poëme sur la conquête d'Almérie.
2) Voyez Argote de Molina, *Nobleza del Andaluzia*, fol. 32 v.
3) Le vers 300 est interpolé.

nier morceau me paraît un chant guerrier fort ancien, et voici pourquoi:

Après avoir raconté l'expédition fabuleuse de Ferdinand Ier en France, la *Cronica general* (fol. 287, col. 1) ajoute: «Et à cause de cet honneur que le roi gagna, il fut nommé depuis don Ferrando le Grand, le pair d'empereur (*el par de emperador*); et pour cette raison, les *cantares* dirent qu'il passa les Ports d'Aspa en dépit des Français;» — «é por esto dixeron los cantares que pasara los puertos de Aspa á pesar de los Franceses.» Dans le morceau en question, nous lisons réellement (vs. 758):

El buen don Fernando par fué de emperador;

et l'on y trouve aussi (vs. 769):

A pessar de Francesses, los puertos de Aspa passó.

Maintenant il est très-remarquable que le poète ne donne pas ce morceau comme étant de sa composition. Il dit au contraire: «Por esta rrason dixieron,» «pour cette raison ils dirent (on dit): Le bon roi don Fernando fut pair d'empereur; il commanda à la Vieille-Castille, et il commanda à Léon,» etc. Il cite donc lui-même ce morceau comme un chant populaire, et il me paraît hors de doute qu'Alphonse, dans sa chronique, a eu en vue le *cantar* qui s'est conservé dans la *Cronica rimada* Il y a une autre preuve de ce que j'avance; c'est l'emploi du mot *jensor*. Vs. 762:

Mandó á Portogal, essa tierra jensor.

Il n'y a, je crois, qu'un seul autre exemple de l'emploi de ce comparatif provençal; il se trouve dans la *Maria Egipciaca* (p. 92 édit. Pidal), ouvrage où il y a tant de vieux mots qu'il pourrait très-bien être plus ancien que la *Chanson du Cid*. Dans la *Maria*, *jensor* (*genzor*) a le sens du positif, de même que dans le chant guerrier. Partout ailleurs, on trouve constamment *gentil* dans les phrases de ce genre. *Chanson du Cid*, vs. 680:

De Castiella la gentil exidos somos acá.

Romance « Del Soldan de Babilonia: »

Para ir á dar combate á Narbona la gentil.

Du reste, ce chant célèbre les exploits de Ferdinand et de ses barons [1]. Très-simple en sa forme, de même que la chanson des soldats d'Aurélien rapportée par Vopiscus, et renfermant des phrases cour-

---

1) Il faut rayer les vers 788, 789 (assonance féminine en *a-o*) et 792 (*e-e*), qui sont interpolés par l'auteur de la *Cronica;* mais je crois qu'il faut conserver le vers 797:

E Frandes, é Rrochella, é toda tierra de Ultramar;

car dans une pièce si ancienne et si populaire, cet *a* se prononçait probablement à peu près comme *o*. Dans la poésie française, *a*, *o*, *u* et *ou* formaient assonance (voyez le *Gormont*, vs. 251—292); de même *a* et *e* (*ibid.*, vs. 112), *i* et *e* (*ibid.*, vs. 303), *au* et *ei* (*ibid.*, vs. 10 et 11) etc. Dans la pièce espagnole, l'assonance:

E Armenia, é Persia la mayor,

E Frandes, é Rrochella, é toda tierra de Ultramar,

est la même que dans le *Gormont* (vs. 253):

Jeo te conois assez, Hugon,
Qui l'autrir fus asparillans.

tes et susceptibles d'être répétées en chœur, il me paraît avoir été chanté dans les rangs des armées, et il doit avoir été composé après l'année 1157, car on y lit, de même que dans la *Cronica*, qu'il y a *cinq* rois en Espagne (vs. 786).

Un autre morceau contient le récit de la mort du comte don Gomez de Gormaz, de l'arrivée de ses trois filles à Bivar, et du départ de Chimène pour Zamora, où elle prie le roi Ferdinand de la marier à Rodrigue. Nous traduirons plus tard ce beau récit ; quand on connaît les anciennes romances, on ne peut douter que ce morceau n'en soit une, et dans ce cas, celle-ci est peut-être la plus ancienne, et sans contredit la moins altérée, de toutes. Elle contient d'ailleurs une glose assez curieuse, qui doit être de l'auteur de la *Cronica*, car il est impossible qu'elle soit du copiste. Cette glose confirmera l'opinion que j'ai déjà émise sur l'époque où l'auteur de la *Cronica* vécut.

Il s'agit de la couleur des vêtements de deuil. A une certaine époque, le deuil était blanc en Italie et en France. Le Dante (*Purgatorio*, VIII, vs. 73 et suiv.) fait dire à Nino Visconti, le fameux juge de Gallura, au sujet de sa femme Béatrix, marquise d'Este, qui s'était remariée à Galeazzo Visconti :

Non credo che la sua madre (Beatrice) più m'ami
Poscia che trasmutò le bianche bende,
Le quai convién che misera ancór brami.

Mais si, du temps du Dante, les veuves italiennes

portaient le deuil en blanc, les hommes, et probablement les femmes aussi, le portaient en noir un demi-siècle plus tard. Matteo Villani (Liv. X, c. 60) raconte que, quand Bernabos Visconti apprit la défaite de San Ruffello, en 1361, il s'habilla de noir en signe de son affliction. Dans la première moitié du XII° siècle, le deuil était blanc en France; auparavant il avait été noir, comme il l'était alors en Espagne. Nous possédons à ce sujet un passage fort curieux de Pierre le Vénérable, abbé de Cluny depuis 1122 jusqu'en 1156, qu'il mourut. Dans une lettre adressée à saint Bernard, Pierre de Cluny parle des disputes entre les moines noirs et les moines blancs, et il raconte [1] que Sidoine, archevêque d'Auvergne, reprochait à ses contemporains qu'ils assistaient en blanc aux enterrements, et en noir aux noces; ceux qui suivaient alors la coutume générale, dit l'abbé, faisaient le contraire. Quand je me trouvai récemment en Espagne, ajoute-t-il, j'ai vu, non sans surprise, que cette *ancienne coutume* est encore pratiquée par tous les Espagnols. En signe de deuil, «nigris tantum vilibusque indumentis se contegunt.»

Dans l'ancienne romance, on lit en parlant des filles du comte don Gomez de Gormaz après la mort de leur père (vs. 314):

---

1) Voyez les lettres de Pierre le Vénérable dans la *Bibliotheca Cluniacensis*, publiée par Marrier et André du Chesne, p. 839, 840.

Paños visten brunitados é velos á toda parte.

« Elles revêtent des habits noirs et se couvrent entièrement de voiles. » Après ce vers se place une ligne ainsi conçue:

(estonce la avian por duelo; agora por goso la traen.)

Ce pronom *la* doit sans doute s'entendre ici comme un neutre et se rapporter aux *paños brunitados;* s'il se rapportait aux *velos*, je ne vois par pourquoi le glossateur n'aurait pas écrit *los;* d'ailleurs les voiles à eux seuls n'étaient ni un signe d'affliction ni un signe de joie. Je crois donc que le glossateur a précisément écrit *la*, et non *los*, pour indiquer que cette note se rapporte, non pas aux voiles dont il est fait mention immédiatement auparavant; mais aux *paños brunitados*, et je traduis: « Alors on portait cela comme deuil; à présent on le porte en signe de joie. » D'où il résulte qu'à l'époque où la romance fut composée, le deuil était noir, et qu'il était d'une autre couleur, en blanc comme en France et en Italie, quand la note s'écrivit. Mais quand s'écrivit-elle?

D'après Pierre le Vénérable, le deuil était noir en Espagne dans la première moitié du XIIe siècle. Dans le XIVe siècle, il était de la même couleur, comme il résulte d'un passage de l'archiprêtre de Hita (copla 736), où il est question d'une veuve. Le deuil était noir aussi quand s'écrivit la légende de Cardégne, qui doit être plus ancienne que la *Cronica general* d'Alphonse, mais qui me paraît encore appartenir au XIII⁰ siècle. Après la mort du Cid, lit-on dans cette légende ¹, sa fille Doña Sol se revêtit d'étamine, de même que ses dames d'honneur; l'infant Sancho d'Aragon, son époux, et les cent chevaliers qui l'accompagnaient, revêtirent des manteaux noirs (*capas prietas*), se coiffèrent de chapeaux fendus par le milieu (*capiellas fendidas*), et pendirent les écus le haut en bas aux arçons de leurs selles. Alphonse ne faisant aucune observation sur ce passage de la légende, il est certain que, de son temps aussi, le deuil était noir. Il conserva cette couleur depuis ce temps. Dans la seconde moitié du XII⁰ siècle, il était noir en France aussi. Après la mort de Raymond V de Toulouse, arrivée en 1194, le troubadour Pierre Vidal «se vêtit de noir, coupa la queue et les oreilles à tous ses chevaux ², et se fit raser la tête à lui-même et à tous ses serviteurs ³; mais ils laissaient croître la barbe et les ongles ⁴.» Le deuil était (noir en Espagne dans la première moitié du XII⁰ siècle,

---

1) Voyez *Cronica general*, fol. 363, col. 1 et 2.

2) En Espagne aussi, on coupait la queue aux chevaux en signe de deuil; voyez Pierre le Vénérable (*loco laud.*) et *Cronica de Don Fernando IV* (Valladolid, 1554), fol. 36 v.

3) La même coutume se pratiquait en Espagne; voyez Pierre le Vénérable.

4) Biographie provençale de Pierre Vidal, *apud* Raynouard *Choix*, t. V, p. 337.

et à partir du XIIIe; mais d'après la glose dont il s'agit, il doit avoir été blanc pendant un certain temps. Cela ne peut avoir été le cas qu'après Pierre le Vénérable et avant la composition de la légende de Cardègne, c'est-à-dire, à la fin du XIIe ou au commencement du XIIIe siècle. Ainsi cette glose nous conduit à la même époque où nous ont conduit les autres passages d'où l'on peut inférer quand la *Cronica rimada* a été écrite. Il paraît que vers l'année 1160, les Espagnols adoptèrent de leurs voisins, les Provençaux ou les Arabes [1], la coutume de porter le deuil en blanc, et qu'un peu plus tard, les Provençaux se mirent à le porter en noir; et il est certain que, dans le XIIIe siècle, il était noir en France et en Espagne, comme il l'a toujours été depuis ce temps; seulement on continuait, dans ces deux pays, à porter le deuil en blanc à la mort des princes, jusqu'à l'année 1498.

La seconde romance raconte l'entretien entre Rodrigue et son père, après que ce dernier eut reçu les lettres de Ferdinand, et leur départ pour Zamora.

Le reste de la Cronica se compose évidemment de traditions populaires, en partie contradictoires. Ainsi Rodrigue est déjà marié à Chimène, quand il fait prisonnier le comte de Savoie, qui lui offre sa fille en

---

1) Voyez mon *Dict. des noms des vêtements*, p. 435; Maccari, t. II, p. 496, 497.

mariage. Rodrigue refuse cette offre, non parce qu'il est déjà marié, nulle part il n'en est question, mais parce qu'il ne se croit pas digne d'épouser une dame d'une si haute naissance. Tous les récits de la Cronica sont d'ailleurs extrêmement simples; le poète peut avoir modifié quelques détails, mais en général il pense comme pensait le peuple, sans substituer ses propres idées aux idées reçues. C'est par là que la Cronica se distingue essentiellement de la Chanson.

Il ne paraît pas qu'Alphonse-le-Savant se soit servi de la *Cronica rimada*, bien qu'il y ait des traditions qui sont communes aux deux livres. Il se peut que le roi chroniqueur n'y ait pas recouru parce qu'il se défiait du caractère peu historique de l'ouvrage; mais puisqu'il a pourtant admis plusieurs traditions qui sont fabuleuses à un égal degré, je serais plutôt porté à croire que l'esprit anti-royaliste qui règne dans la Cronica, l'a empêché d'y puiser.

La date à laquelle les différentes romances ont été composées est fort incertaine. Elles n'existent pas en manuscrit, et ceux qui les ont publiées dans le XVIe siècle, d'après la tradition orale, les ont changées et modernisées. L'étude de la versification peut servir, jusqu'à un certain point, à jeter quelque lumière sur cette question. Au commencement, la poésie espagnole n'avait pas un rhythme régulier; on tâchait bien d'atteindre une certaine harmonie et l'on observait une césure vers le milieu du vers, mais on ne comptait pas les syllabes. Pour s'en convaincre, on n'a qu'à jeter les yeux sur la Chanson du Cid, sur la Cronica rimada, sur la légende de Santa Maria Egipciaca et sur le livre des trois rois d'Orient. Dans la Chanson, le nombre des syllabes du vers varie de huit à vingt-quatre, et les vers de la Cronica sont plus irréguliers encore. Le vers des romances ne s'est formé aussi que peu à peu. Dans les deux romances et dans le chant de guerre qui se trouvent dans la Cronica rimada, il y a des vers parfaitement réguliers, des vers de quinze syllabes (le mètre ordinaire des romances); mais la plupart ne le sont nullement, et l'on a beau se donner toute la peine possible, on ne réussira pas (à moins de se permettre des changements extrêmement hardis et que rien ne justifie) à réduire ces vers irréguliers à des vers réguliers. Mais d'ailleurs, y a-t-il quelque probabilité à supposer que l'auteur de la *Cronica* ait altéré à plaisir des vers réguliers; qu'il ait substitué un rhythme barbare à un rhythme harmonieux; qu'il ait altéré à dessein un vers tel que celui-ci:

Vos venís en gruesa mula, | yo en un ligero caballo,

qui se trouve dans la romance « Castellanos y Leoneses » pour y substituer celui-ci (*Cron. rimada*, vs. 16):

Vos estades sobre buena mula gruessa, | é yo sobre buen cavallo;

qu'il ait substitué au vers (Romance « Cabalga Diego Lainez »):

Porque la besó mi padre, | me tengo por afrentado,

celui-ci (*Cron. rim.* vs. 410) :

Porque vos la bessó mi padre , | soy yo mal amansellado ?

En vérité, cela serait trop étrange. Il est bien plus naturel de croire que les vers qui se trouvent dans la *Cronica* sont les plus anciens (la forme longue de la seconde personne du pluriel (*estades*) et le vieux mot *amansellado* (cf. *Cron.* vs. 553) le montrent de reste), et qu'ils n'ont été changés en vers réguliers que lorsque le rhythme des romances était fixé. Joignez-y que même dans les romances modernisées, il y a encore des vers irréguliers. Le premier hémistiche a souvent sept, neuf ou dix syllabes, au lieu de huit, et le second a aussi maintefois une ou deux syllabes de trop. Cependant l'irrégularité des vers dans une romance n'est pas un signe certain de son ancienneté, car le marquis de Santillane atteste formellement que dans le XVe siècle la poésie populaire ne comptait pas encore les syllabes [1], et nous possédons des romances du siècle suivant, dans lesquelles les anciens vers irréguliers ont été imités [2]. A lui seul, cet indice (auquel on peut en joindre quelques-autres, tels que

---

1) «Infimos son aquellos que *sin ningunt orden, regla, ni cuento,* facen estos romances é cantares, de que la gente baja é de servil condicion se alegra.» Lettre au connétable de Portugal (Sanchez, *Coleccion*, t. I, p. LIV).

2) Voyez Wolf, *Prage: Sammlung*, p. 102—109.

le changement de l'assonance et l'emploi d'une assonance féminine au lieu d'une masculine) ne suffit donc pas pour démontrer l'ancienneté d'une romance; il en faut encore d'autres tirés de son contenu. L'étude des mœurs, des coutumes, des modes, est de la plus grande utilité pour fixer le temps où une romance a été composée, car d'ordinaire les poëtes du moyen âge ne peignaient que leur propre temps, le seul qu'ils connussent.

Parmi les romances du Cid, il y en a peu d'anciennes. Celle qui commence par les mots « Cabalga Diego Lainez » est une imitation d'un passage de la *Cronica rimada* (p. 11). Non-seulement les idées sont les mêmes, avec cette différence que le récit de la *Cron.* est simple et énergique et que celui de la romance est un peu diffus, mais les assonances (*a-o*) sont aussi identiques. Il y a même des hémistiches qui le sont. *Cron.* vs. 400 :

Todos disen: es él que mató al conde losano [1].

Romance :

Aquí viene entre esta gente quien mató al conde Lozano.

Cron. vs. 403 :

al rey bessarle la mano.

---

1) Il résulte de la comparaison de la romance que telle est la véritable leçon. Dans l'édition de M. Michel, on lit:

Todos disen a él que el que (*sic*) mató al conde losano.

Romance :

 para al rey besar la mano.

Cron. vs. 405 :

 Rodrigo fincó los ynojos por le bessar la mano.

Romance :

 Ya se apeaba Rodrigo para al rey besar la mano.

Cron. vs. 406, 407 :

    el rey fué mal espantado.
A grandes boses dixo : Tiratme allá esse peccado.

Romance :

 Espantóse de ello el rey, y dijo como turbado :
 Quitateme allá Rodrigo, quitateme allá diablo.

Mais la plupart de ces romances accusent leur origine moderne ; quelques-unes ne sont que du XVIe ou du XVIIe siècle ; elles décrivent les costumes de ce temps-là, et ceux qui les ont composées ont puisé dans la *Cronica general* ou dans la *Cronica del Cid*. Elles sont si fades et si maniérées, que peut-être aucun autre cycle ne présente un nombre si considérable de romances décidément mauvaises.

Nous tâcherons maintenant de donner une biographie du Cid puisée aux meilleures sources. Plusieurs de ces sources, nous en convenons, sont arabes ; mais si le héros castillan ne ressemble point, dans les écrits de ses ennemis, à cet idéal de désintéressement et de loyauté que les poëtes se sont plu à peindre — idéal qui formerait à coup sûr un bizarre et inexplicable contraste avec les mœurs du XIe siecle — il ne faut pas s'imaginer cependant que son caractère y a été défiguré par l'aversion et la haine. Les Arabes honoraient la vertu même dans leurs adversaires; ils rendent toute justice à Alphonse VI; ils vantent la clémence et la douceur de ce prince [1], bien qu'il fût leur ennemi le plus formidable, et s'ils ont été sévères pour Rodrigue, ç'a été parce que celui-ci méritait bien réellement le reproche de perfidie et de cruauté. Aussi les anciens documents espagnols ne le jugent-ils pas plus favorablement. Les Arabes l'accusent d'avoir violé la capitulation à Valence, mais c'est par l'auteur des *Gesta* que nous savons ce qu'il fit à Murviédro. Il arrive même parfois que ses compatriotes condamnent sa conduite bien plus énergiquement que les Arabes eux-mêmes. Ainsi l'auteur des *Gesta* dit en parlant de son invasion dans une province de sa patrie, celle de Calahorra et de Najera: «Ingentem nimirum atque *mæstabilem* et valde *lacrimabilem* prædam, et *dirum* et *impium* atque vastum inremediabili flammâ incendium per omnes terras illas *sævissime* et *immisericorditer* fecit. Dirâ itaque et *impiâ* deprædatione omnem terram præfatam devastavit et destruxit,

---

1) Voyez Maccari, t. II, p. 748.

eiusque divitiis et pecuniis atque omnibus eius spoliis eam omnino denudavit et penes se cuncta habuit.» L'auteur du *Kitâb al-ictifâ* se contente de dire à cette occasion: «il brûla et il détruisit.»

DEUXIÈME PARTIE

LE CID DE LA RÉALITÉ

> Estas son las nuevas de Mio Cid el Campeador.
> *Chanson du Cid*, vs. 3740.

> Senhor, ar escoutatz, si vos platz, et aujatz
> canso de ver' ystoria; — — — —
> que non es ges messonja, ans es fina vertatz.
> testimonis en trac avesques et abatz,
> clergues, moines, epestres e los sants honoratz.
> *Fierabras*, vs. 30—31.

I.

Sous certains rapports, il n'y avait rien de plus dissemblable que les deux peuples qui, au onzième siècle, se disputaient les débris du califat de Cordoue. Vifs, ingénieux et civilisés, mais amollis et sceptiques, les Maures ne vivaient que pour le plaisir, tandis que les Espagnols du Nord, encore à demi barbares, mais braves et animés du plus ardent fanatisme, n'aimaient que la guerre, et l'aimaient sanglante. Cependant ces deux nations, si différentes en apparence, avaient au fond plusieurs choses en commun: elles étaient l'une et l'autre corrompues, perfides et cruelles, et si les Maures étaient en général assez indifférents en matière de foi, s'ils consultaient les astrologues de préférence aux docteurs de la religion, s'ils n'avaient pas honte de servir sous un prince chrétien, il y avait aussi bien des chevaliers castillans qui ne se faisaient pas scrupule de *vivre a augure* comme on disait alors [1], de prendre des musulmans à leur solde [2], de porter les armes contre leur religion et leur patrie sous le drapeau d'un roitelet arabe, ou de piller et de brûler des cloîtres et des églises.

A moins d'événements imprévus, les Maures, moins braves et moins aguerris que leurs adversaires, devaient succomber à la longue. Ferdinand Ier leur avait porté des coups terribles. Il leur avait arraché Viseu, Lamégo et Coïmbre; il avait imposé un tribut à quatre de leurs rois, ceux de Saragosse, de Tolède, de Badajoz et de Séville, et la mort seule l'avait empêché de prendre Valence. Mais en partageant son royaume entre ses cinq enfants, il détruisit lui-même son œuvre. Les Maures respirèrent: ils prévoyaient que la guerre civile éclaterait dans le Nord, et ils ne se trompaient pas.

Ferdinand avait donné à son fils aîné, Sancho, la Castille, Najera et Pampelune, à Alphonse Léon et

---

1) Voyez *Hist. Compost.* (*Esp. sagr.*, t. XX), p. 101, 116; *Cron. gen.*, fol. 263, col. 2. Un récit traduit du provençal, qui se trouve dans les *Cento Novelle antiche* (Nov. 32), commence par ces mots: «Messire En Barral de Baux [+ 1192], grand châtelain de Provence, vivait beaucoup à augure, *à la manière espagnole.*»

2) Mon. Sil., c. 83 in fine.

les Asturies, à Garcia la Galice et cette partie du Portugal qui avait été enlevée aux Maures; Urraque avait reçu Zamora, et Elvire Toro. Sancho fut le premier à rompre la paix. L'année 1068, il attaqua son frère Alphonse et le vainquit dans la bataille de Llantada; mais la victoire qu'il remporta ne semble pas avoir été décisive, car Alphonse conserva ses États et la paix fut rétablie entre les deux frères.

Trois années plus tard, ils reprirent les armes, et, ayant fixé un jour pour le combat, ils stipulèrent que celui qui serait vaincu céderait son royaume. La bataille eut lieu sur la frontière des deux pays, près d'un village nommé Golpejare. Les Castillans eurent le dessous et ils furent contraints d'abandonner leur camp à l'ennemi; mais Alphonse défendit à ses soldats de les poursuivre, car, d'après les conditions du combat, il se croyait déjà maître du royaume de Castille. Rodrigue Diaz de Bivar frustra son attente.

Ce Rodrigue, qui sortait d'une ancienne famille castillane (il descendait, disait-on, de Laïn Calvo, l'un des deux juges que les Castillans avaient chargés, sous le règne de Froïla II (924, 5), de terminer leurs différends à l'amiable) et dont le nom apparaît pour la première fois dans un diplôme de Ferdinand Ier, de l'année 1064 [1], s'était déjà distingué dans une guerre que Sancho de Castille avait eu à

---

1) Sandoval, *Cinco Reyes*, fol. 13, col. 3.

soutenir contre Sancho de Navarre. Il avait alors vaincu un chevalier navarrais dans un combat singulier, et ce combat lui avait valu le titre de Campéador [1]. Il était maintenant le porte-étendard de Sancho, c'est-à-dire le général en chef de son armée [2], car dans toute l'Europe ces deux mots étaient synonymes à cette époque [3].

Dès qu'il se fut aperçu que l'ennemi ne songeait pas à la poursuite, Rodrigue releva le courage abattu de son roi et lui dit: «Voilà qu'après la victoire qu'ils viennent de remporter, les Léonais reposent dans nos tentes, comme s'ils n'avaient rien à craindre; ruons-nous donc sur eux à la pointe du jour, et nous obtiendrons la victoire.» Sancho goûta ce conseil, et, ayant rallié son armée, il se jeta, au lever de l'aurore, sur les Léonais encore endormis. La plupart furent égorgés; quelques-uns, cependant, se sauvèrent par la fuite. De ce nombre fut Alphonse qui chercha un asile dans Sainte-Marie, la cathédrale de la ville de Carrion; mais on l'arracha violemment de ce saint lieu, et on le conduisit captif à Burgos [4].

---

1) Carmen latinum (p. 309).
2) L'auteur des *Gesta* dit d'abord: «constituit cum principem super omnem militiam suam,» et plus bas: «tenuit regale signum Regis Sanctii;» confirmé par Pierre de Léon, *apud* Sandoval, fol. 21, col. 3; fol. 22, col. 3.
3) *Voir* Guillaume de Tyr, l. IX, c. 8; Orderic Vital (*apud* Duchesne, *Rer. Norm. script.*), p. 463, 472 D, 473, 483 B; Jonckbloet, *Guillaume d'Orange*, p. 23, 24.
4) Lucas de Tuy, p. 97, 98; Rodrigue de Tolède, VI, c. 16.

Grâce au conseil de Rodrigue, Sancho était donc devenu maître du royaume de Léon. C'était sans contredit un grand succès; cependant il ne suffit pas que la fin soit bonne, il faut aussi que les moyens soient justes, et le conseil que Rodrigue avait donné à son prince n'était après tout qu'une trahison, une violation des conditions arrêtées entre les deux rois.

Cédant aux prières d'Urraque et du comte léonais Pierre Ansurez, Sancho permit à son frère de sortir de sa prison, à la condition qu'il revêtirait l'habit monacal. Alphonse le fit; mais bientôt il s'échappa du cloître et alla chercher un asile auprès de Mamoun, roi de Tolède.

Plus tard, Sancho tourna ses armes, d'abord contre son frère Garcia, auquel il enleva ses États, ensuite contre ses deux sœurs. Elvire lui abandonna Toro, mais Urraque se défendit vaillamment dans Zamora. Le siége avait déjà duré quelque temps, lorsqu'un audacieux chevalier zamoréen, Bellido Dolfos, sortit de la ville, frappa tout à coup de sa lance Sancho qui se promenait dans son camp, et se sauva vers la ville avec la même hâte qu'il était venu (7 octobre 1072). Rodrigue, qui, pendant le siége, avait fait des prodiges de valeur [1], vit le meurtre de son roi. Il se mit sans tarder à la poursuite de Bellido, et faillit le tuer près de la porte de Zamora; mais Bel-

---

1) *Gesta.*

lido eut encore le temps de s'échapper. Le meurtre du roi jeta la consternation dans l'armée. Les Léonais, qui avaient subi à contre-cœur la domination du roi de Castille, se hâtèrent de regagner leurs foyers; les Castillans au contraire, restèrent fermement à leur poste; puis, ayant placé le corps de leur roi dans un sarcophage, ils le transportèrent, en faisant retentir l'air de leurs plaintes, au cloître d'Oña, où ils lui donnèrent la sépulture avec tous les honneurs royaux [1].

Après avoir accompli cette triste cérémonie, les principaux Castillans se réunirent à Burgos pour élire un nouveau roi. Il leur répugnait de donner la couronne à Alphonse, l'ex-roi de Léon, car ils sentaient que dans ce cas ils perdraient leur prépondérance, et qu'au lieu d'imposer la loi aux Léonais, ils devraient la recevoir d'eux; cependant, comme ils n'avaient aucun autre prince à placer sur le trône, force leur fut de vaincre leur répugnance [2]. Ils se déclarèrent donc prêts à reconnaître Alphonse, mais à la condition que celui-ci jurerait de ne pas avoir participé au meurtre de Sancho, et ce fut Rodrigue Diaz qui se chargea de lui faire prêter ce serment [3]. Dès lors Alphonse le

---

1) Lucas, p. 98, 99; Rodrigue, VI, 18, 19.

2) Lucas de Tuy (p. 100): « cum nullus esset sibi de genere regali, quem dominum possent habere, venientes ad Regem Adefonsum » etc.

3) Pierre de Léon (Sandoval), fol. 39, col. 1) dit qu'Alphonse prêta le serment entre les mains de douze chevaliers castillans. Sandoval ne dit pas si l'évêque parle de Rodrigue ou non.

prit en aversion [1]; mais la prudence lui commanda de cacher ses sentiments, car Rodrigue était trop puissant pour ne pas être redoutable. Voulant l'attacher à sa famille et rétablir en même temps la bonne intelligence entre les Castillans et les Léonais, il lui fit même épouser sa cousine Chimène, la fille de Diégo, comte d'Oviédo et l'un des principaux parmi ses anciens sujets (19 juillet 1074) [2].

Quelque temps après, Rodrigue fut chargé par Alphonse d'aller à la cour de Motamid, roi de Séville, afin de percevoir le tribut que ce prince avait à payer. Motamid était alors en guerre contre Abdallâh de Grenade, et au moment de l'arrivée de Rodrigue, il se voyait menacé d'une invasion. Abdallâh ayant pris à son service plusieurs chevaliers chrétiens, parmi lesquels se trouvait le comte Garcia Ordoñez, un prince du sang [3], qui avait porté l'étendard royal sous Ferdinand Ier [4]. Rodrigue fit dire au roi de Grenade de ne pas attaquer Motamid, puisqu'il était l'allié d'Alphonse; mais ses prières et ses menaces furent dédaignées, et, mettant à feu et à sang tout ce qui se trouvait sur leur passage, les Grenadins s'avancèrent

---

1) Lucas, p. 100; Rodrigue, VI, p. 20, 21.
2) *Gesta; Charta arrharum.*
3) Il descendait de l'infant Ordoño, fils de Ramire l'Aveugle, et de l'infante Christine. Voyez sur cette famille, Salazar, *Casa de Silva*, t. I, p. 63 et suiv.
4) Moret, *Annales de Navarra*, t. I, p. 758.

jusqu'à Cabra, où Rodrigue, accompagné de ses propres chevaliers et de l'armée sévillane, vint leur livrer bataille. Il les mit en déroute, et beaucoup de chevaliers chrétiens, parmi lesquels se trouvait Garcia Ordoñez lui-même, tombèrent entre ses mains. Il leur enleva tout ce qu'ils avaient; mais au bout de trois jours il leur rendit la liberté. Puis, ayant reçu de Motamid le tribut et beaucoup de présents qu'il devait offrir à Alphonse, il retourna en Castille; mais alors ses ennemis, et principalement Garcia Ordoñez, l'accusèrent, à tort ou à raison, de s'être approprié une partie des présents qu'il devait remettre à l'empereur [1]. Alphonse, qui ne pouvait oublier ni la trahison de Rodrigue, trahison qui lui avait coûté deux royaumes, ni le serment humiliant qu'il avait été forcé de prêter entre ses mains, écouta ces imputations [2], et dans l'année 1081, lorsque Rodrigue eut attaqué les Maures sans lui avoir demandé la permission de le faire, il le bannit de ses États.

A partir de cette époque [3], Rodrigue commença à mener la vie de *condottiere*, et à combattre avec sa bande tantôt sous la bannière d'un prince maure, tantôt pour son propre compte.

---

1) Alphonse, comme ses chartes en font foi, avait pris ce titre après son rétablissement sur le trône.
2) Voyez cette note dans l'Appendice, n° VI.
3) Voyez l'Appendice, n° VII.

II.

Après avoir passé quelques semaines à la cour du comte de Barcelone, qui ne semble pas avoir voulu accepter ses services, Rodrigue se rendit à Saragosse, où Moctadir, de la famille des Beni-Houd, régnait alors. La vie de ce prince avait été une suite de razzias et de batailles, et parmi ses ennemis son frère aîné Modhaffar, le seigneur de Lérida, qui le surpassait en bravoure et en instruction, avait été le plus opiniâtre et le plus dangereux. Voulant le réduire, Moctadir avait d'abord appelé les Catalans et les Navarrais à son secours; puis, abandonné par ses alliés, qui avaient embrassé le parti de son adversaire, il avait eu recours à la trahison. Étant convenu avec son frère d'une entrevue à laquelle ils se rendraient tous les deux seuls et sans armes, il avait pris soin, avant de se rendre à l'endroit indiqué, d'intimer l'ordre à un chevalier navarrais qui servait dans son armée, de venir assassiner son frère au moment où il s'entretiendrait avec lui. Modhaffar n'avait dû son salut qu'à une bonne cotte de mailles qu'il portait toujours sous ses habits, et de son côté Moctadir avait puni le Navarrais de sa maladresse en le faisant décapiter. Après une guerre de trente ans, Moctadir avait enfin réussi à s'emparer de son frère, et à l'époque où Rodrigue arriva à Saragosse, Modhaffar était prisonnier à Rueda ¹. Mais, rassuré de ce côté-là, Moctadir avait encore d'autres ennemis à combattre, et comme il préférait, à l'instar de ses prédécesseurs ², des soldats chrétiens à des soldats maures, il fit bon accueil à Rodrigue et aux chevaliers qui l'accompagnaient.

Peu de temps après, en octobre 1081 ³, Moctadir mourut après avoir divisé ses États entre ses deux fils: Moutamin, l'aîné, avait obtenu Saragosse, et son frère, le hâdjib Mondhir, avait reçu Dénia, Tortose et Lérida. Mais ces partages (Moctadir aurait dû le savoir mieux que personne) avaient toujours été une source inépuisable de troubles et de guerres; aussi les deux frères eurent-ils bientôt dispute ensemble, et Mondhir s'allia avec Sancho Ramirez, roi d'Aragon, et avec Bérenger, comte de Barcelone. Rodrigue combattait pour Moutamin, qui le regardait comme son plus ferme appui. Maintefois il faisait des razzias dans le pays des ennemis de son maître, et la terreur qu'il leur inspirait était si grande qu'il entra dans Monzon à la vue de leur armée, bien que Sancho eût juré qu'il n'oserait pas le faire. Dans une autre guerre entre les deux princes maures, Mondhir et ses alliés, à savoir Bérenger, le comte de Cerdagne, le frère du

---

1) Voyez sur Modhaffar, l'Appendice n° VIII.
2) Voyez mes *Recherches*, t. I, p. 238, 242.
3) Voyez les auteurs cités dans l'Appendice, n° VII.

comte d'Urgel, le seigneur de Vich, celui de l'Ampourdan, celui de Roussillon et celui de Carcassonne, allèrent mettre le siège devant le vieux château d'Almenara (entre Lérida et Tamariz), que Rodrigue et Moutamin avaient fait rebâtir et fortifier, et comme les assiégés commençaient à manquer d'eau, Rodrigue, qui était alors dans la forteresse d'Escarpe qu'il venait de prendre, envoya des messagers à Moutamin pour lui donner avis de l'état presque désespéré où se trouvait la garnison. Moutamin se rendit alors à Tamariz, où il eut une entrevue avec lui. Il voulait que Rodrigue attaquât l'ennemi et le forçât à lever le siège; mais le Castillan lui conseilla de ne pas risquer une bataille dans laquelle la valeur devrait céder au nombre, et de payer plutôt un tribut aux alliés. Moutamin y consentit; mais les alliés, quand ils eurent reçu cette offre, la refusèrent. Alors Rodrigue, indigné de leur présomption, résolut de les attaquer malgré l'infériorité de ses forces. Le succès justifia son audace: il battit l'ennemi, s'empara d'un riche butin et fit prisonnier le comte de Barcelone. Moutamin conclut la paix avec ce prince et lui rendit la liberté cinq jours après la bataille.

La rentrée de Rodrigue dans Saragosse fut un véritable triomphe. Le peuple l'accueillit avec de grandes démonstrations de joie et de respect; de son côté, Moutamin le combla de présents et d'honneurs, et il eut pour lui tant de condescendance, que Rodrigue semblait jouir de l'autorité suprême [1]. Mais malgré la position brillante dont il jouissait, il ne pouvait oublier sa patrie, et dans l'année 1084, il crut avoir trouvé le moyen d'y rentrer.

L'année précédente, le gouverneur de Rueda s'était révolté contre Moutamin, et il avait reconnu pour son souverain son prisonnier Modhaffar, le frère de Moctadir. Modhaffar avait demandé du secours à Alphonse, et celui-ci lui avait envoyé, vers la fin de septembre [2], un corps d'armée commandé par son cousin germain Ramiro, fils de Garcia de Navarre, et par le gouverneur de la Vieille-Castille, Gonzalo Salvadores, auquel on donnait le surnom de Quatre-mains à cause de sa bravoure. Mais Modhaffar étant mort peu de temps après, le gouverneur de Rueda, qui ne voulait pas devenir le sujet d'un monarque chrétien, se réconcilia secrètement avec Moutami; et s'engagea envers lui à attirer Alphonse dans un piége. Peu s'en fallut qu'il ne réussit dans son projet. S'étant rendu en personne auprès de l'empereur, il promit de lui livrer Rueda et le pria d'y venir. Alphonse y consentit; mais se défiant encore du Maure, il voulut que Gonzalo Salvadores et d'autres généraux

---

1) *Gesta*, p. xx—xxii; comparez le poème latin (p. 313, 314).

2) Le testament du comte Gonzalo Salvadores, dressé dans le cloître d'Oña, porte la date du 5 septembre 1083; celui du comte Nuño Alvarez, qui assista aussi à cette expédition, est du 14 août de la même année. Voyez Moret, *Annales*, t. II, p. 15.

entrassent avant lui dans la ville. A peine avaient-ils passé par la porte, que les Maures les massacrèrent en lançant sur eux une grêle de pierres (9 juin 1084) [1].

La trahison avait réussi, mais à moitié seulement : Alphonse avait échappé au massacre. Désappointé et furieux, ce monarque était retourné à son camp. Rodrigue vint l'y trouver. Il voulait le convaincre qu'il n'avait été pour rien dans le complot du gouverneur de Rueda, et tenter en même temps de rentrer dans ses bonnes grâces. Alphonse le reçut honorablement et l'engagea à le suivre en Castille. Rodrigue y consentit volontiers, mais s'étant aperçu en route que l'empereur avait encore de la rancune contre lui, il se hâta de le quitter et alla de nouveau offrir ses services à Moutamin. Ce prince, joyeux de son retour, lui ordonna alors d'aller faire une incursion en Aragon. Il s'acquitta de cette tâche avec une rapidité extrême: cinq jours lui suffirent pour ravager un pays d'une grande étendue, et partout ses bandes avaient déjà disparu avant qu'on eût eu

---

1) Trois petites chroniques fixent la trahison du gouverneur de Rueda à l'année 1084. L'épitaphe espagnole de Gonzalo (*apud* Sandoval, *Cinco Reyes*, fol. 68, 69) donne la date 9 juin 1074. Elle n'a été composée que longtemps après l'époque dont il s'agit, car le tombeau a été renouvelé; mais il me paraît certain qu'il y avait une épitaphe sur le premier tombeau, que la date 9 juin est exacte, et que celui qui a composé l'épitaphe espagnole n'a pas fait attention au second X (ère MCXXII) de l'ancienne épitaphe latine.

le temps de sonner le tocsin. Non content de ce succès, il fit aussi une incursion sur le territoire de Mondhir, attaqua Morella, et, ayant pillé tout le pays d'alentour, il rebâtit et fortifia Alcala de Chivert. Sancho d'Aragon marcha alors au secours de Mondhir, et, ayant établi son camp sur les bords de l'Èbre, il somma Rodrigue d'évacuer sans retard le territoire de son allié. Rodrigue se moqua de lui: il lui fit offrir une escorte au cas où il voudrait continuer son voyage. Irrités de cette réponse, Sancho et Mondhir vinrent l'attaquer. Les deux armées se disputèrent longtemps la victoire; mais à la fin les alliés furent contraints de prendre la fuite. Rodrigue les poursuivit; seize nobles et deux mille soldats tombèrent entre ses mains, et quand il retourna à Saragosse chargé d'un butin immense, Moutamin et ses fils vinrent à sa rencontre, accompagnés d'une foule d'hommes et de femmes qui faisaient retentir l'air de leurs cris d'allégresse [1].

Moutamin mourut peu de temps après (en 1085). Son fils Mostaïn lui succéda et Rodrigue passa au service de ce prince; mais nous ne savons rien sur les expéditions qu'il fit à partir de l'année 1085 jusqu'à l'année 1088, qu'il conclut avec Mostaïn une convention dont la conquête de Valence était le but. C'est alors que commença la partie la plus intéressante

---

1) *Gesta.*

de sa carrière; mais pour faire comprendre le rôle qu'il joua à cette époque, il nous faudra donner d'abord une esquisse rapide de l'histoire de Valence.

III.

Après le démembrement du califat, un petit-fils du célèbre Almanzor, qui s'appelait Abdalaziz et qui portait le même surnom que son grand-père, avait régné pendant quarante ans sur le royaume de Valence [1]. Son fils Abdalmelic Modhaffar lui succéda en janvier 1061; mais quatre années plus tard, il fut trahi par son premier ministre, Abou-Becr ibn-Abdalaziz, et détrôné par son beau-père, Mamoun de Tolède, qui le fit enfermer dans la forteresse de Cuenca. De cette manière le royaume de Valence fut réuni à celui de Tolède; mais il s'en sépara de nouveau après la mort de Mamoun, arrivée dans l'année 1075. Ce prince eut pour successeur son petit-fils Câdir, et comme ce dernier était trop faible pour contenir ses vassaux dans l'obéissance, Abou-Becr ibn-Abdalaziz, qui avait été nommé par Mamoun au gouvernement de Valence en récompense de l'appui qu'il lui avait prêté, se hâta de se déclarer indépendant [2] et de se mettre sous la protection d'Alphonse VI,

---

1) Ibn-al-Abbâr, dans mes *Notices*, p. 172, 173.
2) Voyez les textes dans l'Appendice, n° IX.

auquel il promit de payer un tribut annuel. Mais le patronage de l'empereur était précaire. Pour peu qu'il y trouvât son intérêt, Alphonse ne se faisait point scrupule de vendre ses clients et leurs États. Ibn-Abdalazîz l'éprouva, car, dans l'année 1076, Alphonse vendit Valence à Moctadir de Saragosse pour la somme de cent mille pièces d'or, et se mit en marche avec son armée pour la lui livrer. Incapable de se défendre, Ibn-Abdalazîz alla seul et sans armes à la rencontre du monarque. Il sut être *éloquent* à un tel degré, disent les historiens arabes, qu'il décida Alphonse à abandonner son projet et à rompre le marché qu'il avait conclu avec Moctadir [1]; mais tout porte à croire que cette éloquence consistait en bonnes espèces sonnantes, à moins toutefois que le prince n'ait réussi à convaincre l'empereur de cette vérité, que vendre Valence, c'était tuer la poule aux œufs d'or.

Neuf années plus tard, Alphonse vendit de nouveau Valence, et cette fois il la vendit à Câdir. Sous le prétexte de l'aider contre ses ennemis, il avait peu à peu arraché à ce malheureux prince son or et ses forteresses, jusqu'à ce que Câdir, à bout de ressources et craignant un terrible acte de désespoir de la part de ses sujets qu'il écrasait d'impôts, lui offrit enfin Tolède, à la condition qu'Alphonse le remettrait

---

[1] Ibn-Bassâm, man. de Gotha, fol. 10 v.

en possession de Valence. Alphonse accepta cette proposition [1], et le 25 mai 1085 il fit son entrée dans l'ancienne capitale du royaume des Visigoths, pendant que Câdir scandalisait les musulmans et s'exposait aux moqueries des chrétiens en épiant sur un astrolabe l'heure propice à son départ [2]. Quand il la crut venue, il se mit en route; mais il frappa en vain à la porte de plusieurs châteaux et ne trouva un asile qu'à Cuenca, où commandaient les Beni-'l-Faradj qui lui étaient aveuglement dévoués. Voulant avant tout sonder les dispositions d'Ibn-Abdalaziz, il envoya à Valence un membre de la famille des Beni-'l-Faradj. Ce messager entama une négociation, mais elle n'aboutit à rien. Justement alarmé du traité que Câdir avait conclu avec Alphonse, Ibn-Abdalaziz avait cherché et trouvé un puissant allié. C'était Moutamin de Saragosse, auquel il avait offert sa fille pour son fils Mostaîn. Moutamin, qui espérait que de cette manière son fils deviendrait un jour maître de Valence, s'était hâté d'accepter cette proposition, et voulant donner au mariage de son fils un éclat extraordinaire, il avait convié aux noces tous les personnages haut placés de l'Espagne arabe, auxquels il avait donné pendant plusieurs jours les fêtes les plus brillantes [3].

---

1) Ibn-Bassâm; *Kitâb al-ictifâ* (*Script. Ar. loci de Abbad.*, t. II, p. 18); Ibn-Khaldoun; *Cronica general*, fol. 314, col. 2.

2) Maccari, t. II, p. 748.

3) *Cronica general; Kitâb al-ictifâ;* Ibn-Bassâm; Ibn-Khâcân, dans son chapitre sur Ibn-Tâhir.

Peu de temps après, Ibn-Abdalaziz mourut après un règne de dix années [1]. Il laissa deux fils qui avaient déjà été ennemis pendant la vie de leur père, et qui, après sa mort, se disputèrent le gouvernement. L'un et l'autre avaient des partisans [2]. Un troisième parti voulait donner Valence au roi de Saragosse, un quatrième à Càdir.

Informé par Ibn-al-Faradj, qui était retourné auprès de lui, de ce qui se passait à Valence, Càdir jugea le moment favorable pour exécuter ses projets. Il réunit ses troupes, et, ayant prié Alphonse de réaliser sa promesse, il reçut de lui un corps d'armée commandé par Alvar Fañez, un parent de Rodrigue [3] et l'un des plus braves guerriers de l'époque.

L'approche des Castillans apaisa tout d'un coup les dissensions à Valence. Tremblant de voir la ville saccagée par ces terribles soldats, l'assemblée des notables se hâta de déposer Othmân, le fils aîné d'Ibn-Abdalaziz, qui s'était emparé du pouvoir, et d'envoyer quelques-uns de ses membres, auxquels se joignit le gouverneur du château, Abou-Isà ibn-Labboun, à Serra de Naquera, où Càdir avait établi son camp, pour

---

1) Ibn-Khaldoun, fol. 27 r.: « Ibn-Abdalaziz mourut en 478 (1085), après un règne de dix années, et son fils, le cadi Othmân, régna à sa place. » *Kitáb al-ictifá*, p. 19. La *Cr. general* (fol. 314, col. 3) attribue *onze* années de règne à ce prince; la différence est si minime qu'elle mérite à peine d'être signalée.

2) *Cr. general; Ibn-Bassâm; Kitáb al-ictifá*.

3) Voyez la *charta arrharum*.

lui dire que la ville s'estimerait heureuse de l'avoir pour son souverain [1]. Accompagné des Castillans, l'ex-roi de Tolède fit donc son entrée dans Valence, où il fut salué par les acclamations de la multitude; mais cet enthousiasme était loin d'être spontané; il était commandé par le spectacle effrayant de tous ces chevaliers bardés de fer, dont les longues épées étincelaient aux rayons du soleil.

Les Valenciens auraient à pourvoir à l'entretien de ces troupes: elles leur coûteraient six cents pièces d'or par jour! Ils avaient beau dire à Câdir qu'il n'avait pas besoin de cette armée, puisqu'ils le serviraient fidèlement: Câdir n'eut pas la naïveté de croire à leurs promesses; sachant qu'on le détestait et que d'ailleurs les anciens partis n'avaient pas abdiqué leurs espérances, il retint les Castillans. Afin d'être en état de les payer, il greva la ville et son territoire d'un impôt extraordinaire, sous le prétexte qu'il avait besoin d'argent pour acheter de l'orge. Les Valenciens murmurèrent beaucoup de cet impôt, qui frappait sans distinction les riches et les pauvres, et qu'ils appelaient *l'orge*, tout court. « Donnez l'orge! » disait-on quand on se rencontrait dans la rue. A la boucherie il y avait un chien qu'on avait appris à aboyer quand on lui disait: « donnez l'orge! » « Dieu merci, dit alors un poète, nous en avons plusieurs dans no-

---

1) Voyez cette note dans l'Appendice, n° X.

tre ville qui ressemblent à ce chien; quand on leur dit: Donnez l'orge! cela leur pèse comme à lui. »

Une guerre malheureuse augmenta le discrédit dans lequel Câdir était déjà tombé. Parmi les gouverneurs des forteresses, un seul, Ibn-Mahcour, le gouverneur de Xativa, avait refusé, malgré l'ordre formel qu'il avait reçu, de venir en personne prêter serment au nouveau roi; il s'était contenté de lui envoyer un messager avec des lettres et des présents. Irrité de sa désobéissance, Câdir consulta Ibn-Labboun, qu'il avait nommé premier ministre, sur le parti à prendre. Ibn-Labboun lui conseilla de ne pas se brouiller avec Ibn-Mahcour et de renvoyer Alvar Fañez et son armée. Mais Câdir, qui se défiait de son ministre parce que celui-ci avait été l'ami de son prédécesseur, aima mieux suivre les conseils des fils d'Ibn-Abdalazîz, et, ayant rassemblé une grande armée, il marcha contre Xativa. Il s'empara sans peine de la partie la plus basse de la ville; mais pendant quatre mois il assiégea en vain le château. Alors toute sa colère se tourna contre les fils d'Ibn-Abdalazîz, et comme *l'orge* ne rapportait pas assez, il condamna l'un d'eux à nourrir l'armée castillane pendant tout un mois.

Cependant Ibn-Mahcour, réduit à l'extrémité, avait fait dire à Mondhir, le prince de Lérida, Dénia et Tortose, que, s'il voulait le secourir, il lui céderait Xativa et tous ses autres châteaux. Mondhir accepta l'offre, et, ayant envoyé à Ibn-Mahcour son général al-Aisar [1] avec un renfort, il rassembla des troupes, prit à sa solde le Catalan Giraud d'Alaman, baron de Cervellon [2], et marcha vers Xativa. A son approche, le roi de Valence prit la fuite en toute hâte, et Mondhir se mit en possession de Xativa. Ibn-Mahcour alla demeurer à Dénia, et Mondhir le traita toujours avec beaucoup d'égards.

Lorsque Câdir, couvert de honte, fut rentré dans Valence, les habitants de cette ville et les gouverneurs des châteaux voulurent secouer l'autorité de ce misérable despote et se donner à Mondhir, dont les tentes étaient déjà tout près de la capitale. Mais ce projet échoua, car peu de temps après, Mondhir retourna à Tortose, soit qu'il fût obligé d'aller défendre ses propres États, soit qu'il n'eût plus d'argent pour payer le baron de Cervellon, son principal appui. Délivré de son ennemi, Câdir put donc recommencer ses exactions. Il avait déjà extorqué des sommes énormes aux fils d'Ibn-Abdalazîz, à un riche juif, leur majordome, à plusieurs nobles, et comme nul ne se croyait sûr de son avoir ou de sa vie, les Valenciens émigrèrent en masse. Les terres avaient perdu leur valeur, personne ne voulait les acheter. Et malgré

---

1) Dans le texte *el esquierdo*. Il est facile de reconnaître ici le nom الأيسر.

2) Voyez cette note dans l'Appendice, n° XI.

les actes du plus terrible despotisme, Cádir, pressé par Alvar Fañez de lui payer l'arriéré de sa solde, se trouva un jour à bout de ressources. Alors il proposa aux Castillans de se fixer dans son royaume en leur offrant des terres très-étendues. Ils y consentirent; mais tout en faisant cultiver leurs vastes domaines par des serfs, ils continuaient à s'enrichir par des razzias dans le pays d'alentour. Leur troupe s'était grossie de la lie de la population arabe. Une foule d'esclaves, d'hommes tarés et de repris de justice, dont plusieurs abjurèrent l'islamisme, s'étaient enrôlés sous leurs drapeaux, et bientôt ces bandes acquirent, par leurs cruautés inouïes, une triste célébrité. Elles massacraient les hommes, violaient les femmes, et vendaient souvent un prisonnier musulman pour un pain, pour un pot de vin, ou pour une livre de poisson. Quand un prisonnier ne voulait ou ne pouvait payer rançon, elles lui coupaient la langue, lui crevaient les yeux, et le faisaient déchirer par des dogues [1].

L'arrivée du roi de Maroc, Yousof ibn-Téchoufîn l'Almoravide, que les princes andalous avaient appelé à leur secours, délivra enfin les Valenciens de leurs hôtes sanguinaires. Forcé de livrer bataille à des nuées de barbares africains, Alphonse rappela Alvar

---

1) *Cron. gen.*, fol. 315, col. 2 — 316, col. 3; *Kitâb al-ictifâ*, dans l'Appendice, p. xxx, xxxi.

Fañez ¹, et quand il eut été battu dans la célèbre bataille de Zallâca, livrée le vendredi 23 octobre 1086, il ne put plus se mêler des affaires de Valence ². Mais alors les gouverneurs des forteresses se hâtèrent de se révolter contre Câdir ³, et de leur côté, les princes voisins tâchèrent de le détrôner à leur profit. Mondhir fut le premier à l'attaquer. Ayant reçu des promesses d'appui de la part des principaux Valenciens, il rassembla des troupes dans l'année 1088 ⁴, prit des Catalans à sa solde, et envoya en avant un de ses oncles qui devrait passer par Dénia, et auquel il avait indiqué le jour où il viendrait le rejoindre sous les murs de Valence. L'oncle de Mondhir arriva devant Valence avant le jour convenu. Il fut attaqué par Câdir; mais il le repoussa et le contraignit à rentrer dans la ville. Bientôt après il fut rejoint par Mondhir, qui, au moment où il reçut la nouvelle de cette victoire, se trouvait à une journée de distance. Câdir ne sut que faire; il voulut se rendre, mais Ibn-Tâhir ⁵,

---

1) *Cron. gener.*, fol. 319, col. 4; Ibn-abî-Zer, *Cartâs*, p. 94, l. 3. Cet auteur ne dit pas qu'Alvar Fañez *assiégeait* Valence, comme on lit dans la traduction de M. Tornberg (p. 128).

2) *Cron. gener*, fol. 321, col. 2; Ibn-Bassâm.

3) *Cron. general.*

4) Cette date est donnée par le *Kitâb al-ictifâ* (dans l'Appendice, p. xxvii) et par la *Cron. gener.*, fol. 320, col. 1 (année chrétienne 1088; l'ère (1127) est fautive, il faut lire 1126).

5) *Abenaher*, lit-on ici dans la *Cron. gener.* (fol. 320, col. 3), c'est-à-dire *Abennaher*. Il est clair qu'il faut lire *Abentaher*.

l'ex-roi de Murcie, qui demeurait alors à Valence, l'en dissuada. Il fit donc demander du secours à Alphonse et à Mostaîn de Saragosse [1].

Le roi de Saragosse avait grande envie, non pas de secourir Câdir, mais de le dépouiller. Un capitaine valencien, Ibn-Cannoun, lui promettait en ce moment même de faire en sorte que Valence lui fût livrée; il l'assurait en outre que son frère, le gouverneur de Ségorbe, lui céderait cette forteresse. Tout en promettant à Câdir qu'il viendrait le délivrer, Mostaîn conclut donc secrètement une convention avec le Cid [2], d'après laquelle ils devaient s'aider réciproquement à conquérir Valence [3], à la condition que le Cid aurait tout le butin, et que la ville elle-même écherrait à Mostaîn [4]. Ce dernier avait quatre cents cavaliers sous ses ordres, le Cid trois mille [5].

Ne voulant pas attendre leur arrivée, Mondhir fit dire à Câdir que non-seulement il allait lever le siège, mais qu'en outre il désirait être son ami et son allié,

---

1) *Cron. gen.*, fol. 320 (cotée par erreur 321), col. 2 et 3; *Kitâb al-ictifâ*, dans l'Appendice, p. xxvii.
2) Voyez cette note dans l'Appendice, n° XII.
3) *Cron. gener.*; *Kitâb al-ictifâ*.
4) *Kitâb al-ictifâ*.
5) *Kitâb al-ictifâ*. La *Cron. gener.* donne aussi à entendre que l'armée du Cid était bien plus nombreuse que celle de Mostain. « Le roi de Saragosse, dit-elle, désirait si ardemment d'aller à Valence, qu'il ne considéra pas si son armée était grande ou petite, ni si celle du Cid était plus grande que la sienne. »

à condition qu'il ne livrerait pas la ville à Mostaïn. Le roi de Valence comprit fort bien que Mondhir attendait, pour s'emparer de sa principauté, une occasion plus favorable; mais il accepta l'alliance [1].

Quand Mondhir fut retourné à Tortose [2], et que Mostaïn et le Cid furent arrivés devant Valence, Càdir alla à leur rencontre et les remercia de l'avoir délivré du siége. Toutefois les espérances du roi de Saragosse ne se réalisèrent pas. Il attendit vainement qu'on lui livrât Ségorbe, ainsi qu'Ibn-Cannoun le lui avait promis. Il fut trompé en outre par son allié, le Cid. Celui-ci s'était laissé corrompre par les magnifiques présents que Càdir lui avait faits à l'insu de Mostaïn, et quand ce dernier lui rappela sa promesse, il lui répondit que, si l'on voulait s'emparer de Valence, il faudrait d'abord déclarer la guerre à Alphonse, Càdir n'étant que le vassal de ce monarque. Il savait fort bien que le roi de Saragosse ne serait pas assez inconsidéré pour s'attirer sur les bras les armées du puissant empereur [3].

Frustré dans son attente, Mostaïn retourna à Saragosse. Il laissa à Valence un de ses capitaines avec une troupe de cavaliers, sous le prétexte qu'ils devaient être en aide à Càdir, mais en réalité pour avoir toujours lui-même des auxiliaires à Valence, dans

---

1) *Cron. gener.*; comparez le *Kitâb al-ictifá*.
2) *Cronica general.*
3) *Cronica general*, fol. 321, col. 1.

le cas que l'occasion de s'emparer de cette ville se présentât de nouveau à lui. Puis, voulant punir Ibn-Labboun qui s'était engagé à lui livrer Murviédro, mais qui n'avait pas tenu sa promesse, il ordonna à Rodrigue d'aller assiéger la forteresse de Xerica, qui appartenait au seigneur de Murviédro, et qui se trouve sur la grande route entre Saragosse et Valence, à dix lieues de cette dernière ville et à deux de Ségorbe. Par la négligence du gouverneur, Xerica était dépourvue d'armes et de vivres; mais Ibn-Labboun fit dire à Mondhir que, s'il voulait venir au secours de Xerica, il se reconnaîtrait son vassal pour cette forteresse. Charmé de cette offre, Mondhir vint au secours de la place et força Rodrigue à lever le siége.

Craignant alors que Mondhir ne réussît également dans ses projets sur Valence, le Cid conseilla secrètement à Câdir de ne livrer la ville à qui que ce fût. En même temps, il fit dire à Mostaîn qu'il l'aiderait à gagner Valence; il promit la même chose à Mondhir; enfin il envoya dire à Alphonse qu'il se considérait comme son vassal; que les guerres qu'il soutenait profitaient à la Castille, puisqu'elles affaiblissaient les Maures et qu'elles servaient à tenir sur pied une armée chrétienne aux frais des musulmans; il ajouta qu'il espérait d'être bientôt à même de mettre Alphonse en possession de tout le pays. Alphonse se laissa tromper par ces protestations fallacieuses et permit à Rodrigue de retenir son armée [1].

Ayant donc les mains libres, Rodrigue en profita pour faire des incursions dans les environs, et quand on lui demandait pourquoi il en agissait ainsi, il donnait pour réponse qu'il le faisait pour avoir de quoi manger [2]. Ensuite, il se rendit en Castille (1089 [3]) pour faire ses conditions avec Alphonse [4]. Le roi le reçut très-bien, lui donna quelques châteaux, et lui fit remettre un diplôme, où il déclara que toutes les terres et toutes les forteresses que Rodrigue enlèverait dans la suite aux Maures, lui appartiendraient en propre ainsi qu'à ses descendants [5]. Puis Rodrigue retourna vers le pays valencien, accompagné de son armée, qui se composait de sept mille hommes. Sa présence y était fort nécessaire, car pendant qu'il se trouvait encore en Castille, Mostaïn, qui s'était aperçu que, s'il lui fallait compter sur le secours du Cid, il ne parviendrait jamais à s'emparer de Valence, avait contracté une alliance avec Bérenger de Barcelone [6]. Ce dernier avait maintenant investi

---

1) *Cronica general*, fol. 321, col. 2. La *Cron. del Cid* (voyez ch. 154) a eu soin d'omettre ce récit peu flatteur pour Rodrigue.

2) «Dezie el que porque oviese que comer.» *Cron. gener.*

3) La date est donnée par les *Gesta*, p. xxvi.

4) *Cronica general.*

5) *Gesta*, p. xxv, xxvi.

6) Les *Gesta* (p. xxvi) parlent bien du siége de Valence par Bérenger, mais ils ne font pas mention de l'alliance entre celui-ci et Mostaïn. La *Cron. gen.* (fol. 321, col. 3 et 4) a sans doute fait usage ici des *Gesta*, mais elle contient aussi des détails qui ne se trou-

la capitale de Càdir, et de son côté, le roi de Saragosse avait fait construire deux bastides, l'une à Liria, ville qui lui avait été donnée en fief par le roi de Valence quand il fut venu à son secours, l'autre à Cebolla; il comptait en construire une troisième dans un château près de l'Albufera, afin que personne ne pût entrer dans Valence ni en sortir. Mais quand le Cid approcha de Valence, Bérenger n'osa pas l'attendre, et se disposa à lever le siége. Avant de partir, ses soldats se livrèrent à des insultes et des menaces contre le Cid, qui en fut informé, mais qui ne voulut pas les combattre, parce que Bérenger était parent d'Alphonse, son souverain [1]. Bérenger prit donc le chemin de Requena et retourna à Barcelone [2]. Quand le Cid fut arrivé à Valence, il promit à Càdir de faire rentrer sous son obéissance les châteaux rebelles, de le protéger contre tous ses ennemis, maures ou chré-

---

vent pas dans ce livre, et qu'elle a empruntés à sa chronique arabe. En effet, suivant tour à tour cette dernière ou les *Gesta*, elle désigne le même endroit, el Puig, tantôt sous le nom de Juballa, tantôt sous celui de Cebolla.

1) *Gesta*. J'ignore de quelle manière Bérenger, qui n'était pas marié, était parent d'Alphonse. M. Bofarull (t. II, p. 147) pense qu'il l'était du côté d'une des femmes d'Alphonse, qui étaient presque toutes d'origine française ainsi que les comtesses de Barcelone.

2) On lit dans les *Gesta* (p. xxvii) que Bérenger alla d'abord à Requena, puis à Saragosse, et enfin à Barcelone. Dans la *Cron. gener.* (fol. 321, col. 4) on lit au contraire que Bérenger promit au Cid de ne pas passer par Saragosse (comparez *Cron. del Cid*, ch. 154).

liens, de se fixer à Valence, d'apporter dans cette ville tout le butin qu'il ferait, et de l'y vendre. En revanche, Câdir s'engagea à lui payer une redevance mensuelle de dix mille dinârs [1]. Ibn Labboun de Murviédro acheta aussi sa protection [2].

Ensuite le Cid fit une incursion sur le territoire d'Alpuente, où régnait alors Djanâh-ad-daula Abdallâh [3], et força les gouverneurs des forteresses à payer à Câdir le tribut accoutumé [4]. Mais bientôt après il reçut un message d'Alphonse. Ce monarque possédait à cette époque le château d'Alédo, non loin de Lorca, et comme les troupes qui y étaient en garnison faisaient maintefois des razzias sur le territoire musulman, le roi de Maroc, Yousof l'Almoravide, vint y mettre le siége, dans l'année 1090 [5], accompagné de plusieurs princes andalous. Alphonse écrivit alors au Cid pour lui ordonner de venir avec lui au secours des assiégés. Le Cid répondit qu'il était prêt à le faire, et pria le roi de l'informer de l'époque où il

---

1) Le récit arabe, traduit dans la *General*, dit à deux reprises que ce tribut était de mille dinârs par mois; mais je crois que c'est une erreur du copiste ou de l'éditeur, et qu'il faut lire *dix mille*, car le *Kitâb al-ictifâ* dit cent mille dinârs par an, et la *Cron. del Cid*, deux mille par semaine (104,000 par an).

2) *Cronica general.* Comparez les *Gesta*.

3) Voyez Ibn-Khaldoun (*Script. Ar. loci de Abbad.*, t. II, p. 212).

4) *Cronica general.*

5) 483 de l'Hégire, d'après Ibn-al-Abbâr (*Script. Ar. loci*, t. II, p. 121).

se mettrait en marche. Puis il partit de Requena et se rendit à Xativa, où un messager du roi vint lui dire que celui-ci était à Tolède avec une armée d'environ dix-huit mille hommes [1]. Alphonse lui fit dire aussi de l'attendre à Villena, puisqu'il comptait passer par cet endroit; mais comme le Cid manquait de vivres à Villena, il se rendit à Ontiñente [2], en prenant soin toutefois de laisser à Villena et à Chinchilla quelques troupes qui devaient l'avertir de l'arrivée du roi. Cependant Alphonse suivit une route autre que celle qu'il avait indiquée, et quand le Cid eut appris que le roi l'avait déjà devancé, ce dont il éprouva un chagrin bien sensible, il quitta aussitôt Hellin, où il se trouvait alors, et, laissant en arrière le gros de son armée, il arriva avec un petit nombre de troupes à Molina [3].

Alphonse n'eut pas besoin de tirer l'épée. A son approche Yousof et les rois andalous se retirèrent sur Lorca [4]; mais les ennemis de Rodrigue l'accusèrent aussitôt de trahison auprès du roi; ils prétendirent qu'il avait retardé à dessein sa venue, afin que l'armée castillane fût taillée en pièces par les Sarrasins. Al-

---

1) *Gesta*. L'auteur de ce livre se contente de dire : « cum maximo exercitu et cum infinitâ multitudine militum et peditum; » mais Ibn-al-Abbâr donne le nombre que j'énonce dans mon texte.
2) *Ortimano* dans les *Gesta*; comparez la note de Risco, p. 168.
3) *Gesta*, p. xxviii.
4) *Gesta*; Ibn-al-Abbâr.

phonse ajouta foi à ces dénonciations; il retira au Cid toutes les terres et tous les châteaux qu'il lui avait donnés l'année précédente, confisqua ses biens patrimoniaux, et fit emprisonner sa femme et ses enfants. Informé de ces mesures, Rodrigue envoya un de ses chevaliers pour le justifier auprès du roi; il offrit de prouver son innocence, ou de la faire prouver par un des siens, dans un combat judiciaire. Le roi rejeta cette proposition, mais il renvoya à Rodrigue sa femme et ses enfants. Celui-ci fit alors remettre à Alphonse une quadruple justification, chacune en termes différents [1]. Le roi, cependant, ne se laissa pas fléchir [2].

IV.

Brouillé de nouveau avec Alphonse et n'étant plus au service du roi de Saragosse, Rodrigue était maintenant le chef d'une armée qui ne dépendait que de lui seul et qui ne subsistait que de ce qu'elle prenait sur les ennemis. Son chef lui fournit amplement l'occasion de faire du butin. Étant parti d'Elche après la fête de noël 1090, il arriva à la forteresse de Polop (à huit lieues N. E. d'Alicante), où il y avait un souterrain rempli d'argent et d'étoffes précieuses. Voulant s'emparer de ces richesses, Rodri-

---

1) Ces pièces se trouvent dans les *Gesta*, p. xxx—xxxIII.
2) *Gesta*.

gue assiégea le château, et en peu de jours il força la garnison à se rendre. Puis, ayant ravagé tout à la ronde, de sorte que, depuis Orihuela jusqu'à Xativa, aucun mur ne demeura debout, il marcha contre Tortose, prit Miravet (au nord de Tortose) [1] et s'y établit. Vivement pressé, Mondhir promit beaucoup d'argent à Bérenger, comte de Barcelone, s'il voulait venir à son aide et le débarrasser du Cid [2]. Le comte ne se fit pas trop prier, car il brûlait de se venger du Cid, qui s'était emparé des revenus qu'il tirait autrefois du pays valencien. Il rassembla donc une grande armée, et, ayant établi son camp à Calamocha, dans le district d'Albarracin, il se rendit, avec quelques-uns des siens, auprès de Mostaïn de Saragosse, qui se trouvait alors à Daroca et auquel il voulait demander du secours. Mostaïn lui donna de l'argent et se rendit même avec lui auprès d'Alphonse pour demander à ce dernier de leur prêter main-forte dans la guerre qu'ils allaient entreprendre contre le Cid. Mais ils firent en vain ce voyage, et le comte de Barcelone revint à Calamocha sans avoir obtenu de l'empereur un seul soldat. Mostaïn ne lui en fournit pas non plus. Ce roi n'avait pas osé refuser au comte l'argent qu'il lui demandait; mais il s'efforçait de rester en paix avec tous les princes

---

1) Voyez l'Appendice, p. xxvi, note 2.
2) J'ai suivi ici la *Cron. gener.*, dont le récit mérite incontestablement la préférence sur celui des *Gesta*.

et tous les guerriers de son voisinage, car au moment même où Bérenger s'apprêtait à aller attaquer le Cid, il informa secrètement ce dernier des préparatifs de son ennemi. Le Cid, qui était campé alors dans une vallée entourée de hautes montagnes et dont l'entrée était très-étroite, lui répondit qu'il le remerciait de son avis, mais qu'il ne craignait pas son adversaire et qu'il l'attendrait. Au reste, la lettre où il disait cela, était remplie d'injures contre Bérenger, et pour comble, le Cid priait Mostaïn de vouloir bien la montrer au comte. Mostaïn le fit, et alors Bérenger, piqué au vif, fit écrire au Cid qu'il tirerait vengeance de ses outrages. « Tu as prétendu, lui disait-il, que moi et les miens, nous n'étions que des femmes: si Dieu nous vient en aide, nous te montrerons bientôt jusqu'à quel point tu t'es trompé!... Nous savons que les montagnes, les corbeaux, les corneilles, les éperviers, les aigles, presque tous les oiseaux en un mot, sont tes dieux, et que tu as plus de confiance dans leurs augures que dans le secours du Tout-Puissant [1]; nous au contraire, nous croyons qu'il n'y a qu'un seul Dieu et que ce Dieu nous vengera de toi en te livrant entre nos mains. Demain, aux premiers rayons du soleil, tu nous verras près de toi, et si tu quittes alors tes montagnes pour venir te mesurer avec nous

---

1) Dans la Chanson, Rodrigue *vit* aussi *à augure*, comme en disait alors.

dans la plaine, nous te tiendrons pour Rodrigue, surnommé le Batailleur et le Campéador; mais si tu ne viens pas, nous te tiendrons pour traître [1].... Nous ne te quitterons pas avant que nous ne t'ayons en notre pouvoir, mort ou vif. Nous te traiterons de la manière dont tu prétends nous avoir traité, *albarrâz* [2]! Dieu vengera ses églises, que tu as violées et détruites!»

Ayant entendu la lecture de cette lettre, Rodrigue y fit répondre sur-le-champ. «Oui, disait-il à Bérenger, je t'ai chargé d'injures, mais voici mes raisons: Lorsque tu étais avec Mostaïn à Calatayud, tu lui as dit que, par crainte de toi, je n'avais pas osé mettre le pied sur son territoire. Quelques-uns de tes hommes, tels que Raymond de Baran, ont affirmé la même chose au roi Alphonse, en présence des chevaliers castillans. Toi-même, enfin, tu as dit au roi Alphonse, en présence de Mostaïn, que tu n'aurais pas manqué de me chasser du pays du Hâdjib (Mondhir), mais que je n'avais pas osé t'attendre, et que d'ailleurs tu ne voulais pas combattre contre un vassal du roi. Voilà pourquoi je t'ai dit des injures! Eh bien! à présent tu n'as plus de prétexte pour ne pas m'attaquer; au contraire, tu t'es fait promettre une grosse somme par le Hâdjib, et de ton côté, tu t'es

---

1) Voyez cette note dans l'Appendice, n° XIII.

2) C'est l'équivalent arabe du terme *campéador*; voyez plus haut, p. 65—70.

engagé envers lui à me chasser de son territoire. Tiens donc ta parole! Viens me combattre, si tu l'oses! Je suis dans une plaine, la plus vaste qui se trouve dans toute cette contrée, et dès que je te verrai, je te donnerai ta *solde*, comme à l'ordinaire. »

Exaspérés et furieux, Bérenger et ses Catalans jurèrent de se venger. Profitant de l'obscurité de la nuit, ils occupèrent, sans être aperçus, les montagnes qui entouraient le camp de Rodrigue, et à la pointe du jour, ils se ruèrent à l'improviste sur leurs ennemis. L'attaque fut si soudaine, que les soldats du Cid eurent à peine le temps de s'armer. Leur chef, qui frémissait d'indignation et de rage, les rangea en bataille sans perdre un instant; puis, les menant au combat, il fondit sur les premiers bataillons ennemis et les culbuta; mais au plus fort de la mêlée, il se blessa assez grièvement en tombant de son destrier. Ses soldats n'en combattirent pas moins avec la plus grande valeur, et, ayant remporté la victoire, ils pillèrent le camp de l'ennemi et firent prisonnier le comte de Barcelone avec environ cinq mille des siens, parmi lesquels se trouvait Giraud d'Alaman.

Bérenger se fit conduire à la tente de Rodrigue, et lui demanda grâce. Le Cid le traita d'abord avec dureté: ne lui permettant pas de s'asseoir auprès de lui dans sa tente, il ordonna à ses soldats de le garder hors de l'enceinte du camp; mais il lui fournit quantité de vivres, ainsi qu'aux autres prisonniers.

Quelque temps après, il accepta la rançon que lui offrirent Bérenger et Giraud d'Alaman, et qui consistait en quatre-vingt mille marcs d'or de Valence. Les autres captifs recouvrèrent aussi la liberté en promettant de se racheter, et quand ils furent de retour dans leur patrie, ils rassemblèrent autant d'argent qu'ils pouvaient; mais, n'en ayant pas encore assez, ils offrirent en otage leurs fils et leurs parents. Touché de leur malheur, Rodrigue eut la générosité de les tenir quittes de leur rançon [1].

Qu'il nous soit permis de quitter ici pour un moment les livres historiques et d'emprunter à la chanson de geste un passage qui se recommande par sa forme dramatique et par son énergique simplicité [2]. Après avoir raconté que le comte de Barcelone, auquel il donne le nom de Raymond, avait été fait prisonnier, l'auteur continue en ces termes:

On fait une grande cuisine à Mon Cid don Rodrigue. Le comte don Raymond ne lui en tient pas compte; on lui apporte les mets, on les apprête devant lui: il n'en veut pas manger, il repousse tous les mets. « Je ne mangerai pas un morceau de pain, pour tout ce que possède l'Espagne entière! Je perdrai plutôt mon corps, et j'abandonnerai mon âme, puisque de tels vagabonds m'ont vaincu en bataille!» Mon Cid Ruy Diaz, vous ouïrez ce qu'il dit: « Mangez, comte, de ce pain, et buvez de ce vin; si vous faites ce que je vous demande, vous cesserez d'être prisonnier; sinon vous ne

---

1) *Gesta.*
2) Vers 1025 et suiv.

reverrez de votre vie la terre chrétienne. » Le comte don Raymond lui répondit : « Mangez vous-même, don Rodrigue, et songez à vous réjouir; mais moi, laissez-moi mourir, car je ne veux point manger. » Jusqu'au troisième jour ils ne peuvent ébranler sa résolution, et tandis qu'ils partagent leurs riches dépouilles, ils ne peuvent lui faire manger un morceau de pain. Mon Cid dit : « Mangez quelque chose, comte, car si vous ne mangez pas, vous ne reverrez pas les chrétiens; mais si vous mangez, et si vous me contentez, je rendrai la liberté à vous et à deux de vos chevaliers. » Quand le comte entendit cela, il devint déjà plus gai. « Cid, si vous faites ce que vous avez dit, je vous admirerai tant que je vivrai. — Mangez donc, comte, et quand vous aurez dîné, je vous laisserai partir, vous et deux autres. Mais tout ce que vous avez perdu et que j'ai gagné sur le champ de bataille, sachez que je ne vous en donnerai pas même un faux denier. Je ne vous donnerai rien de ce que vous avez perdu; car j'en ai besoin pour ces miens vassaux qui, auprès de moi, sont dans la misère; je ne vous en donnerai rien. En prenant de vous et d'autres, nous devons les payer; nous mènerons cette vie tant qu'il plaira au Père éternel, comme un homme qui a attiré sur soi la colère de son roi et qui est banni de son pays. » Le comte est joyeux; il demande de l'eau pour se laver les mains; on lui en présente, on lui en donne sur-le-champ. Avec les deux chevaliers que le Cid lui a donnés, le comte va manger. Dieu! comme il le fait de bonne grâce! Vis-à-vis de lui est assis celui qui naquit dans une heure propice. « Si vous ne mangez pas bien, comte, de sorte que je puisse m'en contenter, nous resterons ensemble, nous ne nous quitterons pas. » Alors le comte dit : « De bonne volonté et de bon cœur! » Il dîne vite avec ses deux chevaliers; Mon Cid qui le regarde, est content parce que le comte don Raymond remue si bien les mains. « Si vous le permettez, Mon Cid, nous sommes prêts à nous mettre en route. Ordonnez qu'on nous donne nos chevaux, et nous partirons sur-le-champ. Depuis le jour que je fus comte, je ne dînai avec tant d'appétit. Je n'oublierai jamais le bon repas que j'ai fait. » On leur donne trois palefrois très-bien sellés et de bons vêtements, des pelisses et des manteaux. Le comte don Raymond chevauche entre ses deux chevaliers; jusqu'à la limite du camp, le Castillan les escorte. « Vous partez, comte, entièrement libre. Je vous sais gré de ce que vous m'avez laissé. Quand vous aurez envie de vous venger et que vous viendrez me chercher, vous pourrez me trouver; mais si vous ne venez pas me chercher, si vous me laissez tranquille, vous aurez quelque chose du vôtre ou du mien. — Livrez-vous à la joie, Mon Cid, et portez-vous bien; je vous ai payé pour toute cette année; venir vous chercher, on n'y pensera même pas. » Le comte piqua des deux et se mit en route; en partant il tournait la tête et regardait en arrière; il craignait que Mon Cid ne revînt sur sa résolution, ce que l'accompli n'aurait pas fait pour tout au monde; une déloyauté, il n'en fit jamais.

La générosité dont Rodrigue avait fait preuve, avait profondément touché le comte de Barcelone; aussi lui fit-il dire, quelque temps après, qu'il désirait être son ami et son allié. Rodrigue, qui lui gardait encore rancune, refusa d'abord cette offre; mais comme ses capitaines lui représentaient que le comte, auquel on avait déjà enlevé tout ce qui méritait d'être pris, ne valait plus rien comme ennemi et qu'il serait au contraire un allié utile, Rodrigue céda enfin à leurs conseils et consentit à conclure un traité avec son ancien adversaire. Bérenger se rendit donc au camp de Rodrigue, et, le traité signé, il plaça une partie de son territoire sous la protection de son confédéré ¹, ce qui revient à dire qu'il devint son tributaire.

La principauté de Tortose suivit son exemple. A la nouvelle de la défaite de son allié, Mondhir était mort de chagrin, laissant un fils en bas âge dont il avait confié la tutelle aux Beni-Betyr ². Ceux-ci comprirent qu'ils avaient besoin de la protection du Cid, et ils l'achetèrent moyennant un tribut annuel de cinquante mille dinârs. Grâce à l'effroi qu'inspiraient ses armes, le Cid jouissait à cette époque d'un revenu fort considérable, car outre les sommes que lui payaient Bérenger et les Beni-Betyr, il recevait chaque année 120,000 dinârs ³ du prince de Valence, 10,000 du seigneur d'Albarracin ⁴, autant du seigneur d'Alpuente ⁵, 6,000 du seigneur de Murviédro, autant de celui de Ségor-

---

1) *Gesta*, p. XLI, XLII.
2) « É toviéronlo en guarda unos fijos que dezien de Betyr, » *Cron. gener.*, fol. 323, col. 2. Les historiens arabes ne parlant pas de ces personnages, j'ignore comment leur nom doit s'écrire, car il y a plusieurs noms propres qui se rapprochent de *Betyr*.
3) Voyez plus haut, p. 137, note 1.
4) La *Cron. gener.* le nomme *Abezay*. Il faut lire *Abenhozayl*.
5) Nommé par erreur *Abenrazin* dans l'édition de la *Cron. gener.* Il faut changer le *r* en *c*, et lire *Abencazin*. C'est ainsi que la *Cronica* nomme ailleurs (fol. 324, col. 4) le seigneur d'Alpuente, et nous savons par Ibn-Khaldoun (*Script. Ar. loci de Abbad.*, t. II, p. 212), que les seigneurs d'Alpuente s'appelaient les Beni-Câsim. Aujourd'hui encore un village, celui de Benicasim, près de Castellon de la Plana, porte leur nom.

be, 4,000 de celui de Xérica, et 3,000 de celui d'Almenara. Liria, qui appartenait au roi de Saragosse et qui devait payer 2,000 dinârs, n'acquittait pas alors ce tribut ¹. Aussi le Cid assiégeait-t-il cette ville en 1092, lorsqu'il reçut de ses amis et de la reine de Castille ² des lettres où ils lui disaient qu'il lui serait facile de rentrer dans la faveur d'Alphonse, s'il voulait prendre part à une expédition que ce dernier avait préparée contre les Almoravides. Bien que Liria fût sur le point de se rendre à lui, Rodrigue crut cependant devoir suivre le conseil qu'on lui donnait, et, s'étant mis en marche, il rejoignit l'empereur à Martos, à l'ouest de Jaën. Alphonse, qui était allé à sa rencontre, le traita avec beaucoup de courtoisie; mais à l'entrée de la nuit, lorsqu'il eut établi son camp sur les montagnes, il s'offensa en voyant que Rodrigue posait le sien plus en avant, dans la plaine. En le faisant, Rodrigue se laissait guider par un motif tout à fait honorable: il voulait protéger l'empereur contre une attaque et recevoir lui-même le premier choc de l'ennemi; mais au lieu de se placer à ce point de vue, l'empereur crut voir dans la conduite de Rodrigue une nouvelle preuve de son arrogance. «Voyez, dit-il à ses courtisans, quel affront Rodrigue

---

1) *Cronica general*, fol. 323, col. 1 et 2.
2) Florez (*Reynas catholicas*, t. I, p. 169) prouve que la reine Constance vivait encore en 1092.

nous fait! Au moment où il se joignait à nous, il se disait fatigué par une longue marche, et maintenant il nous dispute le pas et dresse ses tentes au-devant des nôtres! » Comme de coutume, les courtisans lui donnèrent pleinement raison [1].

L'issue de la campagne ne fut pas de nature à mettre Alphonse en meilleure humeur. Le combat s'étant engagé entre Jaën et Grenade, ses troupes remportèrent d'abord de grands avantages; mais plus tard elles essuyèrent une déroute complète, et Alphonse lui-même eut bien de la peine à échapper aux épées des ennemis [2].

Disposé comme il l'était, Alphonse imputa naturellement à Rodrigue le grave échec qu'il avait subi, et dans sa colère il ne se borna pas à le maltraiter de paroles, il voulut encore le faire arrêter. Rodrigue lui échappa cependant; profitant de l'obscurité de la nuit, il retourna en toute hâte vers le pays valencien; mais il ne ramena pas tous ses soldats; plusieurs d'entre eux l'avaient quitté pour aller servir sous l'empereur [3].

N'ayant pu s'emparer de la personne de Rodrigue, Alphonse résolut de le punir d'une autre manière. Il voulut lui arracher Valence. Cette ville était bien réellement au pouvoir du Cid: elle lui payait tribut,

---

1) *Gesta*, p. XLII, XLIII.
2) Voyez cette note dans l'Appendice, n° XIV.
3) *Gesta*, p. XLIV.

et comme le bruit s'était répandu que le soi-disant roi, Câdir, qui était gravement malade alors, avait cessé de vivre, elle le regardait même comme son souverain [1]. Attaquer et prendre Valence, c'était donc enlever au Cid sa plus belle possession, c'était le blesser à l'endroit le plus sensible de son amour-propre. C'est ce qu'Alphonse comprit fort bien, et, ayant conclu une alliance avec les Pisans et les Génois, qui lui envoyèrent quatre cents bâtiments, il profita de l'absence du Cid, occupé alors à soutenir le roi de Saragosse contre le roi d'Aragon, pour venir assiéger Valence par terre et par mer, en faisant dire aux châtelains de la province qu'ils eussent à lui donner cinq fois le tribut qu'ils payaient au Cid [2].

Étonné autant qu'irrité, Rodrigue fit d'abord des remontrances respectueuses; mais voyant que l'empereur n'en tenait pas compte, il eut recours à un autre moyen. Étant parti de Saragosse avec son armée, il tomba comme la foudre sur le comté de Najera et de Calahorra, et, mettant à feu et à sang tout ce qui se trouvait sur son passage, il prit d'assaut Alberite, Logroño et Alfaro. Pendant qu'il se trouvait encore dans cette dernière forteresse, des messagers du comte Garcia Ordoñez, le gouverneur de la province [3], vinrent le sommer, au nom de leur maî-

---

1) *Cron. gener.*, fol. 323, col. 3; *Kitâb al-ictifâ*.
2) Voyez cette note dans l'Appendice, n° XV.
3) Garcia Ordoñez est nommé comte de Najera dans une foule de

tre, d'y rester pendant sept jours seulement, au bout desquels le comte viendrait lui livrer bataille. Comme Garcia, le second personnage de l'État par l'éclat de son origine [1], par son alliance avec la famille royale [2], par ses richesses et par ses éminents services [3], avait toujours été l'implacable ennemi du Cid, celui-ci brûlait du désir de le châtier. Il lui fit donc répondre qu'il l'attendrait. Mais il l'attendit en vain. Arrivé à Alberite, Garcia, qui s'était ravisé, était retourné subitement en arrière. Le Cid resta à Alfaro jusqu'à l'expiration du délai fixé par son ennemi, et alors, ne le voyant pas venir, il retourna à Saragosse, sans attendre l'arrivée d'Alphonse qui avait levé le siége de Valence pour aller défendre son propre pays [4].

La tentative d'Alphonse avait donc eu un fort mau-

---

chartes, qui vont depuis l'année 1086 jusqu'à l'année 1106, et qui ont été citées ou publiées par Sandoval (*Cinco Reyes*, fol. 45, col. 4; 79, 3; 81, 1; 89, 3; 94, 2 et 3; 95, 1 et 2), Sota (fol. 539, col. 2; 540, 1 et 2), Moret (*Annales*, t. II, p. 30, 84) et Llorente (t. III, p. 446, 448, 452, 462, 463, 472; t. IV, p. 5).

1) Voyez plus haut, p. 115, note 3.

2) Il avait épousé Urraque, fille de Garcia, roi de Navarre, et cousine germaine d'Alphonse (voyez Moret, t. II, 30; Sandoval, 53, 4; testament de Stéphanie chez Sandoval, *Catalogo de los Obispos de Pamplona*, fol. 60).

3) L'empereur l'appelle, lui et sa femme Urraque, «gloriæ nostri regni gerentes,» «latores gloriæ regni nostri» (Llorente, t. III, p. 463, 472).

4) *Gesta*; *Kitâb al-ictifâ*; *Chronicon de Cardeña* (*Esp. sagr.*, t. XXIII, p. 372, 373) sous la fausse date ère 1111 (année 1073); lisez 1130.

vais succès. Au lieu de pouvoir se réjouir de la prise de Valence, il avait à déplorer la dévastation d'une de ses propres provinces. Et cette dévastation était complète: le Cid, quand il se mettait à piller et à brûler, ne faisait pas les choses à demi. Logroño, par exemple, avait été détruit de fond en comble, et trois années se passèrent avant que l'empereur pût songer à rebâtir cette ville [1].

V.

Peu de temps après qu'Alphonse eut levé le siége de Valence, des événements très-graves eurent lieu dans cette cité. Fort mécontents du joug que le Cid leur avait imposé, les habitants se dirent qu'il fallait profiter de l'absence de ce tyran pour reconquérir l'indépendance, et ils annoncèrent hautement leur intention de chasser Ibn-al-Faradj, le lieutenant du Cid. Ibn-Djahhâf, qui remplissait dans la ville l'emploi de cadi, comme ses ancêtres l'avaient fait depuis nombre d'années [2], stimulait leur mécontentement. Cet homme aspirait au pouvoir suprême; mais ne se sentant pas assez fort pour atteindre son but sans le se-

---

1) Voyez la *carta puebla* de Logroño (de l'année 1095), *apud* Llorente, t. III, p. 463—470.
2) *Cron. gen.*, fol. 324, col. 2. Ibn-Adhârî (t. II, p. 251) parle d'un Abdérame ibn-Djahhâf, qui fut cadi de Valence sous le règne de Hacam II.

cours d'autrui, il s'adressa secrètement au général almoravide Ibn-Ayicha, qui venait de s'emparer de Dénia et de Murcie [1], en promettant de lui livrer Valence s'il voulait lui prêter main-forte contre les employés du Cid et les soldats de Câdir. Ibn-Ayicha ayant entendu à ses ouvertures, il lui conseilla de faire occuper d'abord Alcira, dont il avait su gagner le gouverneur. Le général approuva ce projet et fit prendre possession d'Alcira par un de ses capitaines.

Cet acte causa une profonde consternation parmi les chrétiens établis à Valence. Ne doutant pas que la ville ne tombât bientôt au pouvoir des Almoravides, l'évêque qu'Alphonse y avait envoyé et auquel on devait payer douze cents pièces d'or par an, les employés du Cid et l'ambassadeur de Sancho d'Aragon se hâtèrent de prendre la fuite. Ibn-al-Faradj ne savait que faire. Il ne quittait presque plus le roi, qui, bien que guéri de sa maladie, n'osait pas cependant se montrer en public. Mais le cas était difficile, et Câdir, le plus faible des hommes, ne savait jamais prendre un parti. Cependant, comme il fallait bien faire quelque chose, lui et Ibn-al-Faradj résolurent d'envoyer d'abord leurs biens et leurs richesses à Ségorbe et à Olocau [2], et de quitter ensuite la ville; mais avant d'exécuter ce dernier plan, ils voulaient encore attendre si le Cid,

---

1) *Cartás*, p. 101; *Cron. gener.*, fol. 323, col. 3 et 4.
2) Voyez cette note dans l'Appendice, n° XVI.

qu'ils avaient fait avertir de tout, ne viendrait pas à leur secours. Ils l'attendaient depuis trois semaines, lorsqu'un matin ils entendirent tout à coup un roulement de tambours du côté de la porte dite de Tudèle. Ibn-al-Faradj demande ce que c'est: on lui répond que cinq cents cavaliers almoravides sont aux portes. Alors il court au palais du roi et garnit les murailles de soldats.

Le bruit qui courait était fort exagéré: il n'y avait pas cinq cents ennemis devant la porte dite de Tudèle, il n'y en avait que quarante [1]. Le capitaine Abou-Nâcir [2], qui était parti d'Alcira au commencement de la nuit, les commandait.

Cependant, comme la majorité des habitants était fort mal disposée, le péril n'était nullement à dédaigner. Le gouvernement se défiait surtout d'Ibn-Djahhâf, dont les manœuvres n'étaient pas restées tout à fait secrètes. On voulut donc l'arrêter; mais les soldats envoyés à cet effet trouvèrent les portes de sa maison fermées. Ils lui crièrent alors de sortir. Le cadi tremblait de peur, et il se croyait déjà perdu, lorsque

---

1) Ibn-Bassâm atteste aussi que cette troupe était peu nombreuse.
2) C'est ainsi que l'appelle l'auteur du *Kitâb al-ictifâ;* dans la *Cron. gener.* on lit *Aldebaaya.* Il ne faut pas en conclure que les deux textes se contredisent: le *Kitâb al-ictifâ* ne donne que le prénom du capitaine, et la *Cron. gen.* paraît donner son nom propre, qui cependant est altéré. Du reste, nous avons suivi le récit de la *Cronica;* celui du *Kitâb al-ictifâ* est un peu différent; voyez l'Appendice, p. xxix, xxx.

ses concitoyens vinrent le délivrer. Il se mit alors à leur tête, et tandis qu'une partie des insurgés chassaient les soldats postés sur les remparts et introduisaient les Almoravides au moyen de cordes qu'on leur jetait par-dessus les murs, lui-même courut vers le palais, où il fit arrêter Ibn-al-Faradj; mais il chercha vainement Câdir; ce malheureux roi avait eu le temps de s'habiller en femme, et, emportant ses trésors les plus précieux, il était sorti du palais avec ses concubines, pour aller se cacher dans une maison de pauvre apparence et située dans un quartier peu fréquenté. Le palais fut pillé; mais la révolution s'accomplit au reste sans grande effusion de sang, car il n'y eut que deux soldats de tués.

Ibn-Djahhâf acquit bientôt la certitude que Câdir n'avait pas quitté la ville. Il le chercha, et, l'ayant trouvé, il voulut s'emparer en secret des bijoux que le roi avait cachés sous ses vêtements et qui étaient d'une valeur énorme; mais comprenant que pour exécuter ce dessein, il faudrait d'abord ôter la vie au roi, il chargea quelques-uns de ses serviteurs les plus dévoués de le garder et de l'assassiner quand la nuit serait venue. On n'obéit que trop bien à ses ordres, et le coup fatal fut porté par Ibn-al-Hadidî, dont Câdir avait autrefois spolié ou tué les parents [1].

---

1) J'emprunte ce renseignement à Ibn-Bassâm. D'après le *Kitâb al-ictifâ* (*Script. Ar. loci*, t. II, p. 17), le faqui Abou-Becr ibn-al-Harîrî الكشيري fut tué dans une émeute qui éclata pendant la nuit

Les meurtriers apportèrent la tête de Câdir à leur maître, qui la fit jeter dans un étang près de sa maison; mais ils ne lui remirent qu'une partie des pierres précieuses qu'il convoitait, attendu qu'ils se croyaient en droit de garder le reste pour eux-mêmes. Le corps de Câdir resta dans la maison où le meurtre avait été commis, jusqu'au lever de l'aurore; alors quelques hommes vinrent le prendre, et, l'ayant mis sur un brancard, ils le couvrirent d'une vieille housse et le portèrent hors de la ville; puis ils creusèrent une fosse dans un endroit où se tenaient ordinairement les chameaux, et ensevelirent le cadavre sans l'envelopper d'un linceul, comme si Câdir eût été un homme de rien [1] (première moitié de novembre 1092 [2]).

Dès lors Valence était une république gouvernée par la *djamáa*, c'est-à-dire par l'assemblée des notables. Cordoue et Séville avaient eu cette forme de gouvernement après la chute des Omaiyades, et elle s'établissait presque toujours dans les villes de l'Espagne arabe quand le trône était vacant; mais rarement elle était de longue durée; d'ordinaire il se trouvait bientôt un membre du pouvoir exécutif qui,

---

à Tolède, à l'époque où Câdir régnait encore dans cette ville. Peut-être faut-il lire Ibn-al-Hadidi الكديدي. Dans ce cas, ce personnage aurait appartenu à la même famille que le meurtrier de Câdir.

1) *Cron. general.*
2) Voyez sur cette date, la note dans l'Appendice, n° XVII.

grâce à son habileté et à son audace, réussissait à écarter ses collègues et à s'emparer du pouvoir suprême. C'est ce que le cadi Ibn-Abbâd avait fait à Séville, et à Valence Ibn-Djahhâf, le président de la république, aspirait à jouer le même rôle [1]; mais, dépourvu de talents, il n'y réussit point. C'était un personnage vulgaire, puéril, théâtral et vain. Ne pouvant être roi, il voulut du moins le paraître. Il encombrait son hôtel de secrétaires, de poëtes et de gardes, et quand il parcourait la ville à cheval entouré d'un superbe cortége, son ridicule orgueil se trouvait agréablement chatouillé par les cris d'allégresse que poussaient les femmes rangées sur son passage [2]. Ces acclamations et ces hommages étaient pour lui les choses les plus essentielles; il y attachait bien plus d'importance qu'aux affaires d'État. Cependant, malgré qu'il en eût, il fut bientôt obligé de penser à des choses plus sérieuses.

Les serviteurs du roi assassiné avaient pris la fuite; quelques-uns s'étaient rendus à Cebolla (el Puig) accompagnés des soldats d'Ibn-al-Faradj; d'autres étaient allés trouver le Cid à Saragosse et lui avaient raconté ce qui était arrivé. Le Cid était parti sur-le-champ et avait marché rapidement vers Cebolla. Tous les émigrés se réunirent alors à lui, lui jurèrent fidé-

---

1) Ibn-Khâcân, dans son chapitre sur Ibn-Tâhir, l'atteste en termes très-formels.
2) Voyez cette note dans l'Appendice, n° XVIII.

lité et se mirent entièrement à sa disposition; mais le gouverneur de Cebolla, un vassal d'Ibn-Câsim, le seigneur d'Alpuente, s'imagina que l'heure de la délivrance avait sonné pour lui aussi, et il refusa de laisser passer l'armée du chevalier castillan. Celui-ci fut donc obligé de l'assiéger, et tandis qu'il le faisait, il envoya à Ibn-Djahhâf une lettre où il lui disait entre autres choses: « Vous avez fait une vilaine action en jetant la tête de votre roi dans un étang et en enterrant son corps dans un fumier. Au reste, j'exige que vous me rendiez le blé que j'ai laissé dans mes granges à Valence. » Ibn-Djahhâf lui répondit que le blé en question avait été volé. « La ville, ajouta-t-il, est maintenant au pouvoir des Almoravides; mais quant à moi, je suis prêt à être votre ami et votre allié, pourvu toutefois que vous vouliez obéir à Yousof ibn-Téchoufin. » En écrivant cette lettre, aussi maladroite qu'impertinente, Ibn-Djahhâf avait donné au Cid la mesure de sa capacité et de son esprit. Aussi le Castillan déclara-t-il que le cadi était un imbécile, incapable de se maintenir dans sa haute position, et dans un second message qu'il lui envoya, il lui jura qu'il vengerait la mort du roi de Valence. Puis il fit dire aux gouverneurs de tous les châteaux environnants qu'ils eussent à pourvoir son armée de vivres, et cela à l'instant même; il menaça d'ôter tout ce qu'ils possédaient à ceux qui refuseraient de le faire. Tous s'empressèrent de lui obéir; mais le gouverneur de Murviédro, Abou-Isâ ibn-Labboun, un homme de grand sens, comprit que, quoi qu'il fît, le résultat lui serait fatal. Il sentait que s'il n'obéissait pas, il perdrait sa seigneurie à l'instant même, et que, s'il le faisait, il la perdrait un peu plus tard. Il fit donc dire au Cid qu'il se conformerait à ses ordres; mais en même temps il offrit tous ses châteaux au seigneur d'Albarracin, à la condition que celui-ci pourvoirait à sa subsistance. Ibn-Razin accepta cette offre avec empressement, et vingt-six jours après le meurtre de Càdir, il prit possession de Murviédro. Cela fait, il alla trouver le Cid, et quand il lui eut promis que les gouverneurs de ses châteaux lui vendraient des vivres et lui achèteraient son butin, le Cid s'engagea de son côté à ne point inquiéter ces gouverneurs.

Sur ces entrefaites, le Cid assiégeait encore Cebolla; mais comme la place n'était pas assez forte pour pouvoir tenir longtemps et que d'ailleurs la garnison avait promis de la lui livrer dès qu'elle pourrait le faire sans s'exposer au reproche de s'être rendue trop facilement, il put envoyer deux fois par jour, le matin et le soir, des *algáras* sur le territoire valencien. Il ordonna toutefois à ses capitaines de ne s'emparer que des troupeaux et de ne molester ni les habitants de la Huerta [1] ni les autres laboureurs; ils devaient au contraire les traiter avec douceur et leur

---

1). Voyez cette note dans l'Appendice, n° XIX.

recommander de travailler. Au reste, le Cid ne manquait de rien. Il vendait à Murviédro le butin qu'il faisait, et les vivres lui arrivaient en abondance.

De son côté, Ibn-Djahhâf, qui avait réorganisé la cavalerie de Valence et reçu des renforts d'Ibn-Ayicha, pouvait disposer de trois cents cavaliers, qu'il nourrissait du blé de Rodrigue et qu'il payait aux dépens du trésor et des rentes provenant des biens particuliers du roi assassiné. Mais il ne faisait aucun cas du capitaine almoravide Abou-Nâcir; jamais il ne le consultait. Abou-Nâcir en conçut du dépit et il entra en relations avec les Beni-Tâhir [1]. Le vieux chef de cette puissante famille, Abou-Abdérame, l'ex-roi de Murcie, avait déjà donné un libre cours à son indignation quand Ibn-Djahhâf eut fait assassiner Câdir [2]. Plus tard, cependant, il avait pris à tâche de dissimuler la haine qu'il portait au cadi; mais celui-ci, qui savait très-bien qu'Ibn-Tâhir le détestait et qui le considérait d'ailleurs comme un rival redoutable, avait rompu ouvertement avec lui [3]. Abou-Nâcir n'eut donc pas de peine à attirer les Beni-Tâhir dans ses intérêts, et alors ils se mirent à comploter si ouvertement, qu'Ibn-Djahhâf ne put douter qu'ils n'eussent juré sa perte. Aussi s'inquiétait-il fort de cette conspiration, lorsqu'il reçut un message du Cid.

---

1) Voyez cette note dans l'Appendice, n° XX.
2) Voyez les vers d'Ibn-Tâhir que j'ai traduits plus haut, p. 20.
3) Voyez plus haut, p. 9, 10.

Ce dernier, qui faisait faire maintenant trois razzias par jour, le matin, à midi et le soir, ne désirait rien tant que d'éloigner les Almoravides, et sachant qu'Ibn-Djahhâf s'était brouillé avec eux, il lui fit dire que, s'il voulait les éconduire d'une manière ou d'une autre, il lui prêterait appui et le protégerait comme il avait protégé Câdir. Cette offre plut à Ibn-Djahhâf. Il consulta Ibn-al-Faradj, le lieutenant du Cid qu'il avait fait jeter en prison, et quand celui-ci l'eut assuré qu'il pouvait compter sur la loyauté du Cid, il fit dire au Castillan qu'il acceptait sa proposition. En même temps il diminua la solde de ses cavaliers almoravides, sous le prétexte qu'il manquait d'argent. Il espérait les forcer ainsi à quitter Valence, et dans ce cas il se serait mis sous la protection du Cid; mais léger et inconstant, il changea d'avis alors qu'il eut reçu des lettres fort pressantes d'Ibn-Ayicha, qui lui conseillait d'envoyer au sultan Yousof ibn-Téchoufin quelques-uns des trésors de Câdir, en ajoutant que, s'il le faisait, il pourrait être certain d'être secouru par une nombreuse armée africaine. Le cadi se disait probablement qu'après tout il valait mieux faire cause commune avec les musulmans qu'avec les chrétiens; car il proposa à l'assemblée des notables d'envoyer de l'argent au monarque almoravide, et la majorité ayant approuvé ce dessein, il chargea cinq personnes, parmi lesquelles se trouvait Ibn-al-Faradj, d'aller remettre à Yousof des sommes très-considérables. Évidemment le rusé Ibn-al-Faradj avait réussi à s'insinuer dans les bonnes grâces d'Ibn-Djahhâf; mais ce dernier s'aperçut bientôt qu'il avait agi bien étourdiment en lui accordant sa confiance, car lorsque les ambassadeurs eurent quitté la ville dans le plus grand secret afin de ne pas tomber entre les mains du Cid, celui-ci, averti par Ibn-al-Faradj, les fit suivre à la piste par des cavaliers, qui les atteignirent et leur enlevèrent tout l'argent qu'ils devaient offrir à Yousof.

En juillet 1093, lorsque Cebolla se fut enfin rendue, le Cid marcha contre Valence avec toute son armée, afin de serrer cette ville de plus près. Il faisait brûler les villages des environs, les moulins, les barques qui se trouvaient dans le Guadalaviar, et particulièrement tout ce qui appartenait à Ibn-Djahhâf et à sa famille, lorsqu'un vizir du roi de Saragosse, accompagné de soixante cavaliers, arriva dans son camp en disant qu'il était chargé par Mostaïn, qui voulait faire une bonne œuvre, de racheter les prisonniers musulmans. C'était un faux prétexte, rien de plus, et le but réel de sa mission était tout autre. Croyant ses propres États menacés par le voisinage des Almoravides, Mostaïn avait vu avec plaisir marcher le Cid contre eux, et il lui avait même fourni de l'argent et des troupes [1]; mais d'un autre côté, il ne voulait pas lui

---

1) Ibn-Bassâm, plus haut, p. 18. Cf. *Gesta*: «nisi vero tam cito

abandonner Valence, qu'il convoitait lui-même. Il avait donc ordonné à son vizir d'entamer secrètement des négociations avec les Valenciens. Le vizir devait les engager à éloigner les Almoravides et à reconnaître la suzeraineté de Mostaïn, qui, dans ce cas, leur prêterait appui contre le Cid et contre tous ceux qui seraient tentés de les attaquer. Conformément à ces ordres, le vizir communiqua sous main au cadi les propositions de son maître; mais elles furent repoussées, et l'infortuné diplomate ne semblait être venu dans le camp que pour être témoin des triomphes du Cid.

Ces triomphes furent rapides. Le deuxième jour après l'arrivée du vizir, le Cid prit le faubourg dit Villeneuve. Peu de temps après, il attaqua le faubourg al-Coudia. Pendant le combat, son destrier broncha et le démonta; mais s'étant bientôt remis en selle, il fondit sur les Maures, et blessa et tua plusieurs d'entre eux. Il avait posté une partie de son armée à la porte d'Alcantara (la porte du pont) [1], pour occuper les Maures de ce côté-là et les empêcher de venir au secours du faubourg. Ces troupes réussi-

---

venisset (Rodericus), illæ barbaræ gentes Hispaniam totam usque ad Cæsaraugustam et Leridam iam præoccupassent atque omnino obtinuissent. »

1) L'auteur du *Kitâb al-ictifâ* parle quelque part (dans l'Appendice, p. xxvii) de la « tour du pont. » Il n'y avait à Valence que quatre grandes portes (*báb*); les petites, telles que celle d'Alcantara, portaient le nom de *bordj*.

rent à escalader le mur, et elles croyaient déjà entrer dans la ville, lorsque les Maures, assistés d'un grand nombre de femmes, les arrêtèrent en lançant sur eux une grêle de pierres. Quand la masse des soldats musulmans qui défendaient al-Coudia, eurent reçu avis que la ville était en danger du côté du pont, ils y accoururent et y engagèrent un combat qui se prolongea jusqu'à midi, heure à laquelle le Cid se retira dans son camp. Mais dans l'après-midi, il renouvela l'attaque contre al-Coudia. Elle fut si impétueuse que les Maures demandèrent à grands cris l'amàn [1]. Le Cid le leur accorda, et alors les habitants les plus considérés vinrent conclure la paix avec lui. Pendant la nuit, il fit son entrée dans le faubourg, y posta ses soldats et leur défendit, sous peine de mort, de faire du mal aux habitants. Le jour suivant, il promit solennellement aux Maures réunis de respecter leurs propriétés et de ne prendre d'eux que la dîme; puis il chargea son almoxarife [2], le Maure Ibn-Abdous [3], de percevoir les contributions auxquelles il avait droit. Les habitants d'al-Coudia lui apportèrent alors beau-

---

1) «Començaron á llamar paz paz;» puis il est dit du Cid *seguró-les*, traduction littérale de أمّنهم.

2) Ce mot signifie *inspecteur, surintendant*, en arabe المشرف; cf. Quatremère, *Hist. des sultans mamlouks*, t. I, part. 1, p. 10, et Weijers dans les *Orientalia*, t. I, p. 417.

3) Voyez cette note dans l'Appendice, n° XXI.

coup de vivres, de sorte que son armée fut bien approvisionnée [1].

Maître de Villeneuve et d'al-Coudia, le Cid resserra Valence de très-près. Les Valenciens ne savaient que faire, et ils se repentaient de n'avoir pas accepté les offres de Mostaïn. Dans les circonstances données, le seul parti qui leur restât à prendre, c'était de conclure à tout prix la paix avec le Cid. Ils résolurent de le faire, et ils lui firent demander ses conditions. Le Cid leur répondit qu'ils les fixeraient eux-mêmes, et que, pourvu qu'ils éloignassent les Almoravides, les choses s'arrangeraient facilement. Quand les Valenciens eurent communiqué cette réponse aux Almoravides, ceux-ci, fatigués de leur long séjour dans une ville où beaucoup de personnes les voyaient de mauvais œil, déclarèrent non-seulement qu'ils étaient prêts à s'en aller, mais encore qu'ils regarderaient le jour de leur départ comme le plus beau de leur vie. On s'arrêta donc aux conditions suivantes: les Almoravides sortiraient de la ville vies et bagues sauves; Ibn-Djahhâf remettrait au Cid la valeur du blé dont il s'était emparé; il lui donnerait en outre le tribut mensuel de dix mille dinârs [2], et il en payerait l'arriéré; enfin, le Cid aurait la permission d'avoir son armée à Cebolla [3].

La paix ayant été conclue à ces conditions, le Cid

---

1) *Cron. gener.* Les *Gesta* parlent aussi de la prise d'al-Coudia.
2) Voyez plus haut, p. 137, note 1.
3) *Cron. gen.*, fol. 326. Confirmé par le court récit des *Gesta*.

retourna à Cebolla, dont il avait fait en peu de temps une ville considérable, et ne laissa à al-Coudia que son almoxarife maure; car on comprend que le traité ne regardait que Valence, non les faubourgs que le Cid avait conquis et qui demeuraient sa propriété.

VI.

Plus que personne, Ibn-Djahhâf avait contribué à la conclusion de la paix, et après les démarches décisives qu'il avait faites, il lui était dorénavant impossible de recourir de nouveau aux Almoravides. Il fut donc fort contrarié lorsqu'il apprit que ceux-ci avaient l'intention d'aller à Valence, et que, pour se mettre en marche, ils n'attendaient que l'arrivée de leur roi. Le Cid lui fit dire alors qu'il lui conseillait, dans son propre intérêt, de ne pas les recevoir dans la ville; mais Ibn-Djahhâf n'avait pas besoin de conseils; il comprenait fort bien que si les Almoravides arrivaient, il serait perdu. Il prit donc ses mesures et conclut une alliance avec les capitaines almoravides qui commandaient à Xativa et à Cullera [1], et qui, dans l'espoir de se rendre indépendants, n'hésitèrent pas à trahir leur roi. Ensuite les alliés attaquèrent Ibn-Maimoun, le capitaine almoravide qui commandait à Alcira, et qui, sommé de suivre l'exemple que lui avaient don-

---

1) Voyez cette note dans l'Appendice, n° XXII.

né ses frères d'armes, avait refusé de le faire. Le gouverneur auquel le Cid avait confié Cebolla les seconda activement; il assiégea Ibn-Maimoun dans Alcira, et fit couper et transporter à Cebolla les blés qui n'avaient pas encore été rentrés dans les magasins.

Sur ces entrefaites, un nouveau prétendant, Ibn-Razîn, aspirait à conquérir Valence. Ce prince avait acheté l'appui de Sancho d'Aragon en lui promettant beaucoup d'argent, et comme il n'en avait pas, il lui avait donné en nantissement la forteresse de Torralba [1]. Ayant éventé ce complot, le Cid n'en parla à personne; il attendit jusqu'à ce que ses soldats eussent transporté à Cebolla tous les blés d'Alcira, et, cela fait, il leur ordonna de se mettre en marche, mais sans leur dire où ils allaient. Les Albarracinois ne savaient donc rien des intentions du Cid, lorsque celui-ci fit pendant la nuit une soudaine irruption dans leur pays. Le succès couronna son entreprise: il fit un grand nombre de prisonniers, tua douze cavaliers de sa propre lance, et gagna un ample butin, qui consistait en vaches, en brebis et en chevaux. Il avait reçu lui-même une grave blessure à la gorge; mais du reste il n'avait perdu que deux de ses cavaliers. Dès lors Ibn-Razîn ne songea plus à s'emparer de

---

1) La *Cron. gener.* porte *Toalba;* mais M. Malo de Molina pense qu'il faut lire *Torralba*, et qu'il s'agit de Torralba de los Sisones, près de Daroca.

Valence, et en outre il n'avait plus son château de Torralba, que Sancho n'eut garde de lui restituer [1].

Mais un ennemi plus dangereux s'approchait. En octobre 1093, on apprit à Valence que le roi Yousof était malade, mais qu'il avait confié le commandement de son armée à son gendre [2], et que cette armée était déjà arrivée à Lorca. Les ennemis d'Ibn-Djahhâf se réjouirent fort de cette nouvelle, et ils disaient qu'ils se vengeraient bientôt du cadi. Celui-ci eut peur, et fit dire au Cid, qui continuait à molester les Albarracinois, qu'il se hâtât de revenir. Le Cid retourna donc à Cebolla, où il eut une conférence avec Ibn-Djahhâf, avec le gouverneur de Xativa et avec celui de Cullera. Ils renouvelèrent tous les quatre leur confédération, et firent écrire une lettre au général almoravide pour l'informer que le Cid avait conclu une alliance avec Sancho d'Aragon, de sorte que si le général osait venir à Valence, il aurait à combattre huit mille cavaliers chrétiens bardés de fer, et les meilleurs guerriers du monde.

---

1) L'auteur des *Gesta* (p. XLIX) parle aussi de cette ircursion, mais sans en indiquer le véritable motif (« Albarracin, qui ei mentitus fuerat in suo tributo »).

2) La *General* ne donne pas le nom de ce gendre de Yousof, mais Ibn-al-Khatib (man. G., fol. 98 v. — 100 r.) a consacré un article à Abou-Becr ibn-Ibrâhim, *le beau-frère d'Ali ibn-Yousof ibn-Téchoufîn, le mari de sa sœur*. C'est probablement de lui qu'il s'agit ici. Ce personnage n'avait point de nom propre; en revanche il portait deux surnoms: *Abou-Becr* et *Abou-Yahyâ*.

Le Cid fit alors à Ibn-Djahhâf une demande singulière. D'une part il voulait montrer aux Almoravides que les Valenciens préféraient son alliance à la leur, et de l'autre il voulait mettre ces derniers à l'épreuve et se convaincre jusqu'à quel point irait leur soumission à ses volontés et même à ses caprices. Il demanda donc à Ibn-Djahhâf de lui céder pour quelques jours le superbe jardin d'Ibn-Abdalazîz, qui se trouvait tout près de Valence et qui passait alors pour un des plus magnifiques jardins de l'univers [1]. Ibn-Djahhâf y consentit, et afin de recevoir dignement son hôte, il fit décorer l'entrée du jardin, couvrir le sol de tapis précieux, étendre des nattes tout autour du palais, et préparer un repas somptueux. Au jour fixé Ibn-Djahhâf attendit le Cid jusqu'au soir; — mais le Cid ne vint pas, et il faisait déjà nuit, lorsqu'il fit dire qu'une indisposition (à laquelle personne ne croyait au reste) l'avait empêché de tenir ce à quoi il s'était engagé. Aux yeux des Valenciens, déjà indignés que leur cadi eût voulu céder au Castillan le jardin de leurs anciens rois, une telle conduite était par trop cavalière. Les Beni-Tâhir et les basses classes étaient furieux, et au premier moment ils voulurent se révolter contre le lâche Ibn-Djahhâf qui souffrait patiemment les plus graves insultes; mais bientôt la crainte du Cid reprit le dessus; les nobles, qui tremblaient

---

[1] Voyez Ibn-Khâcân, dans mes *Script. Arab. loci*, t. I, p. 31, note 99.

pour leurs terres et leurs villas, réussirent à calmer le peuple, et personne ne bougea.

Voyant que les Valenciens avaient pris leur parti de sa conduite, le Cid se rendit tout à coup au jardin d'Ibn-Abdalaziz et prit possession du faubourg voisin. Comme il y avait beaucoup de Maures parmi ses troupes, les habitants de ce faubourg ne se plaignirent pas trop de la présence de leurs hôtes ; mais les Valenciens virent, non sans raison, une nouvelle offense dans cet acte arbitraire. Ils apprirent donc avec joie que la grande armée almoravide, si impatiemment attendue, allait enfin arriver, puisqu'elle s'était mise en marche vers Murcie [1]. Ibn-Djahhaf, au contraire, fut consterné de cette nouvelle. Voulant justifier sa conduite aux yeux de ses concitoyens, il leur dit d'abord que le Cid n'avait demandé le jardin d'Ibn-Abdalaziz que pour s'y délasser pendant quelques jours, et qu'il en sortirait dès que les Valenciens l'exigeraient ; puis, voyant qu'ils ne goûtaient pas ses explications, il leur annonça qu'ils auraient bientôt à se consulter et à choisir un autre président, attendu qu'il avait résolu de rentrer dans la vie privée et

---

1) Le texte ajoute ici : « é que non tardaran tanto fueras por la enfermedad que oviera aquel que era cabdillo dellos : é que ya era sano ; » d'où il résulterait que le gendre de Yousof avait aussi été malade. Mais c'est, je crois, une faute du traducteur espagnol, ou une petite addition de sa façon. Il n'y avait que Yousof qui fût malade, ainsi que l'auteur l'a dit précédemment et qu'il le répète plus bas (fol. 328, col. 1).

de ne plus se mêler de rien. Il va sans dire qu'Ibn-Djahhâf n'avait nullement cette intention; mais il cherchait à apaiser le peuple d'une manière ou d'une autre. Il n'y réussit pas, cependant. Les Valenciens, qui pénétraient fort bien sa pensée, allèrent trouver Ibn-Tâhir, le proclamèrent président de la république, et se mirent en révolte ouverte contre le Cid en fermant les portes de la ville.

Cependant l'armée almoravide avançait toujours, et quand elle fut arrivée à Xativa, le Cid quitta le jardin d'Ibn-Abdalazîz pour rejoindre ses troupes. Il fut quelque temps incertain s'il attendrait les ennemis ou s'il irait à leur rencontre; mais s'étant enfin décidé à rester où il était, il fit détruire les ponts du Guadalaviar et inonder toutes les plaines, de sorte que les Almoravides ne pouvaient l'attaquer qu'en passant par une gorge très-étroite.

A Valence l'allégresse était grande. Les Almoravides avaient déjà passé par Alcira, et une nuit qu'il faisait fort obscur et qu'il pleuvait à verse, les Valenciens purent cependant distinguer, du haut des tours, les feux de l'armée auxiliaire qui campait alors à Alcácer [1]. Ils s'attendaient donc à une bataille pour le lendemain, et, ayant adressé à l'Éternel de ferventes prières, ils

---

1) *Bacer* dans la *Cron. gen.*; mais comme un endroit de ce nom ne se trouve pas dans le voisinage de Valence, M. Malo de Molina pense qu'il s'agit d'Alcácer, entre Valence et Alcira.

résolurent d'aller tenter un coup de main sur le camp du Cid, dès que le combat se serait engagé.

L'événement trompa leurs espérances. Le lendemain matin, quand ils retournèrent aux tours pour observer les mouvements de l'armée, ils ne la virent plus. Ils restèrent dans une incertitude cruelle jusqu'à neuf heures, lorsqu'un messager vint leur dire que les Almoravides ne viendraient pas, qu'ils avaient rebroussé chemin. «Alors, dit l'auteur arabe que nous suivons ici, les Valenciens se tinrent pour morts. Ils étaient comme ivres; ils ne comprenaient plus ce qui se disait. Leurs figures devinrent noires comme si elles eussent été couvertes de poix, et ils perdirent entièrement la mémoire comme s'ils fussent tombés dans les vagues de la mer.»

La joie était de nouveau dans le camp des chrétiens. S'étant rapprochés de la ville, ils insultaient et menaçaient ceux du dedans, en leur criant de se rendre, attendu qu'ils n'avaient plus de secours à espérer. Ensuite, se conformant aux ordres de leur chef, qui était retourné au jardin d'Ibn-Abdalaziz, ils se mirent à piller et à brûler les faubourgs, après quoi ils cernèrent la place de toutes parts.

Les Valenciens, toutefois, ne désespéraient pas encore d'être secourus. Ibn-Ayicha avait écrit aux Beni-Tâhir [1] que les Almoravides ne s'étaient pas re-

---

[1] Voyez cette note dans l'Appendice, n° XXIII.

tirés par lâcheté, mais parce qu'ils manquaient de vivres et que les grandes pluies avaient rendu les chemins impraticables; il avait ajouté qu'une nouvelle expédition se préparait, et il avait conjuré ses amis valenciens de ne pas se rendre. Ces lettres, qui s'accordaient avec d'autres qu'on reçut de Valenciens établis à Dénia, suffirent quelque temps pour soutenir le courage des assiégés et nourrir leurs espérances; mais ces espérances étaient fausses, et l'on apprit enfin que l'armée almoravide était retournée en Afrique. Les gouverneurs des châteaux environnants vinrent alors implorer l'alliance et la protection du Cid, qui n'eut garde de les repousser et qui leur ordonna de lui envoyer des arbalétriers et des piétons. Le guerrier castillan ne manquait de rien: il faisait cultiver les champs d'alentour, et de toutes parts l'on accourait au marché qu'il avait établi à al-Coudia. A Valence, au contraire, la disette commençait déjà à se faire sentir, et comme on avait perdu tout espoir de secours, un sombre découragement s'était emparé des esprits, témoin cette élégie qu'un poète de la ville composa vers cette époque:

Valence! Valence! une foule de malheurs t'ont frappée et tu es menacée d'une ruine prochaine; si ta bonne fortune veut que tu sois sauvée, ce sera une grande merveille pour tous ceux qui te voient.

Si Dieu veut montrer sa grâce quelque part, qu'il daigne la montrer à toi; car tu fus nommée joie et plaisir; dans toi, tous les Maures se réjouissaient, se récréaient, se divertissaient.

Mais si Dieu veut que cette fois tu périsses, ce sera à cause de tes grands péchés et de la grande audace que tu as montrée dans ton orgueil.

Les quatre pierres angulaires sur lesquelles tu fus bâtie veulent se réunir pour te pleurer, mais elles ne le peuvent pas.

Ton noble mur, élevé sur ces quatre pierres, tremble d'un bout à l'autre et menace ruine, car il a perdu la force qu'il avait autrefois.

Tes hautes et belles tours qui se montraient au loin et qui réjouissaient le cœur des hommes, tombent peu à peu.

Tes blancs créneaux qui étincelaient autrefois aux rayons du soleil, ont perdu leur beauté.

Ton noble fleuve, ainsi que toutes les autres eaux dont tu te servais si bien, est sorti de son lit et va là où il ne devrait pas aller.

Tes clairs canaux qui t'étaient si utiles, sont devenus bourbeux; faute de soins, ils sont entièrement remplis de fange.

Les nobles et somptueux vergers qui t'entourent, le loup enragé, à force de fouir, a arraché les racines de leurs arbres, et ils ne produisent plus rien.

Tes promenades pleines de belles fleurs, où ton peuple se divertissait, sont toutes desséchées.

Ton noble port, dont tu étais fière, se trouve dépouillé des richesses qu'il te procurait.

Le grand territoire dont tu t'appelais la maîtresse, le feu l'a brûlé, et la grande fumée en arrive jusqu'à toi.

A ta grande maladie on ne peut trouver un remède, et les médecins désespèrent de pouvoir jamais te guérir [1].

Ces vers étaient la fidèle expression de l'opinion publique. Tous les courages étaient abattus, on était

---

1) Comparez dans l'Appendice, n° XXIV.

las de la guerre, on prévoyait que la ruine de la ville en serait la conséquence inévitable. Ibn-Tâhir, le président de la république, avait perdu presque toute sa popularité. Ibn-Djahhâf au contraire, qui se réjouissait intérieurement des désastres qui frappaient les Valenciens, parce qu'il y voyait le moyen de rentrer au pouvoir et de renverser un rival qu'il détestait, regagnait peu à peu la confiance et l'estime du peuple. Chaque jour il disait à qui voulait l'entendre, que les Beni-Tâhir étaient des hommes sans talents, sans capacité, sans expérience, et qu'ils étaient les véritables auteurs de toutes les calamités publiques. Cette manière de voir trouva de plus en plus des approbateurs dans toutes les classes de la société, et à la fin elle devint si générale, que les mêmes gens qui, pleins d'une légitime indignation, avaient naguère ravalé et déposé Ibn-Djahhâf, accoururent auprès de lui pour implorer son pardon et le supplier de sauver la ville. Ibn-Djahhâf leur répondit d'abord, avec une froideur calculée, qu'il n'avait rien à faire avec eux; qu'il était rentré dans la vie privée; que, s'ils souffraient, il souffrait également; qu'il avait à craindre les mêmes maux qu'eux; qu'il ne pouvait donner des avis à des hommes déchirés par l'esprit de parti. Puis, prenant peu à peu un ton plus doux, il ajouta que, s'ils voulaient laisser là leurs discordes et leurs haines; s'ils voulaient se détourner des Beni-Tâhir, et faire en sorte que ceux-ci ne le contrariassent plus par leurs mauvais conseils: qu'alors il leur donnerait de bons conseils et leur procurerait la paix; car ils savaient bien, disait-il, comment ils avaient vécu en paix alors qu'il avait encore la conduite des affaires; et Dieu aidant, il comptait bien arranger les choses de façon qu'ils n'eussent point de guerre contre le Cid ni contre qui que ce fût. Alors tous s'écrièrent d'une seule voix qu'ils ne demandaient pas mieux que de lui obéir; car, disaient-ils, tout allait bien tant que nous nous sommes laissé guider par vous.

Ibn-Djahhâf fut donc proclamé de nouveau président de la république (en février ou en mars 1094 [1]). Mais les partisans des Beni-Tàhir étaient nombreux et puissants, et l'on s'attendait de leur part à une résistance opiniâtre. Ibn-Djahhâf prit les mesures nécessaires pour les mettre dans l'impuissance d'agir. Il fit signer aux habitants un acte par lequel ils s'engageaient à payer au Cid le tribut accoutumé, à condition qu'il les laisserait en paix. En même temps il pria le Cid de venir sous les murs et de dire aux Valenciens qu'il n'écouterait aucune proposition avant que les Beni-Tàhir eussent quitté la ville. Le Cid le fit; mais les Valenciens ne purent se résoudre à chasser des citoyens d'une telle considération. Alors Ibn-Djahhâf, après avoir conféré avec ses partisans les plus dévoués et avec le Cid, résolut de faire un coup

---

1) Voyez cette note dans l'Appendice, n° XXV.

de main. Il chargea donc Técoronni, un de ses officiers, d'aller arrêter les Beni-Tâhir, et à cet effet il mit sous ses ordres un grand nombre de cavaliers et de piétons. A l'approche de ces troupes, les Beni-Tâhir quittèrent leur hôtel, qui était hors de défense, pour se réfugier dans celui d'un faqui, lequel était entouré de hautes murailles, de sorte qu'ils comptaient pouvoir s'y défendre jusqu'à ce que l'éveil fût donné dans la ville et que leurs partisans vinssent les secourir. Ne voulant pas perdre son temps à escalader la muraille, Técoronni fit mettre le feu aux portes. Cependant des gens du bas peuple commençaient à s'attrouper. De spectateurs qu'ils étaient, ils devinrent bientôt acteurs, et, étant montés sur le toit de l'hôtel, ils jetèrent une grêle de pierres sur les Beni-Tâhir qui se trouvaient dans la cour, et les contraignirent ainsi à se retirer sous les portiques. Puis on enfonça les portes, et tandis que le peuple pillait l'hôtel, les soldats arrêtèrent les Beni-Tâhir. Ibn-Djahhâf les fit mettre en prison, et la nuit venue, il les livra au Cid. Le lendemain matin, l'indignation fut grande à Valence; mais Ibn-Djahhâf, qui avait réussi dans ses desseins, n'en tint pas compte.

VII.

Tout allait s'arranger maintenant, on l'espérait du moins, et Ibn-Djahhâf sortit de la ville pour avoir une entrevue avec le Cid. L'évêque d'Albarracin et plusieurs chevaliers allèrent à sa rencontre, et, croyant qu'il leur ferait des présents (ce qu'il ne fit pas toutefois), ils l'escortèrent avec beaucoup de courtoisie jusqu'à Villeneuve, où le Cid se trouvait alors. Celui-ci le combla aussi d'attentions et de prévenances: il fit semblant de vouloir lui tenir l'étrier, il l'embrassa, et la première chose qu'il lui dit, fut d'ôter son *tailesán* (la coiffure distinctive des cadis) [1] et de revêtir des habits royaux, puisqu'il était bien certainement roi. Puis ils parlèrent d'autre chose; mais le Cid avait espéré qu'Ibn-Djahhâf lui offrirait quelques-uns des bijoux de Càdir, et quand il vit que cet espoir ne se réalisait pas, il changea de ton et de manières. Il promit à Ibn-Djahhâf sa protection et son amitié, mais il y mit des conditions, et de condition en condition, il l'amena successivement à lui céder toutes les contributions de la ville et de la campagne, qu'il ferait percevoir par son propre almoxarife. A ce compte-là, Ibn-Djahhâf n'était plus rien, pas même un percepteur d'impôts, comme Càdir l'avait été. Malgré qu'il en eût, il consentit cependant à ces demandes humiliantes; mais alors le Cid lui en

---

1) Dans le texte espagnol il y a *capirote*. Ce mot désigne une espèce de couverture de tête, qui retombe sur les épaules et qui quelquefois descend jusqu'à la ceinture ou même plus bas (voyez le Dictionnaire de l'Académie espagnole). Il répond donc aux mots arabes *tarha* et *tailesán*, sur lesquels on peut voir mon *Dictionnaire des noms des vêtements chez les Arabes*, p. 254—262, 278—280.

fit encore une autre: il voulut que le cadi lui donnât son fils en otage. Ibn-Djahhâf pâlit à ces paroles; mais tâchant de maîtriser son émotion, il répondit qu'il livrerait son fils. « Eh bien! lui dit alors le Cid, revenez donc demain pour signer un traité où ces conditions seront exprimées. » Cela dit, il prit congé de son hôte, et le malheureux cadi retourna à Valence, le cœur rongé de chagrin; « il voyait maintenant, dit l'auteur arabe que nous suivons ici, quelle imprudence il avait commise en chassant les Almoravides hors de la ville, et en se fiant à des hommes d'une autre religion. »

Le lendemain, le Cid, qui ne voyait pas venir Ibn-Djahhâf, lui fit dire qu'il l'attendait. Mais il ne connaissait pas Ibn-Djahhâf. En dépit de tous ses défauts, le cadi avait cependant des entrailles de père. Pour contenter son orgueil, pour jouir ne fût-ce que de l'ombre du pouvoir, il se serait soumis aux plus grandes humiliations; mais sa vanité n'allait pas jusqu'à sacrifier son fils, et à son avis c'était le sacrifier que de le livrer à Rodrigue. Il répondit donc à ce dernier qu'il aimait mieux perdre la tête que de céder son fils. Alors le Cid lui écrivit une lettre où il lui dit que, puisqu'il manquait à sa promesse, il ne voulait plus jamais être son ami, et qu'il ne le croirait plus en quoi que ce fût. Leur mésintelligence devint de plus en plus grave. Le Cid ordonna à Técoronni de quitter la ville et de se rendre à la forteresse d'Alcala. Técoronni n'osa désobéir à cet ordre et partit. En même temps, le Cid combla d'égards les Beni-Tâhir, ses prisonniers, les fit pourvoir abondamment de tout ce dont ils avaient besoin, et leur promit son appui.

Comme un accommodement était impossible, car ni le Cid ni Ibn-Djahhâf ne voulaient céder, la guerre recommença. Ce fut pour les Valenciens un épouvantable malheur. Les soldats du Cid se rapprochaient chaque jour davantage de la ville; à la fin ils en étaient si près qu'ils y lançaient des pierres avec la main, et que leurs flèches, tirées d'un côté de l'enceinte des murailles, tombaient au côté opposé. Dans la ville même, le prix des maisons et des meubles baissait sans cesse, car tout le monde voulait vendre et personne ne voulait acheter; celui des vivres au contraire, augmentait avec une rapidité effrayante. Le *cafiz* de blé, qui dans le mois d'octobre ne coûtait encore que douze dinârs, ce qui cependant était déjà un prix fort élevé, était monté successivement à dix-huit, à quarante, à quatre-vingt-dix dinârs. Quant à de la viande, il n'y en avait plus. On s'était nourri quelque temps de chair de bête de somme; mais cette ressource étant épuisée, on mangeait maintenant des animaux immondes, et encore fallait-il les payer très-cher: un rat coûtait une pièce d'or [1]. La nour-

---

1) *Kitâb al-ictifâ*.

riture était devenue si rare, qu'on cherchait du marc de raisin dans les égouts et dans les cloaques. D'ordinaire une foule d'hommes, de femmes et d'enfants guettaient le moment où l'on ouvrirait une porte, et alors ils se précipitaient dans le camp des chrétiens. Ceux-ci les divisaient en trois catégories. La première comprenait ceux qui étaient entièrement affamés: on les tuait sur-le-champ. La seconde se composait de ceux qui ne l'étaient pas encore tout à fait: on les vendait aux Maures d'al-Coudia, un pain ou un pot de vin la pièce; mais d'ordinaire ces malheureux mouraient aussitôt qu'ils avaient pris quelque nourriture. Enfin il y en avait qui appartenaient à la classe aisée et qui par conséquent étaient encore en assez bonne santé: on les vendait à des marchands d'esclaves qui étaient venus en grand nombre de l'autre côté de la mer.

Ibn-Djahhâf seul ne semblait pas se soucier de la misère générale. Comme les Beni-Tâhir étaient hors de la ville, et que les trois autres patriciens dont la puissance aurait encore pu contre-balancer la sienne venaient tous de mourir, il jouissait d'une autorité que personne n'osait lui disputer. Ne gardant donc plus de mesure, il imitait en toutes choses les roitelets andalous, aussi indolents et voluptueux que lettrés et spirituels, auxquels Yousof l'Almoravide avait ôté leurs trônes. Entouré de poëtes, il discutait avec eux sur le mérite des vers qu'ils récitaient, se livrait à toutes sortes de plaisirs, et se moquait de ceux qui venaient se plaindre de leurs souffrances. Il s'appropriait les biens de ceux qui étaient morts de faim, et ne respectait pas davantage les possessions des malheureux qui traînaient encore une vie languissante. La prison et le fouet attendaient ceux qui osaient montrer quelque résistance.

Ainsi les Valenciens étaient en proie à tous les fléaux : Ibn-Djahhâf les pressurait, la famine les décimait, les chrétiens les tuaient. Ils pouvaient s'appliquer, dit un auteur arabe, ces vers d'un ancien poète :

Si je vais à droite, le fleuve m'engloutira ; si je vais à gauche, le lion me dévorera ; si je vais en avant, je mourrai dans la mer ; si je vais en arrière, le feu me brûlera [1].

Le tyran vaniteux comprit enfin qu'il fallait faire quelque chose, et il résolut d'implorer le secours du roi de Saragosse. Il lui écrivit à cet effet une lettre très-humble, où il lui peignait les affreuses souffrances des Valenciens ; mais il s'agissait de savoir quel titre on lui donnerait, celui de roi ou celui de seigneur, car si on lui donnait cette dernière qualification, on le reconnaissait pour son suzerain. Ibn-Djahhâf convoqua l'assemblée pour la consulter sur ce point délicat. Trois jours se passèrent en délibérations. Tout bien considéré, on résolut d'employer le titre de

---

1) Voyez cette note dans l'Appendice, n° XXVI.

seigneur, afin que Mostaïn se décidât plus promptement. Ibn-Djahhâf fut fort contrarié de ce décret; il s'y conforma cependant, et remit sa lettre à un homme qui sortit de la ville secrètement et de nuit. Cet homme avait reçu du cadi l'assurance que Mostaïn, aussitôt qu'il aurait vu la lettre, lui donnerait des habits, un mulet et un cheval; mais les choses se passèrent tout autrement. Mostaïn, qui ne voulait pas se brouiller avec le Cid, laissa passer trois semaines sans faire attention au messager, qui cependant n'osait retourner à Valence, car il craignait d'être mis à mort s'il revenait sans réponse. A la fin, il se plaça à la porte du palais, où il poussa des cris si lamentables, que le roi ne pouvait plus feindre d'ignorer sa présence; et comme son entourage lui conseillait de se débarrasser sans retard de ce solliciteur importun, Mostaïn fit écrire à Ibn-Djahhâf une lettre où il disait entre autres choses: « Avant de faire ce que vous me demandez, je devrai me concerter avec Alphonse, qui doit me fournir un corps de cavalerie et auquel j'ai déjà écrit. Au reste, je vous engage à prendre patience; défendez-vous bien, et donnez-moi de temps en temps de vos nouvelles. »

Le messager retourna à Valence avec cette lettre. Elle donnait peu d'espérances, mais elle semblait montrer que Mostaïn avait encore des vues sur la ville, et que, s'il l'osait ou s'il le pouvait, il ferait quelque chose pour elle.

Ibn-Djahhâf persista donc dans son projet de ne pas se rendre au Cid. Il fit fouiller dans les maisons où il croyait qu'il y avait encore des denrées; il s'emparait de tout ce qu'il trouvait, et ne laissait aux propriétaires que la provision d'un demi-mois. Quand on se plaignait de cet acte arbitraire, il répondait que pendant quelque temps il fallait encore supporter avec modération et sans murmurer des mesures commandées par la nécessité; qu'il se tenait assuré que le roi de Saragosse viendrait au secours de Valence; que ce roi s'était déjà mis en marche, et qu'il ne tardait à arriver que parce qu'il rassemblait quantité de vivres pour les Valenciens. Puis, ne songeant qu'à amasser des vivres pour ses gardes, il continua ses spoliations; quelquefois il payait pour ce qu'il prenait, mais d'ordinaire il ne le faisait pas, quoiqu'il eût promis de le faire. Ceux qui avaient encore des vivres, les enfouissaient. Les riches achetaient, à un prix énorme, des herbes, des cuirs, des nerfs, des électuaires; les pauvres mangeaient de la chair humaine.

Chaque nuit Ibn-Djahhâf envoyait des messagers au roi de Saragosse, qui le berçait toujours de vaines promesses. Il avait aussi demandé du secours à Alphonse, qui lui avait répondu qu'il lui enverrait Garcia Ordoñez avec une nombreuse cavalerie, et qu'il suivrait bientôt en personne. Il avait renfermé dans sa lettre un petit billet, écrit de sa main, qui devait être montré à l'assemblée des notables, mais rester secret pour le peuple. Il y jurait qu'il viendrait au secours des Valenciens, disant qu'il compatissait vivement à leurs privations et à leurs angoisses. Ibn-Djahhâf écrivit aussi aux amis intimes de l'empereur; ils lui promirent tous de venir à son secours; il ne devait pas en douter, disaient-ils. Cependant un d'entre eux lui écrivit que l'empereur voulait bâtir un beffroi à al-Coudia. Il voulait donner à entendre par là, qu'Alphonse voulait gagner du temps afin de voir comment les choses tourneraient. Ibn-Djahhâf, toutefois, ne comprit pas ce que signifiait cette expression; il en demanda l'explication à son correspondant, mais celui-ci, qui ne voulait pas s'expliquer en paroles plus claires, ne lui répondit pas.

De son côté, le roi de Saragosse envoya deux messagers au Cid, sous le prétexte qu'ils devaient lui offrir des présents et le prier d'user de plus de clémence envers les Valenciens; mais le but réel de leur mission était d'avoir une entrevue avec Ibn-Djahhâf. Le Cid ne leur permit pas d'entrer dans Valence; cependant ils trouvèrent moyen de faire parvenir à Ibn-Djahhâf une lettre de Mostaïn, conçue en ces termes: « Sachez que j'envoie demander au Cid qu'il ne vous presse pas ainsi, et afin qu'il cesse de le faire, je lui fais offrir un magnifique cadeau. J'espère qu'il m'accordera ma demande et qu'il traitera avec vous; mais s'il ne veut pas le faire, soyez certain alors que je vous enverrai sans tarder une grande armée qui le chassera du pays; vous vous en réjouirez; mais que ces paroles restent secrètes. »

Cependant le Cid songea à susciter à Ibn-Djahhâf, dans la ville même, un rival dangereux. Il entra en pourparlers avec un Maure puissant, nommé Ibn-Mochich [1], et lui promit que, s'il voulait se révolter contre Ibn-Djahhâf, il l'établirait seigneur de Valence et le ferait régner jusqu'à Dénia. Ibn-Mochich consulta ses amis, qui l'engagèrent à accepter cette proposition. Mais Ibn-Djahhâf fut informé du complot. Il fit jeter aussitôt Ibn-Mochich et ses partisans dans une prison, dont il confia la garde à deux de ses officiers sur lesquels il croyait pouvoir compter. Néanmoins Ibn-Mochich et les siens réussirent à les corrompre; ils leur dirent d'ailleurs qu'ils n'avaient d'autre intention que de livrer Valence à Mostaïn, ce qui, ajoutèrent-ils, était le seul moyen de salut. Les prisonniers et ceux qui devaient les garder résolurent alors de se rendre pendant la nuit au château, de battre le tambour, de proclamer le roi de Saragosse seigneur de Valence, et d'arrêter Ibn-Djahhâf dès que les habitants de la ville se seraient réunis. Chose dite, chose faite. On courut au château, on battit le tambour, et l'on fit monter sur la tour de la mosquée un crieur, qui annonça que tous les habitants

---

1) Voyez cette note dans l'Appendice, n° XXVII.

devaient se rassembler. Mais le peuple, au lieu de le faire, fut frappé d'étonnement et de crainte; personne ne savait de quoi il s'agissait; chacun ne pensa qu'à garder sa maison et les tours. Au premier moment Ibn-Djahhâf avait éprouvé une grande peur; mais ses soldats s'étant réunis, il reprit courage, marcha vers le château, et fondit sur les rebelles. Ibn-Mochich fut bientôt abandonné des siens, qui tâchèrent de se sauver par une prompte fuite. Il fut arrêté, lui cinquième. Ibn-Djahhâf le fit jeter en prison, et ordonna de couper la tête à ses complices. Ensuite, voulant prouver à Mostaïn qu'il le regardait comme son souverain, il lui envoya quelques cavaliers, qui devaient lui donner avis de ce qui s'était passé, et lui livrer Ibn-Mochich. Il leur ordonna aussi de lui donner des nouvelles exactes sur les dispositions du roi, de sonder ses courtisans, et de ne retourner à Valence qu'accompagnés de Mostaïn.

Sur ces entrefaites, la famine faisait à Valence des progrès rapides. Depuis plusieurs semaines déjà, le blé ne se vendait plus par *cafiz* ou par fanègue, mais par once, ou tout au plus par livre, et la livre coûtait maintenant trois dinârs. Le peuple était si exténué, qu'on voyait chaque jour des hommes tomber roide morts en marchant. Autour du mur de la place du château, il y avait quantité de fosses, et pourtant aucune ne contenait moins de dix cadavres. Le nombre de ceux qui se livraient aux chrétiens croissait

sans cesse ; il leur importait peu d'être tués ou mis
en servitude : à leurs yeux il valait mieux être esclave
ou mourir d'un coup de sabre, que de mourir de
faim. Cependant les progrès de la famine étaient encore trop lents au gré du Cid. Il avait hâte d'en
finir, car il craignait de voir arriver les Almoravides.
Il voulut donc tenter de prendre la ville de vive force,
et des patriciens de Valence qui vinrent lui dire qu'il
s'emparerait de la place au premier assaut, attendu
qu'elle n'avait que peu de soldats pour se défendre,
le confirmèrent dans cette résolution. Par conséquent,
il réunit toutes ses troupes et donna l'assaut du côté
de la porte dite de la couleuvre. Tous les assiégés
accoururent à cette porte. Postés sur les remparts,
ils lancèrent une grêle de pierres et de flèches sur
les chrétiens ; elles pleuvaient dru et serré et aucune
ne frappa le vide. Le Cid et les chevaliers qui l'entouraient furent obligés de se mettre à couvert dans
une maison de bains, qui se trouvait près des remparts. Alors les soldats d'Ibn-Djahhâf ouvrirent la
porte, et, faisant reculer les assaillants, ils cernèrent
la porte de la maison de bains. Le Cid se sauva en
sortant par une petite porte de derrière ; mais son
entreprise avait complétement échoué. Il se repentit
amèrement de l'avoir tentée et de s'être laissé attirer
dans un piége par les patriciens de Valence. Aussi
était-il bien décidé à ne plus se fourvoyer dans cette
fausse route, et il revint à sa première idée, celle

de prendre la ville par famine. En même temps il prit des mesures pour parvenir plus promptement à son but. Il fallait à cet effet multiplier dans la place les bouches inutiles. Le Cid fit donc annoncer par un crieur, qui s'approcha des remparts afin que les assiégés pussent l'entendre, que tous les habitants qui s'étaient mis en son pouvoir eussent à rentrer dans la ville; que, s'ils ne le faisaient pas, il les ferait tous brûler, et que dorénavant chacun qui sortirait de Valence, serait brûlé aussi. Cette proclamation jeta l'épouvante parmi les Maures du dedans et ceux du dehors. Et ce n'était pas une vaine menace. Chaque fois que le Cid attrapait un Valencien, il le faisait brûler en prenant soin de placer le bûcher de manière que les assiégés pouvaient le voir. En un seul jour il fit brûler dix-huit de ces malheureux. Il en fit jeter d'autres aux dogues. Cependant, il y avait toujours des Valenciens qui aimaient mieux s'exposer à être brûlés ou dévorés que de mourir de faim, et quelques-uns d'entre eux réussirent à sauver leur vie, car les soldats du Cid les cachaient et les vendaient à l'insu de leur chef; mais c'étaient pour la plupart des garçons et des jeunes filles; car quant aux autres, on n'en voulait pas. Pour toucher de l'argent, les soldats employaient encore un autre moyen. Quand ils savaient que les jeunes filles captives avaient des parents riches, ils les faisaient monter sur les tours des mosquées situées hors de la ville, en faisant mine de vouloir les précipiter de haut en bas, ou de les lapider; et alors leurs parents les rachetaient à condition qu'on leur permettrait de rester à al-Coudia.

VIII.

Les mesures que le Cid avait prises atteignirent leur but. La famine devint si horrible, que les assiégés n'eurent plus assez de forces pour aller chercher un refuge dans le camp des chrétiens, et que même les soldats et les parents d'Ibn-Djahhâf commencèrent à murmurer. Alors Abou-Abbâd et quelques autres patriciens allèrent trouver al-Wattân [1], un faqui très-considéré. « Vous voyez notre misère, lui dirent-ils, et vous savez aussi que nous avons espéré en vain d'être secourus, soit par le roi de Saragosse, soit par les Almoravides. Nous vous prions donc d'aller parler à Ibn-Djahhâf, et de faire en sorte que nos souffrances aient un terme. » Le faqui le leur promit et leur conseilla de montrer une grande indignation contre Ibn-Djahhâf. Ils le firent, et le cadi acquit bientôt la certitude qu'il ne serait pas en état de résister à la volonté du peuple. Dès lors il se montra fort humble, et, déclarant qu'il ne se mêlerait plus de la chose publique, il abandonna au faqui la conduite des négociations.

---

1) Alhuatan, الوَطَّان.

De son côté, le Cid chargea son almoxarife, Ibn-Abdous, de régler les conditions du traité. On s'arrêta à celles-ci: les Valenciens enverraient des messagers au roi de Saragosse et à Ibn-Ayicha, le général almoravide qui commandait à Murcie; ils les prieraient de venir au secours de Valence sous quinze jours; si aucun des deux n'arrivait avant le temps fixé, Valence se rendrait au Cid à ces conditions: Qu'Ibn-Djahhâf conserverait dans la ville la même autorité que par le passé [1]; qu'il serait assuré de son corps et de ses biens, de même que ses femmes et ses enfants; qu'Ibn-Abdous serait inspecteur des impôts; que Mousà exercerait à Valence le commandement militaire (ce Mousà avait eu la conduite des affaires du vivant de Câdir; après la mort de ce roi, il avait toujours suivi le parti du Cid, qui l'avait nommé gouverneur d'une certaine forteresse); que la garnison se composerait de chrétiens pris parmi les Mozarabes qui vivaient au milieu des musulmans; que la demeure du Cid serait à Cebolla; que le Cid ne changerait rien aux lois de Valence, ni au taux des contributions, ni à la monnaie. La capitulation, ainsi réglée entre eux, fut signée aussitôt. Le jour suivant, cinq patriciens partaient pour Saragosse, et autant d'autres pour Murcie. Le Cid avait stipulé que chaque ambassadeur emporterait cinquante di-

---

[1] C'est-à-dire, qu'il conserverait l'emploi de cadi.

nârs seulement; ceux qui allaient à Murcie devaient s'embarquer dans un navire chrétien qui les conduirait à Dénia; de là, ils continueraient leur chemin par terre. Les ambassadeurs s'embarquèrent; mais le Cid avait donné au capitaine du navire l'ordre de ne pas mettre à la voile avant qu'il fût arrivé en personne. Quand il fut venu, il fit fouiller les ambassadeurs pour voir s'ils avaient sur eux plus de cinquante dinârs chacun. On trouva sur eux quantité d'or, d'argent et de pierres précieuses; une partie de ces richesses leur appartenait en propre; le reste était à des marchands de Valence qui avaient l'intention de quitter cette ville, et qui voulaient mettre leurs trésors en sûreté. Le Cid confisqua tout cela, et ne laissa à chaque ambassadeur que cinquante dinârs, d'après ce qui avait été convenu.

Il y avait trêve. Les Valenciens qui avaient encore des vivres, les vendaient et en faisaient le plus d'argent possible, parce qu'ils étaient sûrs que le siége serait bientôt fini. Cependant les quinze jours se passèrent et les ambassadeurs ne revinrent pas. Ibn-Djahhâf tâcha de persuader aux habitants d'attendre encore trois jours, pas davantage. Mais ils répondirent qu'ils ne le voulaient ni le pouvaient faire. De son côté, le Cid leur fit déclarer, avec de grands serments, que, s'ils laissaient passer un moment après le délai qu'il leur avait accordé, il ne se regarderait plus comme tenu à observer la capitulation. Néanmoins un jour s'écoula sans qu'ils ouvrissent les portes, et quand les négociateurs qui avaient arrangé la capitulation se présentèrent devant le Cid, celui-ci leur dit qu'il n'était plus tenu à rien, puisque le délai était dépassé. Alors ils lui répondirent qu'ils se remettaient entre ses mains pour qu'il fit d'eux à sa volonté. Le lendemain, Ibn-Djahhâf se rendit auprès du Cid. Ces deux chefs, de même que les principaux des chrétiens et des Maures, signèrent le traité avec les articles que nous avons déjà rapportés. Puis Ibn-Djahhâf rentra dans la ville, et à l'heure de midi on ouvrit la porte. Le peuple, amaigri par la famine, se réunit; « on aurait dit que ces malheureux sortaient de la fosse; ils se montraient pâles et défaits comme ils paraîtront au jour du jugement dernier, lorsque les hommes sortiront de leurs tombeaux pour se présenter tous devant la majesté de Dieu. »

La reddition de Valence eut lieu le jeudi, 15 juin de l'année 1094 [1].

A mesure qu'ils entraient dans la ville, les chrétiens montaient sur les remparts et sur les tours, malgré les réclamations d'Ibn-Djahhâf qui leur criait qu'ils violaient le traité. Les Valenciens y firent peu d'attention; l'important pour eux, c'était de se procurer des vivres, et ils se jetèrent avidement sur le pain et les fèves que leur apportaient les revendeurs

---

1) Voyez sur cette date ; la note dans l'Appendice, n° XXVIII.

d'al-Coudia. Ceux qui ne pouvaient fendre la presse, allèrent à al-Coudia pour y acheter des denrées; les plus pauvres cueillaient les herbes des champs, et les mangeaient; mais beaucoup de personnes moururent parce qu'elles se rassasiaient au lieu de manger modérément.

Le Cid monta sur la tour la plus haute des remparts et examina toute la ville. Les Maures vinrent lui baiser la main. Il les reçut avec beaucoup d'égards, et ordonna de murer les fenêtres des tours qui donnaient sur la ville, afin qu'aucun regard indiscret ne plongeât dans les maisons des Maures; ceux-ci l'en remercièrent beaucoup. Il ordonna encore aux chrétiens de faire honneur aux Maures, de les saluer quand ils passaient près d'eux, et de leur céder le pas. « Les Maures, dit l'auteur valencien contemporain, surent beaucoup de gré au Cid de l'honneur que les chrétiens leur faisaient; ils disaient qu'ils n'avaient jamais vu un homme si excellent ni si honoré, ni qui eût une troupe si bien disciplinée. »

Ibn-Djahhâf qui se rappelait combien le Cid avait été fâché lorsqu'il était allé le voir sans lui offrir un présent, prit une grande partie de l'argent qu'il avait enlevé à ceux qui avaient vendu cher le pain pendant le siége, et l'offrit au Cid; mais celui-ci, qui savait très-bien de quelle manière il s'était rendu maître de cet argent, refusa son cadeau. Ensuite il fit proclamer par un héraut qu'il invitait les patriciens du territoire de Valence à se rassembler dans le jardin de Villeneuve où il se trouvait alors, et quand ils y furent arrivés, il monta sur une estrade couverte de tapis et de nattes, ordonna aux patriciens de s'asseoir en face de lui, et leur tint ce discours [1]:

« Je suis un homme qui n'a jamais possédé de royaume, et personne de mon lignage n'en a eu; mais du jour que j'ai vu cette ville, je l'ai trouvée à mon gré et l'ai convoitée, et j'ai demandé à Dieu qu'il m'en rendît maître; et voyez quelle est la puissance de Dieu! le jour que j'ai mis le siége devant Cebolla, je n'avais que quatre pains, et maintenant Dieu m'a fait la grâce de me donner Valence, et j'y suis établi en maître. Si je m'y conduis avec justice, et si j'en dirige bien les affaires, Dieu me la laissera; si j'agis avec orgueil et malice, je sais bien qu'il me la reprendra. Ainsi, que chacun retourne à son héritage et le possède comme auparavant; celui qui trouvera sa vigne ou son jardin libre, qu'il y entre aussitôt; celui qui trouvera son champ cultivé, qu'il paie le travail du cultivateur, et rentre en possession, comme l'ordonne la loi des Maures. Je veux aussi que les collecteurs d'impôts dans la ville ne prennent pas plus que la dîme, suivant votre usage; et j'ai arrangé que

---

1) Les trois discours du Cid ont déjà été traduits par M. de Circourt (*Hist. des Mores Mudejares et des Morisques*, t. I). J'ai adopté la traduction, en général très-fidèle, de cet écrivain, en y apportant de temps en temps quelques légères modifications.

j'entendrais vos raisons deux jours dans la semaine, le lundi et le jeudi; mais si vous avez quelque affaire pressée, venez quand vous voudrez, et je vous écouterai, car je ne me renferme pas avec des femmes pour boire et chanter, comme vos seigneurs que vous ne pouvez jamais voir; je veux régler toutes vos affaires par moi-même, vous être comme un compagnon, vous protéger comme un ami et un parent; je serai votre cadi et votre vizir; et chaque fois que l'un de vous se plaindra de l'autre, je rendrai justice. » Après avoir ainsi parlé, il leur dit encore : « On m'a rapporté qu'Ibn-Djahhâf a fait du tort à plusieurs d'entre vous, auxquels il a pris leur bien pour me le donner en cadeau, et il l'a pris parce que vous vendiez le pain trop cher. Je n'ai pas voulu accepter un tel présent, et si j'avais envie de votre bien, je saurais le prendre sans le demander à lui ni à d'autres; mais Dieu me garde de faire violence à personne pour avoir ce qui ne m'appartient pas. Que ceux qui ont trafiqué de leurs biens en gardent le profit, si Dieu le permet, et que ceux auxquels Ibn-Djahhâf a enlevé quelque chose, aillent le lui redemander, je le forcerai à le rendre. » Il leur dit ensuite : « Vous avez vu ce que j'ai pris aux messagers qui se rendaient à Murcie; cela m'appartenait par droit; je l'ai pris en guerre, et parce qu'ils avaient violé leurs conventions; mais quoique cela m'appartienne par droit, je veux le leur rendre jusqu'au dernier dirhem; ils n'en perdront rien. Je veux que vous me fassiez serment d'accomplir les choses que je vous dirai, et que vous ne vous en écartiez pas.. Obéissez-moi, et ne manquez jamais aux conventions que nous ferons; que tout ce que j'ordonnerai soit observé, car je vous aime et je veux vous faire du bien; j'ai pitié de vous, je vous plains d'avoir supporté si grande misère, la faim, la mortalité. Si ce que vous avez fait à la fin, vous vous étiez pressé de le faire, vous n'en seriez pas arrivés là, vous n'auriez pas payé le blé mille dinârs; enfin, maintenant restez chez vous tranquilles et assurés, car j'ai défendu à mes hommes d'entrer dans votre ville pour y trafiquer: je leur ai assigné al-Coudia pour marché; cela je le fais à votre considération. J'ai ordonné qu'on n'arrête personne dans la ville; si quelqu'un contrevenait à cet ordre, tuez-le et délivrez la personne qui aura été arrêtée, vous n'encourrez aucune peine. » Il leur dit encore: «Je ne veux pas entrer dans votre ville, je ne veux pas y demeurer, mais je veux établir sur le pont d'Alcantara une maison de plaisance où je viendrai me reposer, et que j'aurai prête, s'il m'en est besoin, pour tout ce qui se présentera. »

Quand les Maures eurent entendu ce discours, ils en furent très-satisfaits; ils croyaient aux promesses du Cid. Toutefois, lorsqu'ils voulurent aller reprendre leurs terres, les chrétiens qui en étaient en possession, leur répondirent: «Comment vous les rendrions-nous?

le Cid nous les a données pour notre solde de cette année. » D'autres leur dirent qu'ils les avaient affermées, et que la rente de l'année était déjà payée. Fort désappointés, les Maures attendirent jusqu'au jeudi que le Cid vint juger les procès, comme il le leur avait annoncé.

Quand ce fut le jeudi, tous se présentèrent dans le jardin. Le Cid vint à eux, s'assit sur son estrade, et commença de leur dire des choses qui ne ressemblaient en rien à ce qu'il leur avait dit la première fois. « Si je reste sans mes hommes, leur dit-il, je serai comme celui qui a perdu le bras droit, ou comme un guerrier sans lance et sans épée. La première chose à laquelle je dois aviser, dans ce débat, est donc de prendre les meilleures mesures pour que moi et mes hommes nous soyons bien gardés; car si Dieu a bien voulu me donner la ville de Valence, je n'entends pas qu'il y ait ici d'autre maître que moi; mais je vous dis que, si vous voulez obtenir ma faveur, il faut que vous mettiez Ibn-Djahhâf en mon pouvoir. Vous savez tous la vilaine trahison qu'il a commise contre le roi de Valence, son seigneur, et qu'il lui a fait subir de grandes misères, ainsi qu'à vous pendant que je vous assiégeais. »

Les Maures, étonnés que le Cid ne tînt pas mieux ce qu'il leur avait promis, répondirent qu'ils se consulteraient avant de rien arrêter. Trente patriciens se rendirent auprès d'Ibn-Abdous, l'almoxarife. « Nous te demandons en grâce, lui dirent-ils, de nous donner le meilleur et le plus loyal conseil que tu connaisses, car nous croyons que tu es obligé de le faire, puisque tu es de notre religion; et l'affaire sur laquelle nous voulons être conseillés, est celle-ci: Le Cid nous a promis l'autre fois beaucoup de choses, et nous voyons maintenant qu'il ne nous en reparle plus, et qu'il met en avant d'autres raisons nouvelles. Toi, tu connais bien son caractère, puisqu'il t'a employé pour nous faire savoir sa volonté: dis-nous si nous devons obéir; mais quand nous ne le voudrions pas, nous ne sommes pas en mesure de nous opposer à ce qu'il demande. — Nobles seigneurs, leur répondit Ibn-Abdous, le conseil est facile à donner. Vous voyez bien qu'Ibn-Djahhâf a fait grande trahison contre son seigneur; arrangez-vous donc maintenant pour le remettre entre les mains du Cid, et ne craignez rien; ne pensez pas surtout à faire autre chose, car je sais bien qu'après cela vous ne demanderez jamais rien au Cid sans qu'il vous l'accorde.»

Les Maures retournèrent aussitôt vers le Cid, et lui dirent qu'ils consentaient à lui livrer Ibn-Djahhâf. Ensuite ils prirent une grosse troupe d'hommes armés, et allèrent à la maison du cadi, dont ils enfoncèrent les portes; ils se saisirent de lui et de toute sa famille, et les amenèrent devant le Cid [1], lequel les fit jeter en prison, de même que tous ceux qui avaient

---

1) Voyez cette note dans l'Appendice, n° XXIX.

participé au meurtre de Càdir. Ensuite il dit aux notables: « Puisque vous avez fait ce que je vous avais ordonné, demandez ce que vous désirez, et je l'exécuterai sur-le-champ, mais à cette condition, que ma demeure sera dans le château de la ville, et que mes chrétiens garderont toutes les forteresses. » C'était une nouvelle infraction au traité, mais les Maures se virent forcés d'obéir [1].

Le Cid fit mener Ibn-Djahhâf à Cebolla, où il lui donna la torture jusqu'à ce qu'il fût près de mourir. Deux jours après, on le ramena à Valence, et on le mit en prison dans le jardin du Cid. Celui-ci lui ordonna alors d'écrire de sa main la liste de tout ce qu'il possédait. Ibn-Djahhâf nota les colliers, les bagues, les meubles précieux, et aussi les dettes qu'il avait. Ayant jeté les yeux sur cette liste, le Cid fit jurer à Ibn-Djahhâf, en présence des chrétiens et des Maures les plus considérés, qu'il ne possédait rien autre chose, et qu'il reconnaissait au Cid le droit de le mettre à mort, si l'on en trouvait d'autres. Mais le Cid ne se contenta pas de ce serment. Soupçonnant que le meurtrier de Càdir était beaucoup plus riche qu'il ne voulait l'avouer, il fit fouiller dans les maisons des amis d'Ibn-Djahhâf et menaça d'ôter leurs biens et la vie à ceux qui tâcheraient de lui cacher

---

1) Dans le récit suivant, le manuscrit de la *General* dont disposait Florian d'Ocampo, paraît incomplet; il faut comparer la *Cron. del Cid* (ch. 210). Voyez aussi les textes arabes.

les richesses qu'Ibn-Djahhâf leur avait confiées. Par crainte du Cid, ou pour gagner ses bonnes grâces, chacun s'empressa de livrer les trésors qu'Ibn-Djahhâf avait confiés à sa garde, et qu'il avait promis de partager avec lui s'il échappait à la mort. Le Cid ordonna aussi de fouiller dans la maison d'Ibn-Djahhâf, et sur l'indication d'un esclave, on y trouva de grandes richesses, en or et en pierres précieuses.

Sur ces entrefaites, le Cid avait réuni les notables au château et les avait harangués de cette façon: « Prud'hommes de la *djamáa* de Valence, vous savez combien j'ai servi et j'ai aidé votre roi, et combien de misère j'ai supporté avant de gagner cette ville. Maintenant que Dieu a bien voulu m'en rendre maître, je la veux pour moi et pour ceux qui m'ont aidé à la gagner, sauf la suzeraineté de mon seigneur le roi Alphonse. Vous êtes tous en ma puissance pour faire ce que je voudrai et trouverai bon. Je pourrais vous prendre tout ce que vous possédez au monde; vos personnes, vos enfants, vos femmes, mais je ne le ferai pas. Il me plaît et j'ordonne que les hommes honorables d'entre vous, ceux qui se sont toujours montrés loyaux, demeurent à Valence dans leurs maisons avec leurs gens; mais je ne veux pas que vous ayez chacun plus d'une mule et d'un serviteur, et que vous portiez des armes ni en gardiez chez vous, si ce n'est en cas de besoin, avec mon autorisation; tous les autres, je veux qu'ils me vident la ville et demeurent à al-Coudia, où j'étais auparavant. Vous aurez vos mosquées à Valence, et dehors à al-Coudia; vous aurez vos faquis; vous vivrez sous votre loi; vous aurez vos cadis et votre vizir que j'ai nommés; vous posséderez vos héritages; mais vous me donnerez le droit du seigneur sur toutes les rentes, et la justice m'appartiendra, et je ferai faire ma monnaie. Ceux qui voudront rester avec moi sous mon gouvernement, qu'ils restent; ceux qui ne voudront pas rester, qu'ils s'en aillent à la bonne aventure, avec leurs personnes seulement, sans rien emporter; je les ferai mettre en sûreté. »

Quand les notables eurent entendu ce discours, ils furent bien tristes, mais ils n'étaient plus à temps pour faire autre chose que ce que le Cid voulait. A l'instant même, les Maures commencèrent à sortir de la ville avec leurs femmes et leurs enfants, excepté ceux que le Cid gardait; et comme les Maures sortaient, les chrétiens d'al-Coudia entraient pour les remplacer. Le nombre des sortants fut si considérable, que deux jours se passèrent à les faire défiler.

Désormais maître absolu à Valence, le Cid ne songea plus qu'à punir de la manière la plus cruelle celui qui lui avait disputé si longtemps la possession de la ville. Il résolut de le brûler vif, et ordonna de creuser une fosse autour de laquelle il fit amonceler des bûches. Ibn-Djahhâf fut jeté dans cette fosse. Le bûcher allumé, il prononça les mots: « Au nom de Dieu clément et miséricordieux!» et, ayant rapproché de son corps les tisons ardents afin d'abréger son supplice, il rendit le dernier soupir au milieu d'horribles souffrances. Encore altéré de sang, le Cid voulut brûler aussi la femme, les fils, les filles, les parents et les esclaves d'Ibn-Djahhâf; mais les musulmans, et même ses propres soldats chrétiens, le supplièrent, en poussant des cris d'indignation, d'épargner au moins les femmes, les enfants et les esclaves. D'abord il se refusa obstinément à leur demande, mais à la fin il se vit forcé d'y consentir. Les autres furent brûlés cependant. Un littérateur distingué, Abou-Djafar Batti, celui auquel nous devons peut-être le récit arabe traduit dans la *Cronica general*, partagea le même sort, nous ignorons pour quelle raison.

Pendant sa vie, Ibn-Djahhâf n'avait pas joui de beaucoup de considération: son atroce supplice l'éleva au rang d'un martyr. Même ses ennemis les plus acharnés, tels qu'Ibn-Tâhir, oublièrent tous leurs anciens griefs, et ne se souvinrent de lui que pour le combler d'éloges [1].

Le supplice d'Ibn-Djahhâf avait eu lieu en mai, ou au commencement de juin, de l'année 1095.

---

1) Voyez la lettre d'Ibn-Tâhir, plus haut, p. 28—30.

IX.

Voulant reconquérir Valence, Yousof l'Almoravide fit assiéger cette ville par Mohammed ibn-Ayicha [1]. Le siége ne dura que dix jours; au bout de ce temps le Cid fit une sortie, mit les ennemis en déroute et s'empara de leur camp.

Ayant désormais les mains libres, le Cid songea à étendre ses domaines. Il assiégea et prit Olocau et Serra, deux places importantes à cause de leur position, car, situées au cœur des âpres montagnes de Naquera, entre Liria et Murviédro, elles étaient les clés de cette dernière ville, dont le Cid ambitionnait la conquête. Il trouva d'ailleurs à Olocau les grandes richesses que Câdir y avait envoyées peu de temps avant sa mort.

Il était en ce temps-là à l'apogée de sa gloire et de sa puissance, et dans ses moments d'orgueil, les projets les plus vastes se présentaient à son esprit. Alors il ne songeait à rien moins qu'à la conquête de toute cette partie de l'Espagne que les Maures possédaient encore, et un Arabe l'entendit dire: «Un Rodrigue a perdu cette Péninsule, un autre Rodrigue la recouvrera [2].» Au reste, la confiance qu'il met-

---

1) Voyez cette note dans l'Appendice, n° XXX.
2) Ibn-Bassâm, plus haut, p. 24.

tait en ses forces n'était pas trop exagérée: tout le monde le redoutait et même les rois briguaient son amitié. Pierre d'Aragon, qui avait succédé à son père Sancho en 1094, lui fit proposer une alliance offensive et défensive. Le Cid accepta cette offre avec d'autant plus d'empressement, que les Almoravides menaçaient de nouveau les frontières méridionales de ses États. Pierre s'étant donc rendu à Valence avec son armée, lui et le Cid partirent de cette ville pour aller établir leur quartier général à Peñacatel (entre Xativa et Cullera), dont ils voulaient faire le centre de leurs opérations et où ils avaient l'intention d'amasser quantité de vivres. Près de Xativa, ils rencontrèrent l'armée almoravide; mais bien qu'elle fût forte de trente mille hommes, son général, Mohammed ibn-Ayicha, jugea prudent d'éviter une bataille. Les chrétiens purent donc continuer leur marche, et quand ils eurent rempli Peñacatel de vivres, ils se portèrent vers le sud en suivant la côte. A Beiren, près de Gandía, ils trouvèrent les Almoravides campés sur le sommet d'une montagne, lequel avait plus d'une lieue d'étendue et qui dominait sur la mer. Les chrétiens furent attaqués de deux côtés, car une flotte musulmane secondait l'armée de terre. Le péril était grand; aussi y eut-il un moment d'hésitation; mais alors le Cid se mit à parcourir à cheval les rangs de ses soldats et de ses alliés. «Courage, mes bien-aimés, leur dit-il; battez-vous bien, montrez quels hommes vous êtes! Ne craignez pas les ennemis, si nombreux qu'ils soient, car je vous prédis que notre Seigneur Jésus-Christ les livrera entre nos mains!» La voix du chef releva le courage chancelant des soldats, et, fondant sur l'ennemi, ils le délogèrent de sa position avantageuse avec tant d'impétuosité, qu'ils le mirent dans une déroute complète. Chargés d'un immense butin et fiers de leur victoire, ils retournèrent alors à Valence; mais le Cid ne leur laissa que peu de temps pour se reposer. Voulant rendre à son tour un service au roi d'Aragon, il marcha avec lui contre la forteresse de Montornès [1], qui s'était révoltée, et l'aida à la réduire.

Le Cid étant rentré dans Valence, les habitants de Murviédro ne comprirent que trop bien que leur tour viendrait bientôt, et comme leur seigneur, Ibn-Razin, était trop faible pour leur prêter un secours bien efficace, ils achetèrent l'appui des Almoravides. Ceux-ci leur envoyèrent le général Abou-'l-Fath [2], qui partit de Xativa avec quelques troupes; mais à peine était-il entré dans Murviédro, qu'il aperçut dans le lointain le Cid et son armée, et soit qu'il jugeât que Murviédro n'était pas tenable, soit qu'il crût pouvoir apaiser le Cid s'il se rendait à un autre endroit, il

---

1) Dans la province de Lérida et dans le district de Cervéra. Les ruines de l'ancien château existent encore.

2) Au lieu de *Abulphatab*, comme porte le texte des *Gesta*, il faut lire *Abulphatah*.

quitta Murviédro et se jeta dans Almenara. Mais alors le Cid marcha contre cette dernière place. Il la prit après un siége de trois mois, et ordonna à tous ceux qu'il y trouva d'aller s'établir ailleurs. Puis, ayant fait jeter les fondements d'une église qui serait consacrée à la Vierge, il feignit de vouloir retourner à Valence. Mais son plan était tout autre. «Dieu éternel, s'écria-t-il en présence de ses capitaines, toi qui sais tout, toi pour qui il n'y a point de pensée secrète, tu sais que je ne veux pas rentrer dans Valence avant d'avoir pris Murviédro avec ton secours, et d'y avoir célébré une messe en ton honneur!» Aussi, au lieu de continuer sa route vers Valence, il alla tout à coup mettre le siége devant Murviédro. Les habitants de cette ville étaient au désespoir. «Que ferons-nous? se disaient-ils; si nous nous rendons, ce Rodrigue, ce tyran, nous chassera de nos demeures comme il a chassé nos frères de Valence et d'Almenara, et si nous nous défendons, nous mourrons de faim de même que nos femmes et nos enfants.» Ils supplièrent alors le Cid de leur accorder une trêve pour quelques jours, en lui promettant de se rendre s'ils n'étaient pas secourus dans cet intervalle, et en menaçant de se laisser tuer jusqu'au dernier s'il repoussait leur demande. Sachant qu'une trêve ne leur servirait de rien, Rodrigue leur en accorda une de trente jours. Les assiégés furent alors demander du secours à Ibn-Razin, à Alphonse, à Mostaïn, aux

Almoravides et au comte de Barcelone. Ebn-Razin leur répondit qu'ils devaient se défendre aussi bien que possible, mais qu'il n'était pas en état de faire quelque chose pour eux. Alphonse leur déclara qu'il aimait mieux que Murviédro appartînt à Rodrigue qu'à un prince sarrasin. Quant à Mostaïn, comme d'ordinaire il avait bien le vouloir d'aller secourir ses coreligionnaires, mais il n'en avait pas le pouvoir. Il s'était d'ailleurs laissé intimider par les menaces du Cid, et tout en engageant les assiégés à faire beaucoup de résistance, il leur avoua fort naïvement qu'il n'osait pas aller combattre contre un héros invincible, comme Rodrigue l'était. Les Almoravides répondirent qu'ils voulaient tous se mettre en marche et voler au secours de Murviédro, mais à la condition que Yousof lui-même se mettrait à leur tête, car ils avaient éprouvé, disaient-ils, que leurs généraux ne valaient rien. Or, comme Yousof, qui tenait à ne pas perdre les lauriers qu'il avait cueillis à Zallâca, ne voulait plus commander une armée [1], les Almoravides ne vinrent pas. Le comte de Barcelone, à qui les assiégés avaient fait offrir une grosse somme d'argent, déclara à son tour qu'il n'osait pas attaquer Rodrigue; mais il fit du moins quelque chose: il tâcha de procurer un répit aux habitants de Murviédro en assiégeant le château d'Oropésa, qui appartenait au

---

1) *Kitâb al-ictifâ*, fol. 162 v., 163 r.

Cid. Celui-ci se moqua de lui et le laissa faire. Il avait raison d'en agir ainsi, car dès que le comte eut entendu dire à un de ses chevaliers que Rodrigue s'était mis en marche pour l'attaquer, il leva le siége sans vouloir s'assurer si cette nouvelle était vraie ou non.

Au bout des trente jours, le Cid somma les assiégés de se rendre. Ils s'excusèrent en disant que leurs messagers n'étaient pas encore de retour. Le Cid savait qu'ils ne disaient pas la vérité; mais persuadé que Murviédro ne lui échapperait pas: « Eh bien! fit-il dire aux assiégés, je vous accorde encore un délai de douze jours; je le fais afin que tout le monde sache que je ne crains aucun de vos rois; ils ont le temps de venir; qu'ils viennent, s'ils l'osent! Mais je vous jure que si après ces douze jours, vous ne vous rendez pas, je vous ferai tous torturer, décapiter ou brûler à petit feu! » Les douze jours s'étant écoulés, les assiégés supplièrent le Cid d'attendre jusqu'à la Pentecôte pour faire son entrée dans la ville. « J'y consens, leur fit-il répondre; qui plus est, je ne ferai mon entrée qu'à la Saint-Jean. Profitez de cet intervalle pour quitter la ville avec vos femmes, vos enfants et tout ce que vous possédez, et allez vous établir où vous voudrez! »

Les Maures furent très-contents de ce message; ils trouvaient le Cid bien plus humain, bien plus doux, bien plus généreux, qu'on ne le leur avait dépeint. Le Cid lui-même se chargea de les désabuser.

Le 24 juin (1098), il prit possession de Murviédro. Son premier soin fut de faire chanter un *Te Deum* en action de grâces de sa nouvelle conquête. Puis il ordonna de bâtir une église qui serait consacrée à saint Jean. Ces pieux devoirs remplis, il convoqua, trois jours plus tard, les Maures, assez nombreux encore, qui n'avaient pas quitté la ville, et quand ils furent rassemblés: « Je veux, leur dit-il, que vous me donniez tout ce que vous avez fait transporter ailleurs par vos concitoyens, et autant d'argent que vous en avez fait parvenir aux Almoravides pour les engager à venir me combattre; si vous refusez de m'obéir, je jure que je vous ferai jeter en prison et charger de fers! »

Voilà de quelle manière le Cid entendait la générosité! Craignant que les habitants de Murviédro ne se défendissent en désespérés s'il voulait les contraindre à se rendre sans condition, il les avait autorisés à quitter la ville et à emporter leurs biens; mais maintenant qu'il était le maître, maintenant qu'il n'avait plus rien à craindre, il voulait forcer ceux qui n'avaient pu s'arracher au lieu où ils étaient nés, à lui payer une somme énorme! Ces malheureuses gens n'eurent pas de quoi satisfaire l'avidité du Castillan, et alors celui-ci, après les avoir dépouillés de tout ce qu'ils possédaient, les fit charger de fers et traîner comme esclaves à Valence [1].

Lui-même retourna aussi dans cette ville. Mais sa carrière touchait à sa fin. Il le sentait peut-être; on serait du moins porté à le croire quand on le voit s'occuper à bâtir des églises, lui qui en avait brûlé un si grand nombre alors qu'il vivait encore à augure et qu'il servait sous le drapeau d'un prince musulman. A Valence il donna une nouvelle preuve de son ardent désir de se réconcilier avec le ciel. Ayant fait changer en église la grande mosquée de cette ville, il lui fit présent d'un superbe calice d'or et de deux tapis en brocart, les plus magnifiques qu'on eût jamais vus [2]. Mais quoique déjà malade, il songeait encore à de nouvelles conquêtes, et il envoya un corps d'armée contre la ville de Xativa qu'il voulait enlever aux Almoravides. Ces troupes se heurtèrent contre l'armée d'Ibn-Ayicha, qui venait de remporter, près de Cuenca, une éclatante victoire sur Alvar Fañez, le général d'Alphonse. Le combat s'étant engagé, elles furent aussi malheureuses que les soldats de l'empereur l'avaient été; la déroute qu'elles éprouvèrent fut même si complète, que bien peu de soldats réussirent à regagner Valence.

---

1) *Gesta*, p. LII—LIX. Ce récit est fort remarquable, parce qu'il est d'un homme qui admire le Cid.
2) *Gesta*.

Ainsi cette armée qui passait pour invincible, avait été vaincue! Pour le Cid ce fut un coup mortel, et dans le mois de juillet 1099, il mourut de colère et de douleur [1].

Sa veuve Chimène tâcha encore de défendre Valence contre les attaques sans cesse renouvelées des Almoravides, et pendant deux années elle y réussit; mais vers le mois d'octobre 1101, le général Mazdali vint cerner la ville avec une très-grande armée. Après avoir soutenu le siége pendant sept mois, Chimène envoya l'évêque Jérôme, qui était né en France, à la cour de l'empereur pour le supplier de venir à son secours. Touché de son sort, Alphonse s'empressa de le faire, et à son approche les assiégeants battirent en retraite; mais jugeant Valence trop éloignée de ses États pour qu'il pût la disputer longtemps aux Sarrasins, Alphonse engagea Chimène et les compagnons du Cid à abandonner la ville. Tous les chrétiens quittèrent donc la belle cité que Rodrigue Diaz avait conquise; mais ne voulant laisser aux Sarrasins que des décombres, ils la mirent en feu au moment de leur départ. Le 5 mai 1102, Mazdali et ses Almoravides prirent possession de ces ruines [2].

---

1) *Kitâb al-ictifâ*, dans l'Appendice, n° II. Le *Chron. S. Maxentii vulgo dictum Malleacense* (apud Labbe, *Nova Bibl. MSS.*, t. II, p. 216), le *Chron. Burgense* et les *Annal. Compost.* fixent tous la mort de Rodrigue à l'année 1099. Les *Gesta* donnent le mois.

2) Voyez cette note dans l'Appendice, n° XXXI.

Chimène fit ensevelir le corps de son époux, qu'elle avait emporté, dans le cloître de Saint-Pierre-de-Cardègne, non loin de Burgos, et elle fit dire mainte messe pour le repos de son âme [1]. Elle ne lui survécut que cinq ans, car elle mourut en 1104 [2].

---

1) *Gesta.*
2) Voyez Berganza, t. I, p. 553, 554.

TROISIÈME PARTIE

LE CID DE LA POÉSIE

I.

Ce fut peu de temps après la mort du Cid que la poésie castillane prit son élan ; la poésie castillane, disons-nous, et non pas la poésie espagnole, car les poëmes populaires dont nous allons nous occuper ont été composés presque tous dans la province de Castille ; les autres provinces avaient des dialectes différents.

Dans cette poésie castillane, l'influence arabe ne se fait pas sentir. Les Castillans, de même que d'autres peuples européens, ont bien emprunté des Arabes un assez grand nombre de contes, de nouvelles, d'apologues, mais ils ne les ont pas imités dans la poésie ; et de même qu'il n'y a rien de plus opposé que le caractère de ces deux nations, de même il n'y a rien de plus dissemblable que leurs vers. Dans la poésie des Maures on reconnaît l'esprit d'une race vive, ingénieuse, impressionnable et polie, mais amollie par un doux climat et par les raffinements de la civilisation. Rêveuse et intime, cette poésie aime à se perdre dans la contemplation de la nature; les bois, les lacs, les fleurs, les étoiles, les soleils couchants, tout a des voix pour le Maure, et il se complaît dans cette douce mélancolie qui sonde les blessures du cœur, ou en crée là où elles n'existent pas. Fille des palais et calquée sur les anciens modèles, cette poésie était inintelligible pour les étrangers, quoiqu'ils eussent séjourné longtemps parmi les Arabes [1], et même, jusqu'à un certain point, pour la masse du peuple; pour la bien comprendre, pour en saisir toutes les nuances et toutes les finesses, il fallait avoir étudié, longtemps et sérieusement, les grands maîtres de l'antiquité et leurs doctes commentateurs. Elle était presque exclusivement lyrique, car les Arabes, quand ils veulent raconter, racontent en prose; ils croiraient avilir la poésie, s'ils la faisaient servir au récit. Même la poésie soi-disant populaire, quand elle ne traite pas des sujets burlesques (car c'est à cela qu'elle sert le plus souvent), présente au fond le même caractère, et si elle se distingue de la poésie classique, c'est bien moins par la pensée que par la forme.

Une poésie si savante et si conventionnelle n'eût pas été du goût du Castillan, lors même qu'il eût pu la comprendre. Homme d'action, accoutumé aux

---

1) Comparez Maccari, t. II, p. 752, l. 1 et 2.

rudes épreuves de la vie des camps, et vivant au milieu d'une triste et austère nature, il se créa une poésie narrative qui était en harmonie avec ses penchants naturels. Dans ses romances, il raconte un seul fait d'une manière simple, brève et vigoureuse; le fait en lui-même a frappé le poète, c'est pour cela qu'il le raconte; il ne décrit pas quelle impression ce fait a produit sur lui, il ne joint pas ses propres observations à son récit. Loin de rechercher une diction ornée et poétique, il semble ne pas soupçonner qu'il soit poète. L'art des transitions lui est inconnu; aussi les romances présentent-elles souvent quelque chose d'énigmatique, car, doué d'une vive imagination, le poète passe sous silence les circonstances accessoires; donne-t-il quelque chose de plus que ce qu'on aurait strictement le droit de lui demander, alors il peint d'un seul trait, mais qui parle directement au cœur ou à l'imagination.

Au fond de ces romances, il y avait fort souvent une idée politique. Le Castillan aussi avait ses rêves, mais ce furent des rêves de grandeur nationale. Et qu'ils étaient audacieux, ces rêves! Que le Castillan y croyait hardiment! Ce qu'il avait rêvé devint pour lui la réalité même. Ferdinand Ier avait fait de grandes choses: il avait arraché aux Maures une grande partie du Portugal, il avait été sur le point de prendre Valence. Mais qu'était-ce que tout cela en comparaison des hauts faits que les poètes, les chanteurs, lui attribuèrent, que lui attribua, à leur exemple, la chronique Alphonsine? L'empereur d'Allemagne, racontent-ils, avait exigé que Ferdinand le reconnût pour son suzerain et lui payât un tribut annuel; le pape et le roi de France avaient appuyé cette demande. Qu'est-ce que Ferdinand fit alors? L'ancien chant de guerre qui se trouve dans la *Cronica rimada*, nous le dit en peu de mots: « En dépit des Français, il passa les Ports d'Aspa; en dépit des rois et des empereurs, en dépit des Romains, il entra dans Paris avec les soldats intrépides de l'Espagne. » Ferdinand remporta la victoire sur les Français, les Italiens, les Allemands, les Flamands, les Arméniens, les Persans et ceux d'outre-mer réunis!

La poésie castillane s'attachait donc à la réalité, en ce sens qu'elle n'aspirait ni à l'idéal ni à l'infini; mais elle n'en imprimait pas moins à la réalité un caractère poétique; elle en relevait les couleurs de manière à faire disparaître les couleurs primitives; le prisme dont elle se servait, rendait les objets méconnaissables, et là où elle disait Ferdinand, elle aurait pu dire tout aussi bien Roland ou Olivier. Ces deux noms-là appartenaient à un âge éloigné et à peu près mythique; mais Ferdinand appartenait à l'histoire, au XIe siècle, et le chant guerrier qui célèbre ses exploits, est du siècle suivant. Ainsi un temps, comparativement parlant fort restreint, avait suffi pour transformer un roi historique en un roi semi-fabuleux. C'est là un phénomène bien digne d'attirer l'attention, et particulier à l'Espagne. Nulle part ailleurs, un roi du XIe siècle n'a été métamorphosé comme l'a été Ferdinand. Et pourtant il n'était pas pour le peuple le grand héros du XIe siècle: ce grand héros était le Cid.

Il l'était déjà devenu un demi-siècle après sa mort. Nous possédons à ce sujet un témoignage irrécusable, celui du biographe d'Alphonse VII, qui écrivait peu de temps après la mort de ce monarque, c'est-à-dire peu de temps après l'année 1157. Dans le catalogue qu'il donne des chevaliers qui assistèrent au siége d'Almérie, cet auteur parle d'abord d'Alvar Rodriguez, le petit-fils d'Alvar Fañez, puis de ce dernier, qu'il met sur la même ligne que Roland et Olivier, et enfin, voulant le louer encore davantage, il ajoute ces paroles: «Rodrigue lui-même, celui qu'on appelait toujours *Mon Cid*, au sujet duquel on chante qu'il n'a jamais été vaincu, qui dompta les Maures ainsi que nos comtes, — ce Rodrigue vantait Alvar et se mettait au-dessous de lui. Toutefois je dois avouer (et jamais on n'en jugera autrement) que parmi les héros *Mon Cid* fut le premier et Alvar le second [1].»

---

1) Ipse Rodericus, mio Cid semper vocatus,
De quo cantatur, quod ab hostibus haud superatur,
Qui domuit Mauros, Comites domuit quoque nostros,
Hunc extollebat, se laude minore ferebat;
Sed fateor virûm, quod tollet nulla dierum,

Mais pourquoi le Cid est-il devenu le héros des poésies populaires ? On dirait qu'il était peu propre à le devenir, lui, l'exilé, qui passa les plus belles années de sa vie au service des rois arabes de Saragosse ; lui qui ravagea de la manière la plus cruelle une province de sa patrie ; lui, l'aventurier, dont les soldats appartenaient en grande partie à la lie de la société musulmane, et qui combattait en vrai soudard, tantôt pour le Christ, tantôt pour Mahomet, uniquement occupé de la solde à gagner et du pillage à faire ; lui, ce Raoul de Cambrai, qui viola et détruisit mainte église, lui, cet homme sans foi ni loi, qui procura à Sancho de Castille la possession du royaume de Léon par une trahison infâme, qui trompait Alphonse, les rois arabes, tout le monde, qui manquait aux capitulations et aux serments les plus solennels ; lui qui brûlait ses prisonniers à petit feu ou les faisait déchirer par ses dogues ! Auraient-ils donc raison, ceux qui pensent que le peuple, dans le choix de ses héros, a fort peu de souci de la réalité, et que les grandes renommées recèlent presque toujours un contre-sens ou un caprice ?

Le fait est que ce que la moralité moderne condamnerait dans la conduite du Cid, était jugé tout

---

Meo Cidi primus fuit, Alvarus atque secundus.
Morte Roderici Valentia plangit amici,
Nec valuit Christi famulus ea (eam?) plus retinere.

autrement par ses contemporains. Le sacrilége en temps de guerre était alors fort commun, et ceux qui s'en rendaient coupables, tels que Raoul de Cambrai et le roi Alphonse le Batailleur [1], ne perdaient pas cependant leur réputation. L'humanité envers des ennemis d'une autre religion était rare au contraire. Pour les chrétiens, les musulmans étaient à peine des hommes. « Si quelqu'un, dit Sancho d'Aragon dans les *Fueros* de Jaca, donnés en 1090 [2], si quelqu'un a reçu en gage de son voisin un (esclave) sarrasin, qu'il l'envoie dans mon palais et que le maître de l'esclave donne à celui-ci du pain et de l'eau, *parce que c'est un homme et qu'il ne doit pas jeûner* (c'est-à-dire, mourir de faim ou de soif) *comme une bête.* » Ceci est sans doute une ordonnance fort humaine; mais quelle idée le peuple se formait-il d'un musulman, là où de telles lois, de telles admonitions, étaient nécessaires? Le patriotisme était une vertu entièrement inconnue; la langue n'avait pas même un mot pour exprimer cette idée. Un chevalier espagnol du moyen âge ne combattait ni pour sa patrie ni pour sa religion: il se battait, comme le Cid, « pour avoir de quoi manger, » soit sous un prince chrétien, soit sous un prince musulman, et ce que le Cid a fait, les plus illustres guerriers, sans en excepter les princes du sang, l'ont

---

[1] Voyez *Historia Compostellana* (*Esp. sagr.*, t. XX), p. 117.
[2] Apud Llorente, *Prov. Vascong.*, t. III, p. 456.

fait avant et après lui. Son contemporain et son ennemi, Garcia Ordoñez, le second personnage de l'État, passa au service des Almoravides après la bataille de Salatricès, en 1106 [1], et deux siècles et demi plus tard, un autre prince du sang, don Juan Manuel, le célèbre auteur du *Comte Lucanor*, combattit le roi avec des troupes musulmanes. La ruse et la perfidie étaient à l'ordre du jour, et sous ce rapport les Espagnols avaient profité un peu trop de leur commerce avec les Arabes. *Al-harbo khod'aton, faire la guerre, c'est tromper*, avait dit le Prophète de la Mecque, et les héros arabes ne se piquaient nullement de véracité. Ainsi le célèbre Mohallab, celui dont on lisait les faits et gestes à Rodrigue et que ce dernier admirait tant [2], était surnommé *le Menteur*, et les écrivains arabes, loin de blâmer sa mauvaise foi, s'expriment en ces termes: «En théologien instruit qu'il était, Mohallab connaissait les paroles du Prophète qui disent: chaque mensonge sera compté pour tel, à l'exception de trois: le mensonge que l'on fait pour réconcilier deux personnes qui se querellent; celui de l'époux envers son épouse quand il lui promet quelque chose, et celui du capitaine en temps de guerre [3].» Dans l'Espagne chrétienne, on ne pensait pas autrement, et même le Cid idéalisé, celui de la

---

1) Pierre de Léon, *apud* Sandoval, fol. 96, col. 1.
2) Voyez plus haut, p. 25.
3) Ibn-Khallicân, Fasc. IX, p. 47, 48.

Chanson, est un homme qui a souvent recours à la ruse. Il trompe aux cortès les infants de Carrion quand il leur redemande ses deux épées; il trompe les deux juifs de Burgos, Rachel et Vidas, car, ayant emprunté d'eux six cents marcs, il leur donne pour gage deux lourdes caisses pleines de sable, dans lesquelles il prétend avoir laissé ses trésors, et qu'il leur recommande de ne point ouvrir d'une année. Un poète moderne fait dire à la fille du Cid à cette occasion :

L'or de votre parole était dedans.

Mais telle n'était pas l'idée du vieux jongleur, qui raconte seulement cette aventure pour montrer que le Cid était un homme fin et rusé, car nulle part il ne dit que son héros ait jamais rendu aux juifs l'argent qu'il leur avait emprunté.

Il ne faut donc pas demander au Cid de la réalité ces sentiments d'humanité, de désintéressement, de loyauté et de patriotisme qui ne sont nés que longtemps après lui. Le Cid avait les idées et les vertus de son temps, les vertus guerrières surtout, un mélange de ruse et d'audace, de prudence et d'intrépidité, qualités qu'Ibn-Bassâm a nettement dessinées et à cause desquelles il appelle Rodrigue « un des miracles du Seigneur. » Il était d'ailleurs le plus puissant chef du XIe siècle, et le seul qui eût conquis pour lui-même une principauté. C'est par là qu'il frappa l'imagination populaire ; mais ce qui contribua plus que toute autre chose à le rendre cher aux Castillans, presque toujours en révolte contre leurs maîtres [1], les rois de Léon, qui pour eux étaient des étrangers, c'est que, de même que Bernardo del Carpio et Ferdinand Gonzalez, ces deux autres héros de leur poésie, il avait combattu son souverain. Le reste n'importait guère ; les mœurs étaient encore trop rudes pour qu'on pût apprécier des qualités morales d'un ordre plus élevé. Aussi le Cid que nous devons étudier à présent, celui de la Cronica rimada, ce romancero et ce cancionero du XIIe siècle, a pour nous aussi peu d'attrait que celui de la réalité. Considérant comme une vertu ce que nous regarderions comme un défaut, les plus anciens poètes castillans se sont plu à exagérer la fierté de Rodrigue ; ils ont fait de lui un chef altier et violent, qui traite son roi avec un écrasant mépris, et dans leur haine de la royauté, ils ont présenté ce roi, auquel ils donnent le nom de Ferdinand, comme un personnage ridicule, qui pâlit devant une épée et dont l'incapacité est complète. Voici, par exemple, ce qu'on lit dans la Cronica rimada :

---

1) Castellæ vires (i. e. viri) per sæcula fuere rebelles ;
    Inclita Castella, ciens sævissima bella,
    Vix cuiquam Regum voluit submittere collum ;
    Indomite vixit, cœli lux quamdiu luxit.
Chronique d'Alphonse VII.

Quand le messager du roi arriva à Bivar, don Diégo était à table. Le messager lui parla ainsi: « Je m'humilie devant vous, seigneur! Je vous apporte un bon message. Le brave roi don Ferdinand désire vous voir, vous et votre fils. Voici les lettres qu'il a signées et que je vous apporte. S'il plaît à Dieu, Rodrigue occupera bientôt un rang élevé. »

Don Diégo examina les lettres et pâlit. Il soupçonna que le roi voulait le tuer à cause de la mort du comte [1].

(Romance.) « Écoutez-moi, mon fils, dit-il, et faites attention à mes paroles: je crains ces lettres, je crains qu'elles ne recèlent une trahison, car telle est l'infâme coutume des rois. Le roi que vous servez, il faut le servir sans jamais le tromper; mais gardez-vous de lui comme d'un ennemi mortel. Mon fils, allez à Faro où se trouve votre oncle Ruy Laïnez; moi, j'irai à la cour, et si le roi me tue, vous et vos oncles pourrez me venger. »

Rodrigue lui répondit:

« Non, il n'en sera point ainsi! Partout où vous irez, je veux aller aussi, moi! Bien que vous soyez mon père, je veux vous donner un conseil. Faites vous accompagner de trois cents cavaliers, et donnez-les moi quand nous serons arrivés à la porte de Zamora. — Eh bien! dit alors don Diégo, mettons-nous en route! »

Ils partent pour Zamora. A la porte de la ville, là où coule le Duero, les trois cents s'arment; Rodrigue en fait de même; puis les voyant tous armés: « Écoutez-moi, leur dit-il, amis, parents et vassaux de mon père! Protégez votre seigneur sans ruse et sans tromperie! Si vous voyez que l'alguazil veuille l'arrêter, tuez l'alguazil à l'instant même! Que le roi ait un jour aussi triste que l'auront les autres qui sont là! On ne pourra nous appeler traîtres pour avoir tué le roi, car

---

1) Don Gomez de Gormaz.

nous ne sommes pas ses vassaux, et Dieu veuille que nous ne le soyons jamais! C'est le roi qui serait traître s'il tuait mon père!« (Fin de la romance.)

Les spectateurs disaient: «Voilà celui qui a tué le brave comte![1]« Mais lorsque Rodrigue jeta les yeux sur eux, ils reculèrent tous, car ils avaient grandement peur de lui.

Tous les chevaliers mirent pied à terre pour baiser la main au roi; Rodrigue seul resta en selle. Alors son père parla; vous ouïrez ce qu'il dit: «Venez, mon fils, venez baiser la main au roi, car il est votre seigneur et vous êtes son vassal.» Quand Rodrigue entendit ces paroles, il se sentit blessé; la réponse qu'il donna, fut celle d'un homme déterminé. «Si un autre m'avait dit cela, il me l'aurait déjà payé; mais puisque c'est vous, mon père, qui me l'ordonnez, je le ferai de bon cœur.» Il fléchit donc les genoux pour baiser la main au roi[2]; mais voyant sa longue épée, le roi eut peur et s'écria: «Emmenez ce démon!» Alors Rodrigue dit: «J'aimerais mieux ressentir la plus vive des souffrances que de vous voir mon seigneur. Mon père vous a baisé la main, mais j'en suis extrêmement fâché!»

Plus tard, quand Rodrigue a remporté une victoire et que Ferdinand lui demande la cinquième partie du butin: «A quoi pensez-vous? lui répond-il; je donnerai cela à mes soldats qui l'ont bien mérité.» Alors Ferdinand le prie de lui céder au moins le roi maure qu'il a fait prisonnier. «Du tout, réplique le Castillan; quand un gentilhomme en a fait captif un autre, il ne doit pas le déshonorer;» et le roi maure

---

1) Voyez plus haut, p. 105, dans la note.
2) Dans la Cronica, il manque quelques vers après le vers 404. J'ai emprunté ceux que je donne à la romance «Cabalga Diego Lainez.»

devient son vassal à lui, son vassal qui lui paye tribut, comme Câdir le faisait au Cid de la réalité, et qui se bat vaillamment sous sa bannière.

Dans la suite de la Cronica, c'est Rodrigue qui fait tout; Ferdinand, qui lui dit: «Gouvernez mes États comme vous l'entendrez,» n'est qu'une pitoyable marionnette dont il tient les fils. Sommé par l'empereur d'Allemagne de reconnaître sa suzeraineté, Ferdinand ne sait que faire. «On voit que je suis jeune et sans talents, s'écrie-t-il, c'est pour cela qu'on me traite avec tant d'arrogance. J'enverrai chercher mes vassaux, c'est ce qui me semble le meilleur, et je leur demanderai si je dois payer un tribut.» Puis, quand la bataille va s'engager contre les forces réunies de l'Europe, il se lamente comme un enfant sans que personne fasse attention à ses doléances, et c'est Rodrigue qui gagne la bataille. Plus tard, les alliés prennent Rodrigue pour le maître, et le pape lui offre même la couronne d'Espagne. Cependant Rodrigue traite ce dernier de la même manière dont il traite son roi, témoin cette romance [1] :

Le saint-père a appelé le noble roi Ferdinand à un concile qui se tiendrait à Rome, afin qu'il lui fît hommage. Accompagné du Cid, Ferdinand se rendit directement à Rome, et alla baiser courtoisement la main au pape; le Cid et ses chevaliers y arrivèrent aussi successivement. Don Rodrigue

---

1) «A concilio dentro en Roma.»

était entré dans l'église de Saint-Pierre, où il vit les sept trônes des sept rois chrétiens; il vit celui du roi de France à côté de celui du saint-père, et un degré plus bas, celui du roi son seigneur. Il alla à celui du roi de France et le renversa d'un coup de pied; le trône était fait d'ivoire, il le brisa en quatre pièces; puis il prit le trône de son roi et le posa sur le degré le plus élevé. Un duc honoré, celui de Savoie, dit alors: « Soyez maudit, Rodrigue, et excommunié par le pape, parce que vous avez déshonoré le meilleur et le plus noble des rois! » Quand le Cid eut entendu ces paroles, il répondit ainsi : « Laissons là les rois, duc! Si vous vous sentez offensé, terminons l'affaire entre nous deux. » Il s'approcha du duc et lui asséna un violent coup de poing. Le duc, sans lui répondre, resta très-tranquille. Informé de ce qui s'était passé, le pape excommunia le Cid. Quand celui de Bivar le sut, il se prosterna devant le pape. « Donnez-moi l'absolution, pape, dit-il, sinon vous me le payerez cher! » Le pape, en père clément, lui répondit avec beaucoup de modération: « Je te donne l'absolution, don Ruy Diaz, je te donne volontiers l'absolution, et j'espère qu'à ma cour tu seras courtois et tranquille. »

Cette romance n'est pas la seule où Rodrigue montre ce caractère hautain et indiscipliné qu'il a dans la Cronica rimada. Une autre, qui, dans sa forme actuelle, à en juger par la description des costumes, n'est pas une des plus anciennes, mais dont l'inspiration me semble remonter à une haute antiquité, est conçue en ces termes:

Dans Santa Agueda de Burgos, où jurent les gentilshommes, on reçut le serment d'Alphonse après la mort de son frère. Un crucifix à la main, le brave Cid lui fit prêter serment sur un verrou de fer, sur une arbalète de bois et sur les Évangiles. Les paroles qu'il prononce sont si fortes, qu'elles font peur au brave roi.

« Que des vilains te tuent, Alphonse, et encore des vilains des Asturies et non de la Castille ; qu'ils te tuent avec des bâtons ferrés, non avec des lances ni avec des dards, avec des couteaux à manches de corne, non avec des poignards dorés ; qu'ils portent des sabots, non des souliers à lacet ; qu'ils soient vêtus de manteaux rustiques, non de manteaux de Courtrai ou de soie frisée, de chemises d'étoupe, non de chemises de toile de Hollande brodées ; que chacun d'eux soit monté sur une ânesse, non sur une mule ni sur un cheval ; qu'ils se servent de brides de corde, non de brides de cuir bien tanné ; qu'ils te tuent dans les champs, non dans une ville ni dans un village ; qu'ils t'arrachent enfin le cœur encore palpitant, si tu ne dis pas la vérité au sujet de ce qu'on te demande, à savoir si tu as pris part ou non à la mort de ton frère. »

Les serments étaient si forts que le roi hésita à les prêter ; mais un chevalier, l'ami le plus intime du roi, lui dit : « Prêtez le serment, brave roi, n'en soyez pas en peine, car jamais un roi ne fut parjure, ni un pape excommunié. »

Le brave roi jura donc qu'il n'avait pris aucune part à la mort de son frère ; mais à l'instant même il dit rempli d'indignation : « Tu as fait mal, ô Cid, de me faire prêter ce serment, car plus tard tu devras me baiser la main ! — Baiser la main à un roi, n'est point pour moi un honneur. — Éloigne-toi de mes terres, Cid, mauvais chevalier, et n'y retourne pas d'aujourd'hui à un an. » — « Cela me plaît, dit le brave Cid, cela me plaît beaucoup, parce que c'est le premier ordre que tu donnes pendant ton règne. Tu m'exiles pour un an, je m'exile pour quatre. »

Le brave Cid part volontiers pour son exil ; il prend avec

lui trois cents cavaliers, tous gentilshommes, tous jeunes gens; chacun d'eux porte au poing une lance au fer fourbi, chacun d'eux porte un bouclier orné de houppes de couleur, et le Cid ne manqua pas de trouver une terre où il pût établir son camp.

Ce Cid, qui brave son roi et qui se moque du pape, ne respecte pas plus les saints lieux que le Cid de la réalité : il entre par force dans une église où un comte qu'il poursuivait avait cherché un asile, et il tire son ennemi de derrière l'autel. Il ne faut pas lui demander des sentiments élevés ou tendres. Peut-être le Cid de la réalité n'a-t-il jamais aimé; il est certain du moins que son mariage avait été un mariage dicté par la politique, et non un mariage d'inclination; mais d'un autre côté, rien ne nous autorise à supposer qu'il ait traité son épouse de la manière dont il la traite dans les anciennes poésies castillanes que je vais traduire. Elles racontent de quelle manière le comte don Gomez de Gormaz, le père de Chimène, fut tué, et elles sont extrêmement remarquables, non-seulement sous le rapport de l'étude des mœurs, mais aussi sous celui de l'art :

Le pays était tranquille, nulle part il n'y avait guerre.

Le comte don Gomez de Gormaz, toutefois, se mit à faire du tort à Diégo Laïnez; il frappa ses bergers et lui ravit son troupeau.

Répondant incessamment à l'appel, Diégo Laïnez arriva à Bivar, et envoya avertir ses frères.

Aux premiers rayons du soleil, ils chevauchèrent tous vers

Gormaz. Ils brûlèrent le faubourg et tout ce qui se trouvait sur le chemin qui menait au château; ils traînèrent avec eux les paysans du comte et tout ce qu'il possédait, s'emparèrent des troupeaux qui paissaient dans les vallons, et, voulant faire au comte un affront encore plus cruel, ils enlevèrent ses blanchisseuses qui lavaient du linge au bord de l'eau.

Ils avaient déjà battu en retraite lorsque le comte, accompagné de cent chevaliers gentilshommes, sortit à leur poursuite, et, défiant à grands cris le fils de Laïn Calvo:

« Rendez la liberté à mes lavandières, dit-il, fils de l'alcalde citadin! Ah! vous n'oseriez pas m'attendre si nous étions égaux en nombre! »

Voyant que le comte s'échauffait, Ruy Laïnez, le seigneur de Faro, s'écria: « Cent contre cent, nous vous combattrons volontiers, et à un pouce de distance! »

On se promet sous serment de se battre à jour fixe. Ceux de Bivar rendent au comte ses lavandières et ses paysans, mais non pas ses troupeaux, car ils voulaient les retenir en échange de ce que le comte leur avait enlevé.

Neuf jours s'étant écoulés, on se met en selle.

(Romance.) Il avait douze ans, pas encore treize; jamais il ne s'était trouvé dans une bataille, mais il brûlait d'y assister. Il se compte parmi les cent combattants, que son père le voulût ou non. Lorsqu'on se fut rangé en bataille et que le combat commença, les premiers coups furent les siens et ceux du comte don Gomez. Rodrigue tua le comte, car celui-ci ne put l'en empêcher; puis, poursuivant les ennemis, il fit prisonniers deux fils du comte, malgré qu'ils en eussent; c'étaient Ferdinand Gomez et Alphonse Gomez, qu'il emmena à Bivar.

Le comte avait trois filles dont aucune n'était encore mariée. Quand elles surent que leurs frères étaient pris et que leur père était tué, elles revêtirent des habits noirs et se couvrirent entièrement de voiles. Elles sortent de Gormaz et se rendent à Bivar. Don Diégo les voit venir, et va à leur rencontre.

« D'où sont ces nonnains? que me veulent-elles? »

« Nous vous le dirons, seigneur, car nous n'avons nul motif pour vous le cacher. Nous sommes filles du comte don Gomez, et vous l'avez fait tuer. Vous nous avez enlevé nos frères, et vous les retenez ici prisonniers. Et nous, nous sommes des femmes, il n'y a personne pour nous défendre. »

Alors don Diégo dit : « Ce n'est pas moi que vous devez accuser; demandez à Rodrigue s'il veut vous rendre vos frères. Par le Christ, je n'en serai point fâché. »

Rodrigue entendit ces paroles, et il parla ainsi :

« Vous faites mal, seigneur, de refuser une juste demande. Je serai un fils digne de vous, digne de ma mère. Par charité, seigneur, faites attention à ce qui se passe dans le monde! Ce que fit le père n'est pas la faute des filles. Rendez-leur leurs frères, car elles ont grandement besoin d'eux; vous devez vous montrer clément envers ces dames. »

Alors don Diégo dit :

« Mon fils, ordonnez qu'on les leur rende! »

On délivre les frères, on les rend aux dames.

Quand ils se virent dehors et en sûreté, ils parlèrent ainsi:

« Nous accorderons un délai de quinze jours à Rodrigue et à son père; puis nous viendrons les brûler, de nuit, dans le château de Bivar. »

Chimène Gomez, la plus jeune des sœurs, dit alors:

« Modérez-vous, mes frères, pour l'amour de Dieu! J'irai à Zamora porter plainte au roi don Ferdinand; ce sera pour vous le parti le plus sûr, et le roi vous donnera satisfaction. »

Chimène Gomez monte à cheval; trois demoiselles l'accompagnent ainsi que des écuyers qui doivent veiller sur elle.

Elle arrive à Zamora, où se tient la cour du roi. Les yeux baignés de larmes et demandant pitié:

« Roi, je suis une dame infortunée, ayez compassion de moi!

Quand je demeurai orpheline de la comtesse ma mère, j'étais bien petite encore. Un fils de Diégo Laïnez m'a fait beaucoup de mal : il m'a enlevé mes frères, il a tué mon père ! A vous qui êtes roi je viens porter plainte. Seigneur, par grâce, faites-moi rendre justice ! »

Le roi était fort en peine. »Mes royaumes sont en grand péril, dit-il ; la Castille se révoltera, et alors, malheur à moi ! »

Quand Chimène Gomez l'eut entendu parler ainsi, elle lui baisa les mains. « De grâce, seigneur, dit-elle, ne m'en veuillez pas de ce que je vais vous proposer. Je vous fournirai le moyen de maintenir en paix la Castille et vos autres royaumes : donnez-moi pour mari Rodrigue, celui qui a tué mon père. »

On ne peut se tromper sur le motif qui porte Chimène à solliciter du roi la faveur de prendre Rodrigue pour époux. Ce qui l'engage à le faire, ce n'est pas un sentiment d'admiration romanesque, mais c'est le désir d'empêcher une guerre civile. Elle n'aime pas Rodrigue, mais avec ce dévouement que peut-être la femme seule sait pratiquer, elle se sacrifie, et elle se flatte que le farouche Rodrigue s'adoucira quand il connaîtra le mobile de sa conduite. Mais Rodrigue comprend-il ces sentiments, les apprécie-t-il ? Loin de là. Quand Ferdinand l'a fiancé à Chimène : « Seigneur, s'écrie-t-il rempli de colère, vous m'avez fiancé contre ma volonté ; mais je jure par le Christ que je ne reverrai pas cette femme avant d'avoir remporté cinq victoires ! » Et il s'en va guerroyer, batailler, frapper d'estoc et de taille, sans se soucier de Chimène, dont il n'est plus question dans la suite du récit.

Avions-nous tort de dire que le Cid de la poésie du XII⁰ siècle n'est pas plus aimable que celui de la réalité?

II.

Un chevalier qui sait se battre mieux qu'aucun autre, qui est le protecteur et le gouverneur de son roi quand il ne le combat pas, qui pousse la franchise et la vigueur d'âme jusqu'à la rudesse et la brutalité, qui reste inaccessible aux sentiments tendres, et qui, dans l'occasion, ne se fait point scrupule de violer un lieu saint, tel avait été l'étrange idéal de la féodalité guerrière du XII⁰ siècle. Mais lorsque les sentiments publics commencèrent à s'épurer et à s'ennoblir, un héros dont les qualités morales étaient si peu développées devait cesser de plaire, et alors il était dans la nature des choses qu'un Cid plus noble, plus digne et plus loyal remplaçât l'autre. L'auteur de la chanson de geste le créa.

A l'époque où il écrivit, c'est-à-dire vers l'année 1200, les sentiments chevaleresques s'éveillaient et les mœurs avaient déjà beaucoup gagné en douceur et en noblesse. Toutefois les masses n'étaient pas encore capables de concevoir un héros tel que le Cid l'est dans la Chanson; il fallait pour cela un esprit supérieur, et l'auteur de la Chanson a bien montré qu'il était fort au-dessus de son temps. Son poëme est un véritable chef-d'œuvre, et si l'on n'y trouve pas cette allure vive et franche qui charme et qui attache dans les poëmes recueillis par le compilateur de la Cronica rimada, il présente en revanche, dans le ton général du récit, quelque chose de grave, de solennel et d'homérique. Le plan est combiné avec art, et cependant il est si simple, si naturel, que des écrivains renommés ont pris ce poëme, qui est presque entièrement une œuvre d'imagination, pour un récit historique, et le poète pour un chroniqueur qui rapporte les événements sans y rien changer.

Le Cid de la Chanson a bien gardé quelque chose de l'ancien Cid : il est fin et rusé, il se bat «pour avoir de quoi manger,» il vit à augure; mais au reste, c'est un tout autre homme. Il est bon chrétien; dans chaque conjoncture difficile, il adresse de ferventes prières à l'Éternel ; après chaque victoire, il se répand en actions de grâces; aussi jouit-il de la protection divine: lorsque, navré de douleur, il s'apprête à quitter sa patrie, l'ange Gabriel lui apparaît en songe pour le consoler et lui prédire un avenir heureux. Il sert sa patrie et son roi avec un entier dévouement. Alphonse lui a fait du tort en l'exilant; telle est du moins l'opinion des habitants de Burgos qui s'écrient au moment où il traverse leur ville: «O Dieu! que n'as-tu donné à ce bon vassal un bon seigneur!» mais le Cid lui-même n'accuse pas Alphonse; c'est à l'entourage du roi qu'il impute le malheur qui l'a frappé, et, loin de braver son souverain, il tâche de désarmer sa colère par une conduite digne et loyale. Quand il apprend qu'Alphonse s'est mis en marche pour lui arracher ses conquêtes, il les abandonne en disant qu'il ne veut pas combattre contre son seigneur. Au lieu que l'autre Cid, celui des poésies du XII° siècle, ne cesse de répéter à son roi qu'il n'est point son vassal, celui-ci saisit chaque occasion pour assurer qu'il l'est. Aussi souvent qu'il a remporté une victoire, il envoie à Alphonse un magnifique présent; et quand le roi, qui s'est enfin laissé fléchir, vient-lui rendre visite à Valence, il le reçoit avec la plus profonde humilité: il s'agenouille devant lui, il touche l'herbe de ses dents, il verse des larmes de joie. A l'égard de ses ennemis comme envers ses propres soldats, il est un modèle de bonté et de générosité. Aussi quand il quitte une forteresse qu'il a conquise, les Maures le bénissent en pleurant et en l'assurant que, partout où il ira, leurs prières l'accompagneront. Il se laisse aisément émouvoir, toucher, attendrir, et il ne regarde pas comme au-dessous de lui de laisser éclater ses chagrins au dehors. Il pleure quand il est forcé de quitter le château de ses pères, il échange des paroles vraiment touchantes avec Chimène au moment où il va partir pour l'exil:

Devant le Campéador, doña Chimène plie les genoux, ses yeux sont pleins de larmes, elle veut lui baiser les mains.

« Ayez pitié de nous, s'écrie-t-elle, ô Campéador, vous qui naquîtes dans une heure propice, vous que des calomniateurs ont fait exiler ! Ayez pitié de nous, Cid, héros accompli ! Me voici devant vous moi et vos filles, qui sont encore si jeunes et si petites ! Je le sais bien, vous allez nous quitter, et qui sait si de la vie nous nous reverrons? Pour l'amour de la sainte Vierge, venez-nous en aide ! » Le Cid porte ses mains sur sa barbe touffue; puis il prend ses filles dans ses bras et les serre sur son cœur, car il les aime bien; ses yeux se remplissent de larmes et il soupire fortement. « Ah ! doña Chimène, dit-il, mon épouse accomplie, vous que j'aime comme j'aime ma propre âme ! oui, vous dites vrai, oui, nous devons nous séparer, et nul ne sait si de la vie nous nous reverrons. Je dois partir et vous devez rester ici. Plaise à Dieu et à la Vierge Marie que je puisse encore marier mes filles, et que je jouisse encore de quelques jours de bonheur; et vous, femme honorée, ayez souvenance de moi ! »

En vrai père de famille, le Cid de la Chanson se préoccupe constamment du mariage de ses deux filles, doña Elvira et doña Sol; ce mariage est son idée favorite, et c'est aussi le sujet principal du poème. Maître de Valence, il a déjà formé le projet de choisir parmi ses propres vassaux des époux dignes d'elles, lorsque Alphonse lui propose pour gendres les deux infants de Carrion, Ferdinand et Diégo [1]. « Je te rends grâces de ceci, Jésus-Christ, mon Seigneur ! s'écrie-t-il alors; j'ai été exilé, mes fiefs m'ont été repris, ce que j'ai, je l'ai gagné à force de fatigues.

---

1) Voyez sur ces personnages, la note dans l'Appendice, n° XXXIII.

Je te remercie, mon Dieu, de ce que j'ai reconquis la faveur du roi, et de ce qu'il me demande mes filles pour les infants de Carrion. » Cependant, quoique les infants soient de haut lignage et qu'ils aient beaucoup d'influence à la cour, le Cid répugne à s'allier avec eux, car il ne les croit pas propres à rendre ses filles heureuses, et s'il consent à la proposition du roi, il ne le fait que par respect pour son souverain. Le double mariage a lieu; mais l'événement montra que l'antipathie du Cid était fondée: les infants de Carrion, qui n'avaient demandé la main de doña Elvira et de doña Sol que parce que ces dames étaient de riches partis, étaient vains, orgueilleux, perfides, cruels et même lâches, comme ils le prouvèrent un jour que le lion du Cid fut sorti de sa cage. Voici cette scène que le vieux poète a peint d'une manière admirable:

Mon Cid demeurait à Valence avec tous ses vassaux, et auprès de lui se trouvaient ses deux gendres les infants de Carrion. Il était étendu sur un lit de repos, il dormait, le Campéador. Une aventure bien fâcheuse, sachez-le, eut lieu alors: le lion rompit ses chaînes et sortit de sa cage. Ceux qui se trouvent au milieu de la cour sont remplis de crainte; les compagnons du Campéador passent leurs manteaux au bras en guise de bouclier; ils entourent le lit de repos et se tiennent près de leur seigneur. Ferdinand Gonzalez ne sait où se cacher, car il ne voit ouverte ni chambre ni tour; sa peur est si grande qu'il se glisse sous le lit de repos. Diégo Gonzalez s'échappe par la porte en s'écriant: « Jamais je ne reverrai Carrion! » Tremblant de tous ses membres, il se cache derrière l'arbre d'un pressoir ; il salit entièrement son manteau et sa cotte d'armes.

Alors s'éveilla celui qui naquit à l'heure propice. Voyant son lit entouré de ses braves : « Qu'y a-t-il, mes compagnons, que voulez-vous ? — Eh, seigneur honoré, le lion nous a donné une alerte ! » Mon Cid s'appuya sur le coude, il se leva ; le manteau sur les épaules, il alla droit au lion. Quand le lion le vit, il eut honte ; devant Mon Cid, il courba la tête. Mon Cid don Rodrigue le prit à la crinière, le ramena à sa cage et l'enferma. Tous les assistants s'en étonnaient ; quittant la cour, ils retournèrent au palais.

Mon Cid demanda ses gendres, mais on ne les trouva pas ; on les appela, mais on ne reçut pas de réponse ; quand on les découvrit et qu'ils arrivèrent, ils étaient pâles. Jamais vous n'avez entendu des railleries comme celles qui se disaient alors. Mon Cid le Campéador ordonna qu'on en finît avec ces discours moqueurs ; mais les infants de Carrion se croyaient cruellement offensés ; ils étaient pleins de rage à cause de ce qui leur était arrivé.

Le Cid ayant remporté une grande victoire sur Bucar, les infants, qui avaient reçu une grande part du butin, retournent à Carrion accompagnés de leurs épouses et de Felez Muñoz, un parent de leur beau-père. A Molina, le Maure Abengalvon, allié du Cid, les reçoit très-courtoisement et leur montre ses richesses. Les infants forment le dessein de le tuer et de s'emparer de ses trésors ; mais un Maure qui comprenait l'espagnol, a entendu ce qu'ils ont dit et en donne avis à son maître. Abengalvon reproche aux infants la trahison qu'ils ont ourdie ; mais par respect pour le Cid, il les laisse partir sans les en punir comme ils le méritaient. Arrivés dans la forêt de Corpès, les infants mettent à exécution un infâme projet qu'ils avaient déjà conçu avant de quitter Valence. A la pointe du jour, ils ordonnent à toute leur suite de se mettre en marche, et, se trouvant seuls avec Doña Elvira et Doña Sol, ils leur annoncent que, pour se venger des insultes qu'ils ont eu à essuyer de la part des compagnons du Cid, à l'occasion de l'aventure avec le lion, ils les abandonneront dans la forêt; puis, les ayant dépouillées de leurs robes, ils les battent avec les courroies de leurs éperons. Le sang coule, et à la fin les infants laissent les malheureuses femmes, qui ne peuvent plus crier, en proie aux vautours et aux bêtes féroces.

Elles furent sauvées cependant. De même que tous les autres, Felez Muñoz avait reçu l'ordre de partir au lever de l'aurore; mais n'étant pas tranquille sur le sort de ses cousines, il s'était caché derrière une montagne pour les attendre. Il voit venir les infants, qui parlent de ce qu'ils ont fait, mais qui ne l'aperçoivent pas, et les ayant laissés passer, il retourne dans la forêt où il trouve ses cousines à demi mortes. Il les appelle par leurs noms. A la fin elles ouvrent les yeux, et quand elles ont repris connaissance, il les couvre de son manteau, les place sur son cheval et les conduit en lieu de sûreté.

Quand le Cid eut été informé de ce qui était arrivé, il médita longtemps en gardant le silence; puis, élevant la main et la portant à sa barbe: Je rends grâces au Christ, le seigneur du monde, s'écria-t-il, puisque les infants de Carrion m'ont fait un tel honneur! Par cette barbe que personne n'a jamais touchée, les infants de Carrion ne jouiront pas de ce qu'ils ont fait; mes filles, je saurai bien les marier!» Ensuite, ses filles étant retournées à Valence, il les embrasse et leur dit en souriant: «Vous voilà arrivées, mes filles! Que Dieu daigne vous préserver du malheur! J'ai consenti à vos mariages parce que je ne pouvais refuser ce que le roi me demandait. Mais qu'il plaise au Créateur qui est au ciel, que dorénavant je vous voie mieux mariées!»

Cette prière fut exaucée: quelque temps après, deux chevaliers se présentent pour épouser doña Elvira et doña Sol, deux chevaliers d'un rang bien plus élevé que les infants de Carrion, car l'un est l'infant de Navarre, l'autre celui d'Aragon. Ainsi le père voit se réaliser son vœu le plus cher: il est heureux parce que ses enfants le sont, et désormais il peut mourir tranquille [1].

---

1) L'année dernière, M. Damas-Hinard a publié un texte très-soigné de la Chanson du Cid, accompagné d'une traduction, de notes et d'une introduction. A mon grand regret, ce savant et consciencieux travail ne m'est parvenu que lorsque l'impression de ce volume était presque terminée.

III.

Dans la chanson de geste, le caractère du Cid a toute la dignité et tout l'éclat que le moyen âge pouvait lui donner, et il est naturel que ce Cid si généreux et si loyal soit devenu pour la nation le plus noble type de l'amour, de l'honneur, de la chevalerie, de la religion et du patriotisme. Aussi le peuple l'enviait-il aux nobles, et il tâchait de se l'approprier, soit en partie, en le faisant noble du côté de son père et vilain du côté de sa mère [1], soit en entier, en faisant de lui le fils d'un marchand de drap [2], d'un meunier [3] ou d'un laboureur [4].

Les poètes postérieurs n'ont presque rien trouvé à ajouter au caractère du Cid, et les romanceros du XVI⁰ siècle, qui ne comprenaient plus la tradition et qui se trompaient même sur le sens des expressions les plus usitées [5], ont entièrement gâté le héros castillan en faisant de lui un galant beau diseur, de même qu'ils ont gâté Chimène en la présentant comme

---

1) *Cronica general*, fol. 280, col. 1 et 2.
2) *Cronica rimada*, vs. 869 et suiv.
3) *Chanson du Cid*, vs. 3389 et suiv.
4) Romance «Tres Cortes armara el Rey.»
5) En voici un exemple : Dans les pièces anciennes, Gomez de Gormaz est surnommé *el conde lozano*, *le comte vigoureux, robuste*; mais les romanceros modernes ont pris cet adjectif pour un nom propre (le comte Lozano).

une dame romanesque et sentimentale. Les moines eurent la main plus heureuse, et leurs légendes se distinguent par une charmante naïveté.

Le Cid ne devint pas le héros favori de tous les moines, comme il devint l'idole de tous les nobles et de tous les paysans, car en général les moines soutenaient la royauté contre la noblesse. Quelquefois, il est vrai, ils se montraient peu respectueux envers les rois, et le langage que l'ancien poète Gonzalo de Berceo prête à Domingo de Silos, quand il parle au roi Garcia, ne diffère pas beaucoup du langage que les chevaliers tiennent dans les romances [1]. Mais ce n'est que dans des circonstances exceptionnelles que les moines parlaient ainsi; d'ordinaire ils étaient pour le roi, qui les protégeait contre la noblesse, et qui rebâtissait leurs cloîtres, souvent pillés et brûlés par les grands seigneurs [2]. Cependant le Cid devint le héros favori des moines d'un seul couvent bénédictin, de celui de Saint-Pierre-de-Cardègne. Là tout rappelait sa mémoire; là se trouvaient son tombeau, sa bannière, son bouclier, sa coupe de cristal violet, la croix qu'il portait sur la poitrine et qui contenait, disait-on, un morceau de la vraie croix, l'un des coffres qu'il laissa en gage aux juifs de Burgos, et plusieurs autres reliques, plus ou moins apocryphes. Non

---

1) *Vida de S. Domingo de Silos*, copla 127 et suiv.
2) Voyez, par exemple, Sandoval, *S. Pedro de Eslonça*, fol. 37.

contents de posséder le tombeau du Cid lui-même, les moines de Cardègne disputèrent à ceux de Saint-Jean de la Peña l'honneur de posséder celui de Chimène; ils montrèrent même les ossements de cette dame, «mais ils sont si grands qu'ils font peur, dit Sandoval, et ils paraissent plutôt d'un homme que d'une femme.» Ils prétendirent aussi que c'était dans leur église que reposaient le père et la mère du Cid, ses deux filles, son fils Diégo, son gendre Sancho d'Aragon (qui est enterré à Saint-Jean de la Peña et qui n'épousa nullement une fille du Cid), son petit-fils, le roi Garcia de Navarre (qui est enseveli dans la cathédrale de Pampelune), l'évêque Jérôme (dont le tombeau est à Salamanque), et enfin le comte don Gomez de Gormaz et son épouse, qui, d'après les romances, furent les parents de Chimène [1]. On le voit: Saint-Pierre-de-Cardègne devint un véritable panthéon, consacré à tous les personnages, réels ou fabuleux, qui avaient eu quelques rapports avec le Cid de la réalité ou avec celui de la poésie populaire; et si cette quantité de tombeaux où reposeraient des individus qui sont enterrés ailleurs ou qui n'ont jamais existé, ne plaide pas trop pour la bonne foi des moines, elle prouve du moins que, parmi eux, la mémoire du Cid était fort en honneur. C'est ce qu'ils montrèrent du reste par leurs légendes.

---

[1] Voyez Sandoval, *S. Pedro de Cardeña*, à la fin.

La plus ancienne de ces légendes paraît être celle du lépreux. On la rencontre déjà dans la *Cronica rimada* [1], et elle se trouve aussi dans la *General* [2]. Il y a quelques légères différences entre ces deux récits, l'auteur de la *Rimada* ayant sans doute suivi la tradition orale, et celui de la *General*, la tradition consignée dans la légende écrite de Cardègne; mais voici la substance des deux narrations.

Étant arrivé à un gué, Rodrigue trouva un lépreux qui s'était enfoncé dans la bourbe, et qui priait les passants de le tirer de là et de l'aider à passer la rivière. Tout le monde fuyait le contact de ce malheureux; mais Rodrigue eut pitié de lui: il le prit par la main, l'enveloppa d'un manteau, le plaça sur un mulet et le conduisit à l'endroit où il allait coucher. A la chute du jour, il le fit asseoir à ses côtés et l'invita à manger avec lui dans la même écuelle, tandis que les autres chevaliers, qui s'imaginaient que la lèpre était tombée dans leurs assiettes, se hâtaient de quitter l'appartement. La nuit venue, Rodrigue partagea son lit avec le lépreux; ils couchèrent côte à côte, enveloppés dans le même manteau. A minuit Rodrigue, qui dormait, fut réveillé par un souffle très-fort qu'il sentit passer sur ses épaules. Ne trouvant pas le lépreux et l'ayant appelé en vain,

---

1) Vers 557—579.
2) Fol. 281.

il se leva et alla chercher une lumière; mais le lépreux avait disparu. Rodrigue s'était recouché laissant la lumière allumée, lorsqu'un homme vêtu de blanc se présenta à lui et lui demanda: « Dors-tu, Rodrigue? — Non, répondit le chevalier, je ne dors pas; mais qui es-tu, toi qui répands une telle clarté et une odeur si suave? — Je suis saint Lazare. Sache que le lépreux auquel tu as fait tant de bien et tant d'honneur pour l'amour de Dieu, c'était moi; et pour te récompenser, Dieu veut que, chaque fois que tu sentiras le souffle que tu as senti cette nuit, tu conduises à bonne fin toutes les choses que tu entreprendras. Ton honneur croîtra de jour en jour, Maures et chrétiens te craindront, tu seras invincible, et quand tu mourras, tu mourras honorablement. »

Quand on se rappelle quelle aversion les lépreux inspiraient à cette époque, où l'on considérait la lèpre comme un châtiment de Dieu, on ne peut qu'admirer cette touchante légende, tout empreinte de l'esprit de l'Évangile.

Comme on ne se contentait pas d'un seul miracle on en inventa plusieurs autres. Un moine de Cardègne les consigna par écrit sous le pseudonyme d'Abenalfarax [1], et voici ce qu'il raconte:

Lorsque le Cid, étendu sur son lit, songeait aux moyens de repousser Bucar, le fils du roi de Maroc,

---

1) Voyez plus haut, p. 55-58.

qui marchait contre Valence avec une nombreuse armée, il aperçut tout à coup une grande clarté, sentit une odeur suave, et vit devant lui un homme qui portait des vêtements blancs comme de la neige. C'était saint Pierre. « Je viens t'annoncer, dit-il, qu'il ne te reste que trente jours à vivre; mais Dieu veut te faire la grâce que tes compagnons mettent en déroute le roi Bucar, et qu'étant déjà mort, tu sois cependant vainqueur dans cette bataille. Dieu t'enverra saint Jacques pour t'aider; mais auparavant tu feras pénitence de tous tes péchés. Pour l'amour de moi et à cause du respect que tu as toujours eu pour mon église qui se trouve sur les bords de l'Arlanza[1], Jésus-Christ veut qu'il t'arrive ce que je t'ai dit. » Fort joyeux de ce qu'il venait d'entendre, le Cid se leva pour aller baiser les pieds à l'apôtre, mais celui-ci lui dit: « Ne te donne point de peine, car tu ne pourrais arriver jusqu'à moi; mais sois convaincu que tout ce que je t'ai annoncé arrivera. » Cela dit, l'apôtre remonta au ciel.

Le lendemain matin, le Cid rassembla tous ses chevaliers dans le château et leur dit: « Je n'ai plus que trente jours à vivre; j'en suis bien sûr, car déjà depuis sept nuits, des visions me poursuivent; je vois mon père Diégo Laïnez et mon fils Diégo Ruyz, et chaque fois qu'ils m'apparaissent, ils me disent: — Vous

---

1) Saint-Pierre-de-Cardègne.

êtes resté bien longtemps ici ; venez nous rejoindre dans le séjour des bienheureux ! — Or, vous savez que le roi Bucar vient vous attaquer avec des forces si grandes, que vous ne pourriez défendre Valence; mais avec le secours de Dieu, vous le vaincrez en bataille rangée; doña Chimène sera sauvée ainsi que vous tous, et avant de vous quitter, je vous dirai ce que vous avez à faire. » Quand il eut fini de parler, il se sentit malade. Néanmoins il alla à l'église de Saint-Pierre, et en présence des chevaliers, des dames et du peuple, il confessa tous ses péchés et toutes ses erreurs à l'évêque Jérôme, qui lui donna l'absolution après lui avoir imposé une pénitence. Puis il dit adieu à tout le monde, et, étant rentré dans le château, il se mit au lit pour ne plus se relever. Chaque jour il se sentait plus faible, et quand il ne lui resta que sept jours à vivre, il fit appeler Chimène et Gil Diaz, et les pria de lui donner le baume et la myrrhe dont le grand soudan de Perse, qui avait entendu parler de ses exploits, lui avait fait cadeau. Il prit une cuillerée de ces substances, qu'il mêla, dans une coupe d'or, avec de l'eau rose. Depuis lors il ne prit d'autre nourriture qu'une cuillerée de baume et de myrrhe par jour; sa chair en devint plus belle et plus fraîche, mais ses forces diminuèrent de plus en plus.

La veille de sa mort, il fit appeler Chimène, l'évêque Jérôme, Alvar Fañez, Pero Bermudez et Gil Diaz.

Quand ils furent tous réunis autour de son lit, il leur parla de cette manière: « Quand j'aurai cessé de vivre, vous laverez plusieurs fois mon corps, et vous l'oindrez, depuis la tête jusqu'aux pieds, avec le baume et la myrrhe qui se trouvent dans ces boîtes. Vous, doña Chimène, vous ne pousserez pas de cris quand j'aurai rendu le dernier soupir, et vous empêcherez aussi vos dames de le faire, car il ne faut pas que les musulmans aient connaissance de ma mort. Ensuite, lorsque le roi Bucar sera arrivé devant la ville et que vous voudrez retourner en Castille, vous devrez en avertir vos soldats en leur demandant le secret, afin qu'aucun Maure du faubourg d'al-Coudia ne le sache, et vous ferez charger les bêtes de somme de tout ce qui mérite d'être emporté; c'est à vous particulièrement, Gil Diaz, que je confie ce soin. Puis vous placerez mon corps, armé de pied en cap, sur mon cheval Babiéca; vous l'attacherez de manière qu'il ne puisse pas tomber, et vous mettrez mon épée Tizona dans ma main; cela fait, vous irez combattre le roi Bucar, et vous pouvez être certains de le vaincre, car Dieu m'a promis qu'après ma mort je remporterai une grande victoire. »

Le lendemain, le Cid dicta son testament, et à l'heure de sexte, quand il sentit sa fin approcher, il pria l'évêque de lui donner le corps du Seigneur. Il le reçut avec beaucoup de dévotion, et, ayant prononcé une courte prière, il rendit son âme à Dieu. Ses amis lavèrent deux fois son cadavre dans de l'eau chaude et une fois dans de l'eau rose; puis ils l'embaumèrent comme le Cid l'avait ordonné.

Trois jours après, Bucar dressa ses quinze mille tentes devant les portes de Valence, et plaça aux avant-postes, tout près de la muraille, un corps de deux cents négresses, qui avaient la tête rasée à l'exception de quelques mèches de cheveux au sommet, car elles accomplissaient un vœu qu'elles avaient fait. Pendant douze jours, les compagnons du Cid défendirent bravement la ville, et le treizième jour, quand ils eurent tout préparé comme leur chef le leur avait ordonné, ils prirent, à l'heure de minuit, la route de Castille. L'avant-garde, commandée par Pero Bermudez, qui portait la bannière du Cid, se composait de quatre cents chevaliers; quatre cents autres veillaient sur les bêtes de somme. Ensuite venait Babiéca. Il portait le cadavre embaumé du Cid, que Gil Diaz avait attaché sur son dos au moyen d'une machine fort ingénieuse, et qui, le bouclier au cou, le heaume sur la tête et l'épée dans la main, paraissait vivant; le visage avait bonne couleur, les yeux étaient ouverts et la barbe était arrangée avec soin. D'un côté marchait l'évêque Jérôme, de l'autre, Gil Diaz, et cent chevaliers d'élite servaient d'escorte. Chimène et ses dames, accompagnées de six cents chevaliers, fermaient le cortége, qui se mit à défiler avec une lenteur solennelle et en gardant le plus profond silence. Au moment où les derniers Castillans quittèrent la ville, le soleil se levait, et alors Alvar Fañez, qui avait déjà rangé ses soldats en bataille, fondit sur la division qui était la plus rapprochée des remparts, celle des négresses [1]. Il tua cent d'entre elles avant qu'elles eussent eu le temps de s'armer et de monter à cheval. Les autres, toutefois, soutinrent le choc des ennemis, et comme elles savaient très-bien manier l'arc, elles leur causèrent beaucoup de dommage; mais quand celle qui avait le commandement eut été tuée [2], elles prirent la fuite. Les chrétiens attaquèrent alors le gros de l'armée musulmane, et en ce moment-là, la prédiction de saint Pierre s'accomplit. Les Maures se crurent attaqués par soixante mille cavaliers vêtus de blanc et commandés par un homme de haute taille, qui, monté sur un cheval blanc, tenait dans la main gauche un étendard de la même couleur, et dans la main droite, une

---

1) L'ensemble du récit montre suffisamment qu'on doit lire: *aquellas moras* au lieu de *aquellos moros*.

2) La légende dit à son sujet (*General*, fol. 362): « L'histoire dit que cette négresse maniait l'arc turc avec une adresse merveilleuse, et que pour cette raison on l'appelait en arabe *nugueymat turya*, ce qui veut dire: étoile des arcs de Turquie. » Il paraît que le légendaire, qui présente son travail comme traduit de l'arabe, a voulu placer une expression empruntée à cette langue; toutefois il ne l'a pas comprise, car نَجَيْمَة الثَّرَيَّا ne signifie pas: *étoile des arcs de Turquie* (ce qui, en tous cas, serait un non-sens), mais bien, *la petite étoile parmi les Pléiades*.

épée flamboyante. Épouvantés par ce spectacle étrange, ils prirent la fuite, et tandis que l'arrière-garde de l'armée chrétienne faisait halte dans une plaine, les troupes d'Alvar Fañez et de Pero Bermudez poursuivirent les Maures et les forcèrent à se rembarquer avec tant de précipitation que dix mille d'entre eux se noyèrent. Ayant pillé le camp ennemi, les vainqueurs rejoignirent leurs compagnons, et alors ils continuèrent ensemble, mais à petites journées, leur route vers la Castille.

Quand ils furent arrivés à Saint-Pierre-de-Cardègne, ils n'ensevelirent pas le cadavre du Cid, mais ils le placèrent sur un siége d'ivoire à droite de l'autel, la tête appuyée sur un coussin de pourpre. Portant un habit de la même étoffe, le Cid laissait reposer la main gauche sur son épée Tizona, et la main droite sur les fils de son manteau; au-dessus de sa tête il y avait un dais magnifique, à ses propres armes et à celles de Castille et de Navarre. L'abbé don Garcia Tellez et Gil Diaz fondèrent un anniversaire, et chaque fois qu'ils le fêtaient, ils donnaient de la nourriture et des vêtements à un grand nombre de pauvres.

Le jour où l'on célébrait le septième anniversaire, il ne se trouvait personne dans l'église, car comme la foule, parmi laquelle il y avait beaucoup de juifs et de Maures, était trop nombreuse pour que l'église pût la contenir, l'abbé prêchait sur la place en plein air. Or il arriva qu'un juif entra dans l'église pour voir le Cid, et comme il y était seul: « Voilà donc, se dit-il, le cadavre de ce Rodrigue Diaz le Cid, dont personne n'a touché la barbe tant qu'il vivait. Je veux la lui toucher à présent; voyons ce qui arrivera, voyons ce qu'il me fera! » Mais au moment où il étendit la main pour exécuter son projet, Dieu envoya son esprit dans le Cid, et alors la main droite du cadavre saisit la poignée de Tizona et la tira d'un palme hors du fourreau. Le juif tomba à la renverse en poussant des cris épouvantables. L'abbé interrompit son sermon et se précipita dans l'église, suivi de ses auditeurs. Il trouva le juif étendu sans connaissance sur les dalles, et, ayant jeté les yeux sur le cadavre, il s'aperçut que la main droite avait changé de position. Ramené à la vie par quelques gouttes d'eau, le juif raconta le miracle dont il avait été témoin, et, profondément touché, il se convertit à la foi.

Trois ans plus tard, lorsque le cadavre commença à tomber en putréfaction, on l'ensevelit; mais la bière fut déplacée à différentes reprises, et la dernière fois, en 1541, on l'ouvrit. Une odeur suave se répandit aussitôt, et l'on trouva à côté du cadavre, qui était enveloppé d'un vêtement mauresque, une lance et une épée. Il faisait une grande sécheresse à cette époque, et depuis longtemps on avait prié Dieu qu'il daignât donner de la pluie. Or, dès que la bière eut été déplacée, une pluie abondante arrosa toute la Castille, bien qu'il y eût certains districts où il n'avait encore jamais plu en même temps que dans d'autres, et ce miracle préserva le pays de la famine.

Le Cid devint donc de plus en plus un saint dans l'opinion populaire. Les soldats se procuraient des morceaux de son cercueil, qu'ils considéraient comme de puissants préservatifs contre les périls de la guerre. Il ne lui manquait que la canonisation en bonne forme, et ce fut Philippe II qui la réclama. Les événements du temps forcèrent l'ambassadeur espagnol à quitter Rome à l'improviste, et l'affaire n'eut point de suite; mais il est bien remarquable que ce fut le sombre et farouche Philippe II qui demanda que le Cid fût mis dans le catalogue des saints; le Cid qui était plutôt musulman que catholique, qui, même dans sa tombe, portait un vêtement arabe; le Cid que Philippe aurait fait brûler par ses inquisiteurs comme hérétique, comme sacrilége, s'il avait vécu sous son règne; le Cid que la nation avait idolâtré parce qu'elle le regardait comme le champion de la liberté, de cette liberté que Philippe sut si bien étouffer en Espagne.

FIN.

APPENDICE

APPENDICE

I.

(Extrait d'Ibn-Bassâm relatif au Cid.)

La première fois que je publiai ce passage, je n'avais encore que le manuscrit de Gotha. Depuis lors M. de Gayangos a su se procurer en Afrique un autre exemplaire du troisième volume d'Ibn-Bassâm. Il a eu la bonté de le prêter à M. Wright, et ce dernier a bien voulu le collationner pour moi.

Ce manuscrit, que je désignerai par la lettre B, contient un grand nombre de fautes et d'omissions, de même que le man. A (celui de Gotha); mais comme il appartient, pour ainsi dire, à une autre famille, ces fautes sont rarement les mêmes, et à eux deux, ces manuscrits donnent un texte assez correct. Presque toutes les corrections que j'avais cru devoir proposer, ont été confirmées par le man. B, et il m'a fourni en outre plusieurs leçons qui me semblent préférables à celles de A. Au reste, je ne noterai que les variantes qui me semblent de quelque importance.

Je dois encore avertir que la première lettre que donne Ibn-Bassâm, celle qu'Ibn-Tàhir écrivit au cousin d'Ibn-Djahhâf, se trouve aussi dans le *Caláyid* d'Ibn-Khâcân (chapitre sur Ibn-Tàhir). Je la publie donc d'après six manuscrits.

وله من رقعة الـى ابن جَحَّاف[1] ايامَ ثـورة ابن عمّـه ببلنسية   قد ألْبَسْتَنى اعزّك الله من بركٍ ما لا اخلعُه[٠] وحمّلْتَنى مـن شكرك[2] مـا لا أضَعُه[٠]، فانـا استريح اليـك استراحـة المستنيم[٠]، واصرف الـذنب على الزمن المُليم[3]،، وان ابن عمك مدّ الله بسطتـه لما ثار ثورتـه التى ظن انه قد بلغ بها السماك[٠]، ويَبُدّ معها الافلاك[4]،، نظر الىّ متخـازرا متشاوسا[5]، وتخيّلنى[6] حاسـدا[٠] او منافسا[7]،، ولعن الله من حسده جمالها[٠]

فلم تَكُ تصلح الّا لـه   ولم يَكُ يصلح الا لها،، ثم تـورّم على انفُ عِزَّتـه[٠] فرمانى بضروب محنتـه،، وفى كل ذلك اتجرعه مـى مضضه[٠]، واتغافل لغرضه،، واطويه على بَلَده[٠]، وما انتصر بشىء سوى عَمَله،، الى ان رأى اليوم[٠] بسوءِ رأيه[8] ان يزيد فى تعسّفـه ويغيه،، فاستقبلتُ

---

1) C'est ainsi que ce nom se trouve ponctué dans les man. A. et Ga. d'Ibn-Khâcân, et la même prononciation est indiquée dans le *Câmous* (p. 1138).   2) Ibn-Bassâm A. تُنَأُكَ.   3) Ibn-Bassâm A. المستليم؛ le sens est à peu près le même.   4) Chez Ibn-Kh. cette phrase se lit ainsi: قد انه وظُن بلغ بها السماك[٠] بذ معها الافلاك،،.   5) Ce mot manque chez Ibn-Bassâm.   6) Ibn-Kh. وظَنَّنى.   7) Ibn-Bass. ومنافسا.   8) Ces deux mots manquent chez Ibn-Bassâm.

V

من الامر غريبا ما كنتُ احسبُهُ ولا بان الى سببهِ،،
ولما جاءه رسولى مستفهما عبس ويسرَ، والبر واستكبر،،
فامسكتُ محافظةً[1] للجانب، وعملًا على الواجب،، لا
أنَّ هيبةَ ابى احمد قبضَتْنى، ولا أنَّ مبرَّته عندى
اعترضَتْنى،، واقسم[2] بالله حلفة بر لو الايام قلّدتُ بكم
الىَّ وانا بمكانى لَأَوْرَدتُّكم العذب من مناهلى، وحملتُ[3]
جميعكم على عاتقى وكاهلى،، ولاكن الله يعمر بكم
اوطانكم، ويحمى من النُّوَب[4] مكانكم،، ويحوط هذه
السيادة الطالعة فيكم، البانية لمعاليكم،، فلا يَسُوُّك
مطلعُه[5]، ولْيَسُرّك[6] مَصرِعُه،، فما مثله يُمْطَل، ولا يلبث
حينا[7] ولا يُمْهَل،، ☙

---

1) Ibn-Kh. محافظًا.   2) Ibn-Kh. وانا أقسم.   3) Ibn-Bass.
وتحمّلت A., ولاجعلتُ B.   4) Ibn-Kh. الغِيَرِ; le sens revient
au même.   5) Cette leçon ne se trouve que dans B.; les trois
autres man. d'Ibn-Kh. et ceux d'Ibn-Bass. portent مقطعه, ce qui,
je crois, ne donne aucun sens raisonnable. La phrase est anti-
thétique, et l'auteur oppose مصرع à مطلع, et سرّ à ساء; mais
je ne vois pas comment il aurait pu opposer مقطع à مصرع.
6) Ibn-Bass., A., G. et Ga. ولْيَبسوك; mais la véritable leçon ne
saurait être douteuse, et elle se trouve dans B. d'Ibn-Kh.   7) Ibn-Kh.
ينظر ☙

قال * ابو الحسن ¹ ومنّ لابى عبد الرحمن بن طاهر هذا فى البقاء حتى تجاوز مصارع جماعة ² الروساء وشهد محنة المسلمين ببلنسية على يدى الطاغية الكنبيطور قصمه الله ³ وجعل بذلك الثغر ⁴ فى قبضة الاسر،، سنة ٤٨٨ ومنها كتب رقعة الى بعض اخوانه يقول فيها كتبت منتصف صفر، وقد حصلنا فى قبضة الاسر، بخطوب لم تتجر فى سالف الدهر،، فلو رايت قطر بلنسية نظر الله اليه، وعاد بنوره عليه،، وما صنع الزمان به وباعليه ⁴،، لكنت تندبه وتبكيه،، فلقد عبث البلا برسومه، وعفى ⁵ على اقماره ونجومه،، فلا تسل عما فى نفسى، وعن نكدى وياسى ⁶،، وضممت الآن الى الافتدا، بعد مكابدة اهوال ⁷ ذهبت بالذما،، وما ارجو غير صنع الله الذى عوّد، وفضله الذى عهد،، وساقمتك ⁸ مساعمة الصفى، لما أعلم من وثائقك وتهممك الحفى، ومستمطرا

---

1) Au lieu de ces deux mots, B. porte ابن بسام. 2) A. جملة. 3) Le mot الله manque dans le man. A.; B. porte ici: طاغية كان يدعى الكنبيطر وحصل لديه اسيرا سنة ٨٨. 4) A. باعاك, et il place aussi ce mot après برسومه. 5) B. احوال. 6) B. وباسى. 7) B. وعدى qui est bon aussi. 8) Faire partager; comparez mes Script. Arab. loci, t. I, p. 254 et 286.

من تلقائك دعوة اخلاص،، *على انها¹ عسى ان تكون سببا² الى فرج وخلاص،، بانن الله فهو عزّ وجهَه يقبل الدعا من داعيه،٬ وما زال مكانك منه ترى البركة فيه ،، ۞

قال *ابو الحسن³ وان قد انتهى بنا القول الى ذكر بلنسية فلا بُدَّ من الاعلان⁴ بمحنتها،، والاتيان بنبذ من اخبار فتنتها،، التى غرب شاوها فى الاسلام٬ وتجاوز عَقْوَها جهدُ الكروب العظام،، ونذكُر الاسباب التى جَرَّتْ جرائرَها٬ والدارت على المسلمين دوائرها،، والاشارة باسم من سلك فى طريقها ونهج٬ ودخل من ابواب عقوقها وخرج ،، ۞

ذكر الخبر عن تغلُّب العدو عليها٬ وعودة المسلمين اليها،، ۞

قال *ابو الحسن⁵ ونذكر ان شاء الله فى القسم الرابع نكتا وجوامع تودى الى كيفية تغلُّب الذفونش طاغية طاغوت الجلالقة قصده⁶ الله على مدينة طليطلة

---

1) Ces deux mots ne se trouvent pas dans B. et ils ne sont pas nécessaires pour le sens. 2) B. سريعة. 3) B. ابن بسام. 4) A. الأعلام. 5) B. ابن بسام. Le reste de ce passage (depuis ذروتها jusqu'à ونذكر) manque dans ce man. 6) Man. قصمها.

واسطة السلك، واشمخ ذرى الملك، بهذه الجزيرة، واشرح الاسباب التى ملّكتْه قيادَها، ووطَّأتْه مهادَها، حتى اقتعد صهوتها، وتبحبح ذروتها. وان يحيى بن ذى النون المتلقب من الالقاب السلطانية بالقادر بالله كان الذى فيّجَ أوّلًا نارَها واجَّجَ اوارَها، وكان عند ما خلَّى بين اذفونش وبين طليطلة جدّد الله رسمها، واعاد الى ديوان المسلمين اسمها، قد عاهده على ان يعيد له صعب بلنسية ذلولا، وان يمتعه بنصرتها، وتملّك حضرتها، ولو قليلا، علمًا منه انه اسير يديه، وعيال عليه، فصار يَهُرُّ المعاقل، وتبرا منه المراحل[3]، جتى استقرّ بقصبة قونكة عند اشياعه بنى الفرج حسبما نشرحه فى القسم الرابع ان شاء الله وهم كانوا ولاة امره[1]، وطاغية[2] عرفه وذكره، بهم أوّلًا صدح، واليهم اخرًا نزع، وطفق يداخل ابن عبد العزيز بمعاذير يلفّها، واساطير ينمّقها، واعجاز من الباطل وصدور يجمعها ويفرقها، وابن عبد العزيز يومئذ يضحك قليلا ويبكى كثيرا، ويظهر امرا ويخفى امورا، والفلك يدور، وامر الله يناجد ويغور، وورد الخبر بموت ابن عبد العزيز اثناء ذلك، واختلاف ابنيْه بعده هنالك، فانسلّ ابن

---

1) وعمال A. 2) B. ajoute بعد المراحل. 3) B. راغية.

IX

ذى النون الى بلنسية انسلال القطا الى الماء، وطلع عليها طلوع الرقيب على خلوات¹ الاحبّاء،* وانتهاجت السبيل² بين ملوك افقنا وبين امير المسلمين رحمه الله على ما قدّمنا ذكره سنة ٧٩ وصدم اذفونش الطاغية قتسمه الله تلك الصدمة المتقدمة الذكر يوم الجمعة فرجع لعنه الله وقد هيض جناحه، وركدت رياحه،، وتنفّس خناق يحيى بن ذى النون فهذا فتنسّم روح البقاء، وتبلّغ بما كان بقى له من نماء، ودخل *من معاقدة امير المسلمين³ فيما دخل فيه معشر الرؤساء، ولم يزل اذبارهم على ما ذكرنا يستشرى، وعقارب بعضهم الى بعض تدبّ وتسرى،، حتى اذن الله لامير المسلمين فى افساد سعيهم، وحسم ادواء بغيهم، والانتصار لكواقِّ المسلمين من فعلهم الذميم ورايهم،، فشرع فى ذلك على ما قدّمناه سنة ٣٨ فاجعلت البلاد عليه تنتثال، والمنابر باسمه تزدان⁴ وتختال،، واستمرّ ينثر⁵ نجومهم، ويطمس رسومهم،، باقى سنة ٣ وسنة ٤ بعدها وفى ذلك⁶ يقول الاديب ابو تمّام بن رباح

كأنّ بلادهم كانت نساء   تطالبها الضرائر⁷ بالطلاقِ

---

1) A. حلاوة. 2) A. وانتهج السبيل. 3) Au lieu de ces mots, B. porte من المحالفة. 4) B. تزهى qui revient au même. 5) B. ينثر; A. يثير. 6) A. ajoute اليوم. 7) A. الضرائر.

وفى ذلك ايضا يقول ابو الحسين بن اللجد واراه عرّض
بصاحب ميورقة بعد خلع بنى عباد

ألَا قُلْ للذى يرجو مَنَالًا
بعيد بيـن جنبك والفراش
ابو يعقوب من حدّثت عنه
........¹ العداوة او فراش
اذا رفش² القضاء جبالَ رضوى
فكيف تـراه يصنع³ بالفراش

ولما أحسّ احمد بن يوسف بن هود المنتزى الى وقتنا هذا علـى ثغر سرقسطة بعساكر امير المسلمين تقبّل من كل حدب، وتطلع على اطرافه من كل مرقب،، آسَدَ كلبا من أكْلُبِ الجلالقة يسمى برذريق⁴ ويدعى بالكنبيطور وكان عَقّالًا، * وداءً عُضَالًا⁵،، له فى الجزيرة وقائع⁶ على طوائفها بضروب المكروه⁶ اطّلاعـات ومطالع،، وكان بنو هود قديمًا هم الذين اخرجوه من الخمول، مستظهرين بـه علـى بغيهم الطويـل، وسعيهم المـذمـوم المخـذول،، وسلّطوه على اقطار الجزيرة يضع قدمه على

---
1) Le texte est altéré ici dans les deux man.; A. porte فرش, et B. فرش منهم. J'ai donc dû omettre ce vers dans ma traduction.   2) B. رقش; A. نفش.   3) A. تصنع; B. يفعـل.   4) B. بلذريق.   5) Ces voyelles se trouvent dans B.   6) B. المكاره

صفحات انجادها¹،، ويركز علمه فى الثلاث اكبادها،، حتى غلظ امره، وعم اقاصيها وادانيها شره،، ورأى هذا منهم حيث² خاف وقُوِىَ ملكه، واحسَّ بانتشار سلكه،، أنْ يَضَعَهُ بينه وبين سرعان عساكر امير المسلمين قوطًا له اكناف بلنسية. وجبا اليه المال، وأوطاً عقبه الرجال،، فنزل بساحتها وقد اضطرب حبلها، وتسرَّب³ اعلها،، وذلك ان الفقيه ابا احمد بن جحاف متولى القضا بها يومئذ لما راى عساكر المرابطين تَثْرَى، واحس بهذا الطاغية لعنه الله من جهة اخرى،، امتطى صهوة العقوق، وتَمَثَّل من⁴ فُرَص اللتَّى ضجَّة السوق،، وطمع فى الرياسة بخدع الفريقَيْن، وذهل عن قصَّة⁵ الثعلب بين الوعلَيْن،، فاستجاش لاول تلك الوعلة لمَّةً يسيرةً من *دعاة امير المسلمين⁶ فهاجم بهم على ساحة ابن ذى النون الجائى⁷ على *حين من⁸ غفلته، وانغضاض من جملته، *واستنشراء من علته⁹،، حيث لم يكن له ناصر إلَّا

---

1) A. اجنادها. 2) B. حين. 3) Le parallélisme indique que la 5e forme du verbe سرب est ici verbe dénominatif de سرب (agmen). 4) *Prendre exemple sur*. Ce sens de la 5e forme du verbe مثل manque dans les Dictionnaires. 5) A. محنة 6) Au lieu de ces trois mots, B. donne الخيل. 7) A. الجابى؛ dans B. ce mot manque. 8) Ces deux mots manquent dans A. 9) Telle est la leçon de A.; dans B. on trouve واستنشررا (sic) من

الشكوى،، ولا هـاذل ¹ الّا صـدر العصى ²،، فقتله ³ زعموا بيد رجـل من بنى التّحديدى طلب بِمَدْخِل ⁴ عَمَّا كان هو ⁵ قتـل مـن سلفه ⁶ وهدم من بيوت شرفه،، فى خبر سياتى ذكره ⁶ ويشرح بمشية الله *فى موضعه من هذا الكتاب ⁶ امره،، وفى *قتله لابن ⁷ ذى النون القادر يقول ابو عبد الرحمن بن طاهر

ايها الاخيف ⁸ مهـلا   فلقد جشّمـتَ عويصا
اذ قتـلتَ المَلْكَ يحيى   وتقمّدت القميصا
رب يـوم فـيـه تُمْجَـزَى ⁹   لم تـجد عنه محيصا

ولما تـمّ *لابى احمد ¹⁰ شانه، واستقرّ به ¹¹ على زعمه سلطانه،، وقع فى هراش، وتفرّقت الظبى على خِداش ¹²،،

―――――

غلبته. Dans ma traduction j'ai omis cette phrase qui me semble altérée.

1) B. خاد.   2) B. الغنآء. Le mot عَصًا désigne *une lance*, ce qu'il faut ajouter aux Dictionnaires; *voir* Alcala aux mots *asta* et *lança*, Abd-al-wâhid, p. 182, Ibn-al-Khatîb, man. G., fol. 160 r.   3) B. فقتلوه.   4) A. يدخل; B. برجل.   5) A. قد.   6) B. قتـل ابن.   7) ـى القسم الرابع من هذا المجموع.   8) B. الاحنف.   9) B. تنجزى; A. تـجلدى; mais la leçon تنجزى se trouve dans le man. d'Ibn-al-Abbâr et dans ceux d'Ibn-Khâcân.   10) B. لابن جحاف.   11) به ne se trouve pas dans B.   12) Cette leçon se trouve dans les deux man. La 3e forme du verbe خدش doit donc être ajoutée aux Dictionnaires.

ودُفع الى النظر فى امور سلطانية 1 لم يتقدم قبل فى غوامض حقائقها، والى ركوب اساليب سياسة لم يكن له عهد باقتحام مضائقها، ولا بالدخول فى ضنك مازقها،، ولم يعلم ان تدبير الاقاليم غير تلقين الخصوم، وان عقد الوية البنود غير الترجيح بين العقود، وانتحال الشهود،، وشغل بما كان احتجن من بقية ذخائر ابن ذى النون وأنستْه 2 عن استجلاب الرجال، والنظر فى شىء من الاعمال،، وانفضَّتْ عنه تلك الجملة اليسيرة المرابطية التى كان تعلّق بسببها، ومَوَّهَ على الناس بها،، لضيق المذاهب، وغلظة ذلك العدو المصاقب،، وقـوى طمع ردريق 3 فى ملك بلنسية فلزمها ملازمة الغريم، وتلذُّذ بها تلذُّذ العشّاق بالرسوم،، ينتسف 4 اقواتها، ويقتنـل حماتها،، ويسوق 5 اليها كل منيّهْ 6 ويطلع عليها من كل ثنيّهْ،، فرُبّ ذروة عزٍّ قـد طالما بلغت 6 الامانى والنفوس دونها، ويئست الاقمار والشموس من 7 ان تكونها،، قد ورد ذلك الطاغية يومئذ معينها 8، واذال مصونها،، ورُبّ وجه كانت تدميه السِّتْرُ، وتحسده الشمس والبدر،

---

1) A. سلطائند.   2) A. وسبيعتـد; cette phrase manque dans B.
3) B. porte partout لُذريق.   4) La 8e forme du verbe نسف
se trouve dans le même sens chez Abd-al-wâhid, p. 186, 206.
5) B. ويسبق.   6) B. تلذذت.   7) B. فى.   8) Voyez sur le
mot معين, Script. Ar. loci, t. I, p. 67, l. 6, et p. 157, note 495.

ويتغاير عليه المرجان والدُّرَر،، قد اصبح ذريَّة¹ لزجاجه،
نَعْلا² لاقدام ارائل³ اعلاجه،، وبلغ الجهد باعلها
والامتحان⁴ ان احلّوا محرم الحيوان،، وابو احمد
المذكور فى انشوطة ما سَهُلَ وسَنِىَ،، * شَرِقًا بعَقْبى ما
جَرَّ⁴ على نفسه وجنى،، يستصرخ امير المسلمين⁵ على
بُعد داره⁶،، وتراخى مزاره،، فتارةً يُسْمِعُه ويُحَرِّكه
وتارة ينقطع دونه ولا يُدْرِكه،، وقد كان من امير
المسلمين بموضع، ومن رايه الجميل بمرأى ومَسْمَع،، ولكن
* ابطأ عن نصره⁷ ينأى الدار، ونفوذ المقدار،، واذا قدر
الله امرا فتح ابوابه، ويَسَّرَ اسبابه،، وتمّ للطاغية زذريق
مراده الذميم من دخول بلنسية سنة ٨٨ على وجه من
وجوه غدره، وبعد اذعان من القاضى المذكور⁸ لسطوة⁹
كبره،¹⁰ ودخوله طائعًا فى امره،، على وسائل اتّخذها، وعهود
ومواثيق بزعمه اخذها،، لم يمتدّ لها امد، ولا كثر
لايامها عدد،، وبقى معه مُدَيْدَةً يضاجر من صاحبته،

1) B. ذرية. 2) A. ‎‎نَقْلا:. 3) B. اراغل qui est bon aussi.
4) B. وشروك ما جر. Au lieu de جر, A. porte جرو (جَرَّ).
5) A. ajoute ici بموضع ومن ورايه (رايه); mais ces paroles, qui
se trouvent un peu plus loin, me semblent déplacées ici. 6) B.
ابن جاحاف. 7) A. ابطما به عن نصرة تناءى. 8) B. ديارة
كفره. 9) A. بسطوة. 10) B. المذكور الجلب A. ؛المذكور.

ويلتمس السبيل الى نكبته،، حتى امكنته زعموا بسبب
ذخيرة نفيسة من ذخائر ابن ذى النون وكان رذريق
لاول دخوله قد ساله عنها، واستحلفه بمحضر جماعة
من اهل الملّتيْن على البراءة منها،، فاقسم بالله جهد
ايمانه، غافلا عمّا فى الغيب من بلائه وامتحانه،، وجعل
رذريق بينه وبين القاضى المذكور عهدا احضر.
الطائفتيْن، واشهد عليه اعلام الملّتيْن،، انْ هو انتهى بَعْدُ
اليها، وعثر عنده عليها،، ليستحلَّنَّ اخفار ذمه،
وسفك دمه،، فلم ينشب، رذريق انْ ظهر على الذخيرة
المذكورة * لديه، لما كان حم من اجراء سخنته على
يديه،، ولعلّها كانت منه حيلة ادارها، وداعية من دواعيه
سراها وانارها،، فأنْحى على امواله بالنهاب²، وعليه وعلى
اهله³ بانواع العذاب،، حتى بلغ جهده، ويمّس مما
عنده،، فاضرم له نارا أتلفَتْ ذماءه، وحرقت اشلاءه،،
حدثنى من رآه فى ذلك المقام وقد حُفر له حفير الى
رفغيه، واضرمت النار حواليه، وهو يضمّ ما بعد من
الحطب بيديه،، ليكون اسرع لذهابه، واقصر لمدّة

---

1) B. يبعد. 2) Tout ce passage, à partir du signe *, manque dans A. Les mots حم, سخنته (qui n'est pas écrit distinctement dans le man.) et سراها وانارها me semblent altérés.
3) B. وولده.

عذابه،، كتبها الله له فى صحيفة حسناته، ومحا بها سالف سيّاته، وكفانا بَعْدُ اليم نقماته، ويسرنا الى ما يُزلِف الى مرضاته،، وهم يومئذ الطاغية[1] لعنه الله بتحريق زوجته وبناته، فكلمه فيهن بعض طغاته،، فبَعْدَ لأى ما لفته عن رايه، وتخلّصهن من يدى نكداته،، واضرم هذا المصاب الجليل اقطار الجزيرة يومئذ نارا، وجلل سائر طبقاتها حزنا وعارا،، وغلظ امر ذلك الطاغية حتى فدح[2] التهائم والنجود، واخاف القريب والبعيد[3]،،
* حدثنى من سمعه يقول[4] وقد قوى[5] طمعه، ولجّ به جشعه،، على ردريق فتحتن هذه الجزيرة ودريق يستنقذها كلمة ملات الصدور، وخيّلت وقوع المَخُوف[6] والمحذور،، وكان هذا البائقة وقته فى درب[7] شهامته، واجتماع حزامته، وتناهى صرامته،، آية من آيات ربه الى ان رماه سريعا بحتفه، واماته ببلنسية حتف انفه،،
وكان لعنه الله منصور العَلَم، مظفرا على طوائف العاجم،، لقى زعماءهم * مرارا كغرسية المنبوز بالفم المعوج ورئيس الافرنج وابس ردمير[8] ففلّ حدّ جنودهم، وقتل

---

1) Ce mot ne se trouve pas dans A. 2) B. فدج. 3) Voyez sur la phrase القريب والبعيد, Script. Ar. loci, t. I, p. 259, note 3, et p. 360, note 202. 4) B. بلغنى انه كان يقول. 5) B. طما qui est bon aussi. 6) A. الخوف, B. omet ce mot. 7) A. ذرى. 8) Ces neuf mots manquent dans B.

XVII

بعدده اليسير كثيرٌ عددهم،، وكان زعموا تدرس بين يديه الكتب، وتقرأ عليه سير العرب، فاذا انتهى الى اخبار المهلب، استخفّه الطرب، وطفق يعاجب منها ويتعاجب،، وشى بلنسية يومئذ يقول ابو اسحاق بن خفاجة⁴

عائثت² بساحتك الظبى² يا دار
ومحا محاسنك البلى والنار
فاذا ترددَ فى جنابك ناظر
طال اعتبار فيك واستعبار
ارض تقاذفت الخطوب باهلها
وتمخّضت³ بخرابها الاقدار
كتبت يد الحدثان فى عرصاتها
لا انت انت ولا الديار ديار

وتجرّد امير المسلمين رحمه الله لما بلغه هذا النبأ الفظيع، واتّصل به هذا الرزء⁴ الشنيع،، فكانت قذى اجفانه، وجمّاع شانه، وشغّل يده ولسانه،، يُسَرِّبُ اليها الرجال والاموال، وينصب عليها الحبائل والحبال، والحرب

---

1) Les quatre vers qui suivent ici, se trouvent aussi chez Maccari, t. II, p. 754. 2) C'est ainsi qu'on lit chez Maccari; A. porte عائىت et B. عائىت et العدى, البلى, et B. عانت. 3) A. وتماحظت ; B. وتمحصت. 4) B. الدرّ qui est bon aussi.

هنالك سجال، والحـال بين العـدو وبيـن عساكـر امير المسلمين ادبـار واقبال،، حتى دحض¹ عارها، وغـسـل شنارها،، وكان اخر امراء اجناده، المجهزين اليها فى جماهير اعداده،، الامير ابو محمد مزدلى ظبة حسامه، وسلك نظامه،، ففتحها الله عليه، وانن فى تخلُّصها على يديه،، فى شهر رمضان سنة ٩٥ *كتب الله منزله فى علّييـن، وجـزاه عـن جـدّه وجهـاده² افضـل جـزا المحسنين،، وفى ذلك التاريخ كتب ابو عبد الرحمن ابن طاهر الى الوزير ابى عبد الملك بن عبد العزيز رقعةً يقول فيها   كتبتُ منتصف الشهر المبارك وقد وافى بدخـول بلنسية جبّرها الله الفتح، بعد ما خـامرهـا القبح،، فاضرم اكثرها نارا، وتركها آية للسائلين واعتبارا،، وتغشّاها سوادا، كما لبست به حدادا،، فهى تنظر من طرف خفى، وتتنفّس عن قلب ينقلب على جمر ذكى،، غير انه بقى لها جسمها الانعم³، وتربها الاكرم⁴، الذى هو كالمسك الاذفر، والذهب الاحمر،، وحدائقها الغُلْب، ونهرها العـذب،، ويسعد امير المسلمين واقبـالـه عليها ينجلى⁵ ظلامها، ويعود عليها حليها ونظامها،، وتـروح

---

1) *Effacer*; voyez *Script. Ar. loci*, t. I, p. 261.   2) B. كتبها.   الاعظم B. (3   الله له منزلة فى جهاده وجدّه.   4) B. الاكرم.   5) Au-dessus de la ligne, entre les mots ينجلى et ظلامها.

XIX

فى الحُلَل، وتبرز¹ كالشمس فى بيت الحمل،، فالحمد لله ملك الملك، مطهرها من الشرك،، وفى عودتها الى الاسلام عزٌ وعَزَاء، عما نفذ به قدر وقضاء،، وكتب يومئذ² الى الوزير الفقيه ابن جحاف يعزيه بابن عمه ابى احمد المحرق المتقدم الذكر مثلك وقاك الله المحاذير فى نور الدين، وصحّة اليقين،، وسلامة الضمير، وعدم النظير، وقوة الرجحان، ومعرفة الزمان،، اعطى الحوادث صبرا، ورنّها على اعقابها صغرا،، فلم يخضع لصولتها، ولم يحفل بسورتها،، ودرى انها الايام والغير³، والحمام والقدر،، ودارت الخطوب عصمك الله من المامها⁴ وحماك من اخترامها،، بمصرع الفقيه القاضى ابى احمد عفا الله عنه ومهلكه، وانحطاطه من فلكه،، فانقضّت لعمرى نجوم الماجد بانقضاضه، وبكت سماء الفضل على تداعيه وانفضاضه،، فانه كان من جمال⁴ المذاهب، والغوث عند النوائب،، بحيث يكون الغيث

ظَلامها, on lit dans le man. A. عنها خ; ce qui veut dire qu'un autre man. ajoute ici عنها. Il est sans doute permis de l'ajouter, mais on peut aussi l'omettre. Dans le man. B. il manque ici quelques mots.

1) B. وتنور. 2) A. ايضا اثر ذلك. 3) B. (والعَبَر) والعِبَر, ce qui pourrait convenir aussi. 4) B. حجال.

فى قيظ ¹ المَحْـل ²، والحلب عنـد انقطاع ³ الرُّسْـل،، بعيدا عـن القسوه، صفوحـا عـن الهفوه،، عطوفا على الجيران، عزيزا على ⁴ الاخوان،، يستهوى القلوب ببشره، ويتملك الاحـرار ببرّه،، وان الدنيا بعده لغى حِـداد ٥ * لمّا قصدَتْه يد زِناد ⁵،، قائما باعبائها ⁶، مُبيرا لاعدائها،، فهى تبكيه بأربعة سجام، وتندبه فى كل مقام،، ويا ⁷ اسرع مـا سلبه ⁸ المنون، وقد قرَّتْ بـه منكم العيون،، وطوّقكم طوق الفَخار، واناخ بقدركم على الاقدار،، فانا لله وانـا اليه راجعون على اليم المصاب، وعـنـد الله نحتسبه كريم الاصل والنصاب،، وطودا منيعا، ومَوْما ⁹

---

1) Les deux man. portent قـنـط. 2) B. السـحـل. 3) A. ajoute عن. 4) L'expression عزيز عالى signifie fort souvent : *estimé par*. 5) B. porte ici لمـا أحبـبـت بـه; لما قصدَتْه من داعية صـاد, et A. يد زِناد; mais la première lettre de ce dernier mot est écrite fort indistinctement dans le man.; il me paraît cependant que c'est un ص. Au reste, ce passage est peut-être altéré. 6) Voyez sur la 4e forme du verbe عبا, *Script. Ar. loci*, t. I, p. 46, 109, et le Glossaire sur Ibn-Badroun, p. 97. 7) B. ثما. 8) A. سلبته et B. أسلبته; mais مَوْما est un singulier. 9) B. قدما; mais je crois que مَوْما ou مَوْمَا (مَوْمى) est le nom de lieu du verbe وَمَأ, qu'on trouve écrit très-souvent وَمَى. — Il signifie donc proprement *le lieu qu'on*

رفيعا،، وقد تساوينا فى الرزية، فَلْنَعْدِلْ¹ الى التسليه،، فذلك اوفر ذخرا، واعظم اجرا،، ۞

قل * ابو الحسن² وابو عبد الرحمن اكثر احسانا، واوضح خُبْرًا وعيانا، من ان يحاط باخباره، او يعبر عن جلالة مقداره، وقد استوثيت معظم كلامه فى كتاب مفرد ترجمته بسلك الجواهر، * فى ترسيل³ ابن طاهر، وهو اليوم ببلنسية سالم ينطق، وحمى يبرزخ، وقد نيف عن الثمانين وما احوجه⁴ سمعه الى ترجمان، بل هو حتى الآن،، يَهَبُ للطروس من الفاظه ما يفضح⁵ العقود الدُّريه، وتعسعس معه الليالى البدريه⁶،، وفيما اوردنا كفايه، مَن الذى يمكنه النهايه،، ۞

II.

(Autres textes arabes relatifs au Cid.)

Kitâb al-ictifâ, par l'Africain Ibn-al-Cardebous (man. de M. de Gayangos). Voyez plus haut, p. 45.

---

montre du doigt. Dans un passage d'Ibn-al-Khatib (*Script. Ar. loci*, t. II, p. 162) on lit, en parlant de la Mecque: نشيدة املسى ومومى نيتى وعملى; mais le man. de Berlin porte en cet endroit ومرمى ۞

1) A. (فَلْنَعُدْ) فلنعد qui est bon aussi. 2) B. وابن بسام.   3) B. من نوادر ترسيل.   4) B. احوجت.   5) Voyez sur le verbe يفضح, mes notes sur Ibn-Badroun, p. 128.   6) B. النوريه.

فلما تحقّق عند النصارى انه قد جاز، وقطع البحر وفاز،، اتّفقوا على تدويخ شرق الاندلس وشنّ الغارات على سرقسطة وجهاتها، وتمادوا الى بلنسية ودانية وشاطبة وبرسبة ودواتها،، فانتسفوها نسفا، وتركوها قاعا صفصفا،، واخذوا حصن مره وايط[1] وغيرها فساء حال المشرق وحسن الغرب بمن كان فيه من المرابطين وخرج الحاجب منذر بن احمد بن هود من لاردة[2] ونزل على بلنسية وحصرها طامعا فى اخذها من يد القادر فلما سمع به ابن اخية المستعين استنصر بالقنبيطور لعنه الله وخرج معه فى اربع مائة فارس والقنبيطور فى ثلاثة الاف وغزا[3] معه بنفسه حِرْضًا[4] منه على ملك بلنسية على ان للقنبيطور اموالها وللمستعين جفنها[5] فلما سمع بمجيئة عمّه الحاجب رحل عنها، ولم يَحْصُل بطائل منها، فلم يزل محاصرا لها، حتى حصّلها،، وفى هذه السنة وهى سنة ٤٨١ ـــ ـــ كان السيل الاعظم فى صدمة[6] اكتوبر الذى خرب بلنسية وغيرها وهدم برج القنطرة ـــ ـــ ثم

---

1) Le man. porte مرو, رايط; voyez la note ajoutée à la traduction. 2) Le man. porte ناردة. 3) Dans le man. وعرو. 4) Le man. porte par erreur حصرا. 5) Le mot جفن a ici le sens de *ville*; voyez mes *Script. Ar. loci de Abbad.*, t. II, p. 6. 6) صدمة signifie ici *mois* (solaire), comme chez Ibn-Adhârî, p. 322.

XXIII

ان الفنش خفَّ روعه وانتعشت نفسه فحشـد، وجمع
واستعد،، وخرج قاصدا لمنازلة' بلنسية ومحاصرتها بعد
ان كتب الى اهل جنوة وفيشة' ان ياتوه فى البحر
فوصلوا اليه فى نحو اربعمائة قلاع فاستحكم طمعه فيها
وفى جميع سواحل الجزيرة فارتاع له كل من فى السواحل
ثم ان الله تعالى خالف بين كلمتهم' واذن بتفرقهم،،
فاصبح وهو راحل' ولم يحصل على طائل،، ولما نزل
الفنش على بلنسية غضب القنبيطور واحتد' وجمع
وحشد،، لانه كان يعدُّها له طاعه' والقادر بها عامله اذ
لا قدرة له على الدفاع والاستطاعه،، فخالفه الى قشتالة
فحرق وهدم فكان ذلك اقوى الاسباب فى افتراق ذلك
الجمع عن بلنسية وانصرف الفنش الى قشتالة مسرعا'
والقنبيطور قد ولى راجعا،، ونزل اسطول جنوة وغيرها
على طرطوشة وجاءهم ابن ردمير وصاحب برشلونة فثبَّتها
الله ودفع عنها' وانصرف جميعهم خائبا منها،، فكرَّ
القنبيطور الى بلنسية واتَّفق معهم على مائة الف مثقال
جزية فى كل عام   وفى هذا العام استحكم طمع
اصناف النصارى على الجزيرة فضيَّق غرسية على المرية
والفائنة على لورقة وحاصر البرهانس مرسية والقنبيطور

---

1) Dans le man. المنازلة.   2) وفيشة: dans le man.

XXIV

شاطبة — — وبنى اسقف افرنجى فى صقّة البحر حصن ششنة فاحميت عند ذلك نفوس من بشبيلية (sic) من المرابطين وتقدّم عليهم القائد محمد بن عائشة وقصد بهم مرسية والتقى بهم مع جملة من الانصارى فهزموهم وقتلوا منهم جملة واسروا جماعة وخلعَ صاحبَ مرسية وتملدى الى دانية فرّ صاحبها ابن مجاهد فى البحر واوى الى الدولة الحمّادية — — ودخل ابن عائشة دانية فوافاه بها ابن جحاف قاضى بلنسية وساله النهوض اليها معه، فلم يمكنه ان يفارق موضعه،، فانفذ معه عسكرا وقدّم عليه قائدَه ابا ناصر فوصلا اليها وقصدا القادر 1 وقتلاه ونلك سنة ٤٨٥ فلما انتهى ذلك الى القنبيطور وهو محاصر لسرقسطة غاظه وحميت نفسه، وزال عنه انسه،، لانها كانت بزعمه طاعته لان القادر كان يعطيه منها مائة الف دينار فى العام جزية فرحل عن سرقسطة فنزل على بلنسية وحاصرها مدّة من عشرين شهرا، الى ان دخلها قهرا،، بعد ان لقى اهلها فى تلك المدّة ما لم يلقه بشر من الجوع والشدّة الى ان وصل عندهم فأر دينارا 2 وكان دخوله اياها سنة ٤٨٧ وفى هذه المدة انقطع الى القنبيطور وغيره من اشرار المسلمين

---

1) Dans le man. القادر.   2) Dans le man. دينار avec كذا.

XXV

واردانهم، وتجارهم وفسادهم وممن يعمل باعمالهم،، خلقٌ كثير وتُسمّى بالدوائر فكانوا يشنّون على المسلمين الغارات، ويكشفون الحرمات،، يقتلون الرجال، ويسلبون النساء والاطفال،، وكثير منهم ارتدَّ عن الاسلام ونبذ شريعة النبى صلّعم الى ان انتهى بيعهم للمسلم الاسير بخبزة وقدح خمر ورطل حوت ومن لم يفد نفسه قُطع لسانُه، وثُقَّبت اجفانه،، وسلطت عليه الكلاب الضاربة، فاخذته اخذة رابية،، وتعلّقت منه ¹ طائفة بالبرهانس لعنه الله ولعنهم فكانت تقطع ذكور الرجال، وتزوج النساء ورجعوا له من جملة الخدمة والعمّال،، وفتنوا فتنة عظيمة فى اديانهم، وسلبوا جملة ايمانهم،، — — واخذ (امير المسلمين) فى الصدر الى العدوة وقد كان انفذ جملة من جيشه الى كنكة وقدّم عليه (؟ عليهم) محمد بن عائشة فالتقوا مع البرهانس لعنه الله فانهزم امامهم واستأصلوا محلّته وانصرفوا فارحين، وبالظفر مستبشرين،، ثم نهض الى ناحية جزيرة شقر (للقاء *ajoutez*) العدوِّ وذُكر له انه يؤمّها ويقصدها فالتقوا بجملة من جند القنبطور (*sic*) فاوقع بهم وقتلهم اشرَّ قتلة ولم يفلت الا

---

1) L'auteur aurait mieux fait d'écrire منهم; mais le style de cette chronique est à la fois prétentieux et incorrect. On voit qu'elle a été écrite en Afrique: en Espagne on écrivait mieux.

اليسير من ذلك الجملة فلما وصل الفلّ اليه مات غمّـًـا لا رحمه الله — — واسى سنة ٤٩٤ جاز الامير مزدلى[1] فى جيش عرمرم وقصد بلنسية منازلًا ومحاصرًا لها فاقام عليها سبعة اشهر فلما راى الفنش ما حلَّ برجاله[ ] من الم الحصار واحواله،، وصل بمحلّته الذميمة اليها، واخرج جميع من كان فيها من الروم لديها،، واضرمها نارًا، وتركها آية واعتبارًا،، »

« Lorsque les chrétiens eurent appris que Yousof l'Almoravide avait passé le Détroit pour retourner en Afrique, ils résolurent de piller l'est de l'Espagne et de faire des razzias sur le territoire de Saragosse. Pénétrant donc dans les provinces de Valence, de Dénia, de Xativa et de Murcie, ils les ravagèrent à un tel point qu'elles ressemblaient à un désert. Ils prirent aussi la forteresse de Miravet[2] et plu-

---

1) Dans la suite, l'auteur nomme le gouverneur de Valence *Mazdali*; ici le man. porte دلى. La première syllabe, *Mas*, a été omise par le copiste; faute qui s'explique aisément quand on fait attention que la dernière syllabe d'*émir*, مير, ressemble beaucoup à la première de *Mazdali*, مز. 2) J'ai déjà dit que le man. porte مسرو رايطـ; mais je crois devoir lire مسرو وايطـ *Miravet*. Cet endroit se trouve au nord de Tortose, et je pense qu'il fut pris par le Campéador, au commencement de l'année 1091. Le nom en est aussi altéré dans la *Cron. gener.* (fol. 322, col. 1), où on lit que Rodrigue « s'établit près de Tortose dans un endroit qu'on nomme en arabe Maurelet. » Au reste, Miravet existait bien certainement à cette époque, car on lit dans les *Gesta*

sieurs autres. La condition de l'est était donc déplorable, tandis que celle de l'ouest était excellente, grâce à la présence des troupes almoravides.

« Vers cette époque le hâdjib Mondhir ibn-Ahmed ibn-Houd sortit de Lérida et alla assiéger Valence qu'il voulait enlever à Câdir. Quand cette nouvelle fut parvenue aux oreilles de son neveu Mostaîn, celui-ci demanda le secours du Campéador (que Dieu le maudisse!). Ils se mirent en marche tous les deux; Mostaîn avait quatre cents cavaliers, et le Campéador en avait trois mille. Mostaîn se mit en personne à la tête de ses troupes, parce qu'il avait un ardent désir de s'emparer de Valence. La convention était que le butin appartiendrait au Campéador, et la ville à Mostaîn. Informé de leur approche, le hâdjib décampa sans avoir remporté aucun avantage, et alors Mostaîn assiégea et prit Valence [1].

« Dans le mois d'octobre de cette même année 481 (1088), une grande inondation causa beaucoup de dommage en plusieurs endroits, et notamment à Valence, où elle détruisit la tour du pont.

« Sur ces entrefaites, Alphonse avait repris des forces et du courage. Il réunit donc des troupes, rassembla des provisions de guerre et de bouche, et alla assiéger Valence, après avoir écrit aux Génois et aux Pisans pour leur demander de venir l'aider avec une flotte. Ils arrivèrent dans environ quatre cents navires, et alors Alphonse désira plus ardem-

---

Comitum Barcinonensium (*Marca Hisp.*, p. 547) que dans l'année 1153, Raymond IV, après s'être emparé de Tortose, prit la forteresse de *Miravetum*, située sur le rivage de l'Èbre.

1) Ce dernier renseignement est inexact.

ment que jamais de s'emparer de la ville et même de toutes les côtes de la Péninsule. Aussi les habitants de ces rivages étaient-ils dans la consternation; mais grâce au Tout-Puissant, la discorde se mit parmi les alliés; ils se separèrent, et Alphonse décampa sans avoir obtenu l'accomplissement de ses souhaits.

«Cette attaque contre Valence avait fort irrité le Campéador, qui considérait cette ville comme sa propriété et qui regardait le faible et impuissant Câdir comme son lieutenant. Aussi rassembla-t-il des troupes avec lesquelles il fit une incursion en Castille avant qu'Alphonse y fût revenu. Il brûla et ravagea cette province, et cette incursion fut la cause principale de la retraite de l'armée de devant Valence. Alphonse retourna en toute hâte vers la Castille; mais quand il y arriva, le Campéador était déjà parti. Quant à la flotte des Génois et des autres, elle attaqua Tortose, secondée par Ibn-Rademiro [1] et par le seigneur de Barcelone; mais Dieu protégea la ville, et tous ses ennemis furent repoussés [2].

«Le Campéador retourna alors à Valence et conclut avec les habitants de cette ville un traité en vertu duquel ils s'engagèrent à lui payer un tribut de cent mille *mithcâls* par an.

«Dans cette année, plusieurs chefs chrétiens tentèrent de faire des conquêtes. Almérie fut assiégée par Garcia [3], Lorca

---

1) Sancho d'Aragoñ.   2) Plus tard, les comtes de Barcelone firent encore plusieurs tentatives infructueuses pour s'emparer de Tortose. Raymond III l'assiégea, mais sans succès, en 1095 et en 1097 (*voir* Diago, *Condes*, fol. 143). Raymond IV la prit enfin en 1148 avec le secours des Génois, qui reçurent la troisième partie de la ville.   3) Ce Garcia était probablement Garcia Ordoñez, le comte de Najera

par Alfâna ¹, Murcie par Alvar Fañez, Xativa par le Campéador ², et un évêque franc bâtit sur la côte le château de Xixona ³. Tout cela avait déjà excité l'indignation des soldats almoravides cantonnés dans le royaume de Séville, lorsque Mohammed ibn-Ayicha fut chargé de les commander. Celui-ci les conduisit vers Murcie; il attaqua une division chrétienne, la mit en déroute, tua beaucoup d'ennemis et fit un grand nombre de prisonniers. Ensuite il déposa le seigneur de Murcie et marcha vers Dénia. Le prince qui y régnait, Ibn-Modjéhid, s'embarqua à son approche et alla chercher un asile à la cour des Beni-Hammâd ⁴.

«Quand Ibn-Ayicha eut pris possession de Dénia, Ibn-Djahhâf, le cadi de Valence, vint le trouver pour le prier de se rendre avec lui dans cette dernière ville. Ibn-Ayicha lui répondit qu'il ne pouvait le faire parce que sa présence

---

1) Ou Alfâno. Ce chevalier m'est inconnu; peut-être l'auteur arabe ne donne-t-il que son surnom. 2) Au commencement de l'année 1091, à ce qu'il paraît. 3) Xixona (ou Jijona comme on écrit aujourd'hui) se trouve entre Xativa (San Felipe) et Alicante. Les ruines de son ancien château existent encore. 4) Les princes de Bougie; mais l'auteur se trompe ici. Les descendants de Modjéhid ne régnaient plus à Dénia; ils avaient été détrônés, en 1076, par Moctadir de Saragosse, et à l'époque dont parle l'auteur, Dénia était au pouvoir des descendants du hâdjib Mondhir. Au reste, il y a une tradition selon laquelle Ali ibn-Modjéhid s'enfuit à l'approche de Moctadir et alla chercher un asile à la cour de Bougie. Voyez Ibn-Khaldoun (*apud* Weijers, *Loci Ibn Khacanis*, p. 115), qui, dans son *Histoire des Berbers* (t. II, p. 79), est tombé dans la même erreur qu'Ibn-al-Cardebous.

était nécessaire à Dénia; mais il lui donna une armée sous les ordres de son lieutenant Abou-Nâcir. Ce dernier alla donc à Valence avec Ibn-Djahhâf, et quand ils y furent arrivés, ils tuèrent Câdir. Ceci eut lieu dans l'année 485 (1092).

« Le Campéador, qui assiégeait alors Saragosse [1], fut fort irrité quand il reçut ces nouvelles, car il prétendait que Valence lui appartenait, attendu que Câdir lui payait un tribut annuel de cent mille dînârs. Il quitta donc Saragosse et alla assiéger Valence. Le siége dura vingt mois, au bout desquels le Campéador prit la ville de vive force. Elle avait eu à supporter une famine qui n'avait jamais eu sa pareille, car un rat coûtait un dînâr. Ce fut en 487 (1094) que le Campéador prit possession de la ville.

« Dans ce temps-là un grand nombre de musulmans se joignirent au Campéador et à d'autres chefs chrétiens. C'étaient des malfaiteurs, des hommes tarés, des brigands, des repris de justice. On les appelait les *dawâyir* [2]; ils faisaient des razzias sur les terres des musulmans, violaient les harems, massacraient les hommes, et traînaient les femmes et les enfants en esclavage. Beaucoup d'entre eux apostasièrent et foulèrent aux pieds les commandements du Prophète. Ils vendaient leurs prisonniers musulmans pour un pain, pour un pot de vin ou pour une livre de poisson; ils coupaient la langue à celui qui ne voulait ou ne pouvait se racheter, lui

---

1) L'auteur se trompe de nouveau : le Campéador était à Saragosse à l'époque du meurtre de Câdir, mais il n'assiégeait pas cette ville.

2) Ce terme répond à celui de *routiers* ou de *Brabançons*, qu'on employait anciennement en France.

crevaient les yeux, et le livraient à des dogues qui le déchiraient. Plusieurs d'entre eux, qui s'étaient réunis à Alvar Fañez (que Dieu le maudisse ainsi qu'eux!), coupaient les parties naturelles aux hommes et aux femmes; ils étaient les serviteurs et les employés de ce chef, et, ne pouvant résister aux nombreuses séductions dont on les entourait afin de les faire changer de religion, ils perdirent entièrement leur foi. — —

«Avant de retourner en Afrique, le commandeur des croyants (Yousof) envoya une division de son armée contre Cuenca, sous les ordres de Mohammed ibn-Ayicha. Ces troupes livrèrent bataille à Alvar Fañez (que Dieu le maudisse!), le mirent en déroute et pillèrent son camp. Elles retournèrent pleines de joie et fières de leur victoire. Ensuite Ibn-Ayicha se porta vers Alcira afin d'arrêter l'ennemi, car il avait appris que celui-ci menaçait cette ville. Ayant rencontré une division de l'armée du Campéador, il l'attaqua et lui causa une si grande perte que bien peu d'ennemis réussirent à sauver leur vie. Quand les fuyards arrivèrent auprès du Campéador, celui-ci mourut de chagrin. Que Dieu ne soit pas clément envers lui! — —

«L'année 494 (1101), l'émir Mazdalî alla assiéger Valence avec une armée fort nombreuse. Le siége dura sept mois; mais quand Alphonso eut appris à quelles douleurs et à quels périls ses hommes étaient en butte, il arriva avec sa maudite armée à Valence, et, ayant fait sortir de la ville tous les chrétiens qui s'y trouvaient, il la mit en feu, de sorte qu'après son départ elle offrait un bien triste spectacle.»

XXXII

Ibn-al-Abbâr, *al-Holla as-siyarâ* (man. de la Société asiatique de Paris, copié sur celui de l'Escurial). Dans le chapitre sur Ibn-Tâhir:

قال ابن بسام فى كتاب الذخيرة من تاليفه ومدّ لابى عبد الرحمن بن طاهر هذا فى البقاء حتى تجاوز مصارع جماعة الروساء وشهد محنة المسلمين ببلنسية على يدى الطاغية الكنبيطور قصمه الله وجعل بذلك الثغرَ' في قيد الاسر،، سنة ۴۸۸ كذا قال ابن بسام وانما دخل الكنبيتاور بلنسية سنة ۸۷ وتوفى ابو عبد الرحمن ببلنسية وصلى عليه بقبلة المسجد الجامع منها اثر صلاة العصر من يوم الاربعاء الرابع والعشرين من جمدى الاخرة سنة ۵۰۸ ثم سير به الى مرسية ودفن بها وقد نيف على الثمانين وعلى مكانه من البراعة والبلاغة فى الرسائل فلم اقف له على شعر سوى قوله فى مقتل القادر يحيى بن اسمعيل بن المامون يحيى بن ذى النون على يدى ابى احمد جعفر بن عبد الله بن جحاف المعافرى عند انتزائه ببلنسية وانتقاله من خطة القضاء الى الرياسة وكان اخيف

ايها الاخيف مهلا' الابيات
فقضى الله ان تسلّط عليه الطاغية الكنبيطور بعد ان

---

1) Voyez plus haut, p. XII.

امنه فى نفسه وماله عند دخوله بلنسية صلاحما وتركته
على القضاء نحوًا من عام ثم اعتقله وأقبل بيته وقرابته
وجعل يطلبهم بمال القادر ابن ذى النون ولم يزل يستخرج
ما عندهم بالضرب والاهانة وغليظ العذاب ثم امر باضرام
نار عظيمة كانت تلفح الوجوه على مسافة بعيدة وجىء
بالقاضى ابى احمد يوسف فى قيوده واهله وبنوه حوله
فامر باحراقهم جميعًا فضج المسلمون والروم وقد اجتمعوا
للملك ورغبوا فى ترك الاطفال والعيال فاسعفهم بعد جهد
شديد واحتفر للقاضى حفرة وذلك بولجة بلنسية وأُدخِل
فيها الى حاجرته (حناجرته : lises) وسوى التراب حوله
وضُمَّت النار نحوه فلما دنت منه ولفحت وجهه قال
بسم الله الرحمن الرحيم وقبض على اقباسها وضمها الى
جسده يستعاجل المنية فاحترق رحمه الله وذلك فى
جمدى الاولى سنة ٤٨١ ويوم الخميس منسلخ جمدى
الاولى من السنة قبلها كان دخول الكنبيطور المذكور
بلنسية ۞

«Ibn-Bassâm dit dans son livre qui porte le titre de *Dhakhîra :* — Cet Abou-Abdérame ibn-Tâhir vécut assez longtemps pour être témoin de la chute de tous les princes des petites dynasties, et de la calamité qui frappa les musulmans de Valence; calamité qui fut causée par le tyran le Campéador, que Dieu le mette en pièces! Il fut alors jeté en prison dans cette Marche, l'an 488. — Voilà ce que dit Ibn-Bassâm; mais le fait est que le Campéador s'empara de Valence dans l'année 487.

« Abou-Abdérame (ibn-Tâhir) mourut à Valence, et on pria sur lui dans cette partie de la grande mosquée qui se trouve du côté de la Mecque; ce qui eut lieu après la prière de quatre heures de l'après-midi, le mercredi 24 de Djomâdâ II de l'année 508 (25 novembre 1114). Ensuite on transporta son corps à Murcie où on l'enterra. A l'époque de sa mort, il était âgé d'environ quatre-vingts ans.

« Bien qu'Ibn-Tâhir ait fait preuve dans ses lettres d'un beau talent et d'une grande éloquence, ce qui permet de supposer qu'il savait aussi faire de bons vers, je n'ai cependant trouvé de lui que les suivants, qu'il composa à l'occasion du meurtre de Câdir-Yahyâ ibn-Ismâîl ibn-Mamoun-Yahyâ ibn-Dh?-'n-noun par Abou-Ahmed Djafar ibn-Abdallâh ibn-Djahhâf al-Moâfirî, alors que ce dernier se fut révolté à Valence et que, de cadi qu'il était, il se fut érigé en prince:

« Doucement, ô toi [1] etc.

« Plus tard, il plut à Dieu de livrer cet Ibn-Djahhâf au tyran le Campéador. Étant entré dans Valence par capitulation, celui-ci lui avait promis de n'attenter ni à sa personne ni à ses biens. Aussi lui laissa-t-il le poste de cadi pendant environ une année; mais ensuite il le fit jeter en prison ainsi que toute sa famille. Il leur demanda les trésors de Câdir, et leur extorqua tout ce qu'ils possédaient à force de coups de fouet, de traitements ignominieux et de tortures cruelles. Puis il fit allumer un grand feu, qui brûlait le visage même à ceux qui se trouvaient à une grande

---

1) Voyez plus haut, p. 20.

XXXV

distance. Quand on y eut conduit le cadi Abou-Ahmed, qui était chargé de fers et autour duquel se trouvaient ses fils et les autres membres de sa famille, le Campéador donna l'ordre de les brûler tous. Mais les musulmans et les chrétiens, qui s'étaient rassemblés pour être témoins de ce qui se passerait, poussèrent des cris d'indignation, et voulurent que les enfants et les esclaves fussent épargnés: Après s'être fortement refusé à leur demande, le Campéador y consentit à la fin. Dans la Huerta de Valence on avait creusé une fosse. On y plaça le cadi jusqu'à la hauteur du cou, et, ayant aplati la terre à l'entour, on mit le feu près de lui. Lorsque le feu lui brûla la figure, il s'écria: — Au nom de Dieu clément et miséricordieux — et, prenant des tisons ardents, il les rapprocha de son corps afin de hâter son dernier moment. Il fut donc brûlé vif (que Dieu lui soit propice!) en Djomâdâ Ier de l'année 488 (9 mai—7 juin 1095). Le jeudi, à la fin de Djomâdâ Ier de l'année précédente, le dit Campéador était entré dans Valence.»

Le même, *Tecmila* (man. de la même Société):

محمد بن يحيى بن محمد بن ابى اسحاق بن
عمرو بن العاصى الانصارى من اهل لرية عمل بلنسية
يكنى ابا عبد الله اخذ من مشيخة بلده ثم خرج منه
فى الفتنة سنة ٤٨٨ بعد تغلُّب الروم على بلنسية فاستوطن
جيان نحوا من سبعة اعوام — — ثم انصرف الى بلنسية
سنة فتحتها وذلك فى رجب سنة ٤٩٥ ۞

«Mohammed ibn-Yahyâ ibn-Mohammed ibn-abî-Ishâc ibn-Amr ibn-al-Açî al-Ançârî, de Liria, dans la province de

Valence, Abou-Abdallâh. Il étudia sous les docteurs de sa patrie, qu'il quitta en 488 (1095), dans le temps des troubles, après que les chrétiens se furent emparés de Valence. Il alla alors habiter Jaën, où il resta environ sept ans. Il retourna à Valence l'année où cette ville fut reconquise, ce qui eut lieu dans le mois de Redjeb de l'année 495 (21 avril — 20 mai 1102). »

———

Maccarî, éd. de Leyde, t. II, p. 754 (cet auteur semble avoir eu sous les yeux le passage d'Ibn-Bassâm, qu'il a abrégé d'une manière peu exacte, celui d'Ibn-al-Abbâr et un troisième encore):

ولما صار امر بلنسية الى الفقيه القاضى ابى احمد بن جحاف قاضيها صيّرها لامير المسلمين يوسف بن تاشفين فحصره بها القادر بن ذى النون الذى مكّن الاذفونش من طليطلة فهجم عليه القاضى فى لمّة من المرابطين وقتله ودُفع ابن جحاف لمّا لم يَعْهَدْ من تدبير السلطان ورجعت عند ذلك طائفة الملثمين الذين كان يعتدّ بهم وجعل يستصرخ الى امير المسلمين فيبطئ عليه وفى اثناء ذلك انهض يوسف بن احمد بن هود صاحب سرقسطة رديف الطاغية للاستيلاء على بلنسية فدخلها وعاقَدَه القاضى ابن جحاف واشترط عليه احضار ذخيرة كانت للقادر بن ذى النون واقسم انها ليست عنده فاشترط عليه انه ان وجدها عنده قتله فأُثْفِف ان وجدها

XXXVII

عنده فاحرقه بالنار وعاث فى بلنسية وفيها يقول ابن
خفاجة حينئذ

Ici se placent les quatre vers que j'ai déjà publiés plus haut, p. XVII.

وكان استيلاء القنبيطور لعنه الله عليها سنة ٤٨٨ وقيل
فى التى قبلها وبه جزم ابن الابار فاتّصل بتم حصار
القنبيطور اياها عشرين شهرا وذكر انه دخلها صلحا وقال
غيره انه دخلها عنوة واحرقها وعاث فيها وممن أُحْرَقَ فيها
الاديب ابو جعفر بن البنى الشاعر المشهور رحمه الله
وعفى عنه فوجه امير المسلمين يوسف بن تاشفين الامير
ابا محمد مزدلى ففتحها الله على يديه سنة ٤٩٥ ۞

«Quand le gouvernement de Valence eut passé au faqui Abou-Ahmed ibn-Djahhâf, le cadi de cette ville, il reconnut la suzeraineté du commandeur des musulmans, Yousof ibn-Téchoufîn. Alors Câdir ibn-Dhî-'n-noun, celui qui avait livré Tolède à Alphonse, l'assiégea dans cette ville[1]; mais le cadi, accompagné d'une petite troupe d'Almoravides, fondit sur lui et le tua. Ibn-Djahhâf fut alors obligé de gouverner l'État, ce à quoi il n'était pas accoutumé, et les soldats almoravides, sur lesquels il comptait, le quittèrent. Il commença alors à implorer le secours du commandeur des musulmans; mais celui-ci tarda trop à lui en envoyer. Sur ces entrefaites, Yousof ibn-Ahmed[2] ibn-Houd, seigneur de Sara-

---

1) Maccari est tombé ici dans une grave erreur. 2) L'auteur

gosse, avait excité Rodrigue le tyran à s'emparer de Valence. Celui-ci y entra, et en concluant un traité avec le cadi Ibn-Djahhâf, il lui imposa la condition de lui livrer certain trésor qui avait appartenu à Câdir ibn-Dhî-'n-noun. Le cadi ayant juré qu'il ne l'avait pas, Rodrigue stipula que, s'il le trouvait auprès de lui, il aurait le droit de le tuer; puis, ayant découvert qu'il le possédait, il le fit brûler vif et sévit contre Valence. Ibn-Khafâdja composa sur cette ville ces vers:

(Voyez ces vers plus haut, p. 25, 26.)

« La prise de Valence par le Campéador (que Dieu le maudisse!) eut lieu dans l'année 488; d'autres disent, dans l'année précédente, et c'est à cette opinion que se range Ibn-al-Abbâr, qui s'exprime très-formellement [1]. La ville avait été assiégée pendant vingt mois. Ibn-al-Abbâr dit que le Campéador y entra par capitulation; mais un autre auteur dit qu'il y entra par assaut, qu'il y mit le feu et qu'il sévit contre elle. Parmi ceux qu'il y brûla, était le littérateur

---

se trompe de nouveau. Ce roi de Saragosse s'appelait Ahmed ibn-Yousof, et non Yousof ibn-Ahmed.

1) L'expression جزم ب se trouve dans le même sens dans le *Madjma al-anhor* (t. II, p. 258 éd. de Constantinople): وبه جزم مولى خسرو, « c'est à cette opinion que se range Maulà Khosrou.» Le mot قائلا a sans doute ici le sens que je lui attribue. Il n'est pas permis de le traduire par *en disant*, d'abord parce qu'Ibn-al-Abbâr ne dit rien sur la durée du siége, et en second lieu parce que la phrase: فتم حصار القنبيطور اياها عشوين شهرا est trop incorrecte pour être sortie de la plume d'un auteur aussi élégant qu'Ibn-al-Abbâr.

Abou-Djafar ibn-al-Binnî [1], le célèbre poète (que Dieu lui soit propice et lui pardonne ses péchés!). Dans la suite, le commandeur des musulmans, Yousof ibn-Téchoufîn, envoya (contre elle) l'émir Abou-Mohammed Mazdali, et grâce au secours de Dieu, celui-ci la prit dans l'année 495.»

III.

(Note pour la page 33.)

Le premier éditeur de la *Cronica general*, Florian d'Ocampo, a mis sur le titre qu'elle a été composée *par ordre d'Alphonse*; mais le marquis de Mondejar (*Memorias históricas del Rei D. Alonso el sabio*, p. 466—468) a fait observer que, dans le prologue, Alphonse dit qu'il a écrit lui-même cette chronique; que son neveu, le prince don Juan Manuel, qui en a composé un abrégé, dit la même chose dans son introduction; que tous les écrivains antérieurs à Florian d'Ocampo sont de la même opinion, et que d'ailleurs cette opinion est confirmée par les titres de tous les manuscrits.

IV.

(Note pour la page 43.)

Le mot *acitára*, en arabe السِتَّارَة, de la racine ستر, couvrir, désigne en général *une couverture;* il a ce sens dans plusieurs chartes latines du XIe siècle citées dans le Glossaire de Ducange. Dans un passage des *Gesta*, il signifie *tapis*

---

[1] Maccarî aurait dû dire: Abou-Djafar el-Battî. Voyez plus loin, n° V.

(«dedit quoque præfatæ Ecclesiæ duas citharas, serico et auro textas, prætiosissimas»). Mais chez les auteurs castillans du moyen âge, il désigne plus spécialement *une housse*. Gonzalo de Berceo, *Vida de Santa Oria*, copla 78:

    Vedia sobre la siella muy rica acitára,
    Non podria en este mundo cosa ser tan clara;
    Dios solo faz tal cosa que sus siervos empara,
    Que non podria comprarla toda alfoz de Lara.

Pierre d'Alcala (*acitára de silla*) et Jérôme Victor (*Tesoro de las tres lenguas*, Genève, 1609: «*acitára de silla*, une couverture de selle, une fausse housse, une housse à la genette») connaissent encore ce sens du mot.

V.

(Textes sur Abou-Djafar Battî.)

Dhabbî, *Dictionnaire biographique* (man. de la Soc. asiat.; je dois cet article à la bonté de M. Defrémery):

احمد بن عبد الولى البتى ابو جعفر ينسب الى بتّة قرية من قرى بلنسية كاتب شاعر لبيب احرقه القنبيطور لعنه الله حين غلب على بلنسية ولىـك سنة ۴۸۸ ذكره الرشاطى فى كتابه ۞

«Ahmed ibn-Abd-al-walî Battî Abou-Djafar, dont le nom relatif dérive de Batta, un des villages situés aux environs de Valence [1], câtib, poète et homme de beaucoup d'intelli-

---

1) Comparez Yâcout, *Mochtaric*, p. 37, et le *Câmous*, p. 174 éd. de Calcutta.

gence. Le Campéador (que Dieu le maudisse!), quand il se fut emparé de Valence, le fit brûler dans l'année 488. Rochâtî[1] a parlé de lui dans son livre.»

Soyoutî, *Dictionnaire biographique des grammairiens et des lexicographes* (man. de M. Lee et de la Bibl. impér. de Vienne):

احمد بن عبد الولی [2] البلنسى البتىّ [3] ابو جعفر قال ابن عبد الملك كان قائما على الاداب وكتب النحو واللغة والاشعار كاتبا شاعرا كتب عن بعض الوزراء وحرقه القنبيطور [4] لعنه الله لمّا تغلّب على بلنسية سنة ٨٨ وقيل ٩٠ سنة.

«Ahmed ibn-Abd-al-walî le Valencien[5], Battî, Abou-Djafar. Ibn-Abdalmelic[6] dit: il avait étudié les belles-lettres, et il copia des livres de grammaire, des dictionnaires et des poésies; il était câtib et poète, et remplit l'emploi de secrétaire auprès d'un vizir. Le Campéador (que Dieu le maudisse!), après qu'il se fut emparé de Valence, le fit brûler dans l'année 488; d'autres disent dans l'année 490» (cette dernière date me paraît erronée).

---

1) Voyez sur cet écrivain, qui mourut en 1147, Ibn-Khallicân, t. I, p. 377, et Maccari, t. II, p. 760, 761. (2) Man. de Vienne الوانى. 3) le man. de M. Lee porte البثينى, et celui de Vienne ﺃﻧﺘﺒﻴﻨﻰ. 4) Man. de Vienne القنينطور. 5) Il portait ce nom relatif, non pas parce qu'il était né à Valence, mais parce qu'il y avait demeuré longtemps. (6) Ibn-Abdalmelic Marrécochî (c'est ainsi que l'appelle Maccari) écrivit, sous le titre de *Cila*, un dictionnaire biographique en neuf volumes (Soyoutî, dans sa préface). Ibn-al-Khatîb, Soyoutî et Maccari citent souvent cet ouvrage, mais Hâdji-Khalifa ne paraît pas l'avoir connu.

Au reste, il ne faut pas confondre cet Abou-Djafar al-Battî avec son contemporain Abou-Djafar (Ahmed ibn-Mohammed) ibn-al-Binnî, comme l'ont fait Ibn-Khâcân (voyez Maccarî, t. II, p. 429) et M. Weijers (*Orientalia*, t. I, p. 428). Cet Abou-Djafar ibn-al-Binnî, un esprit fort de Jaën (voyez Abd-al-wâhid, p. 122, 123), se signala par les virulentes satires qu'il composa contre les bigots du temps d'Alî ibn-Yousof l'Almoravide. On trouve sur lui un article dans le *Calâyid*, article que Maccarî (t. II, p. 583 et suiv.) a copié.

VI.

(Note pour la page 116.)

Dans la première édition de ce travail, j'ai eu tort, je crois, de rejeter ce récit des *Gesta*. Beaucoup de circonstances plaident en sa faveur. D'une part il est certain qu'à cette époque une ambassade partait chaque année de la Castille pour aller percevoir le tribut des rois maures et notamment de celui de Séville[1]; de l'autre, une phrase d'Ibn-al-Khatîb démontre qu'au temps dont il s'agit, Motamid de Séville était en guerre contre Abdallâh de Grenade. Cette phrase, qui se trouve dans l'article sur Mocâtil (man. E.) est conçue en ces termes: « Abdallâh ibn-Bologguîn confia à Mocâtil le gouvernement de Lucéna; mais Ibn-Abbâd (Motamid) lui livra bataille et fut sur le point de prendre Lucéna.» ولّاه الامير عبد الله بن بلقين بن باديس اليسانة

---

1) En 1085, Alvar Fañez fut envoyé par Alphonse à la cour de Motamid; voyez le *Holai* (*Scr. Ar. loci*, t. II, p. 185), où on lit القرمط الربعانس. Ce mot القرمط me paraît une altération de القومط, *conde, comte*.

وَالتَقَى بِهِ اِبْنُ عَبَّادٍ وَاخَذَ بِمَخْنِقِهَا. Puis les noms du roi de Séville et de celui de Grenade sont exacts dans les *Gesta*; le premier est appelé *Almuctamir*, ce qui n'est qu'une légère altération d'*Almutamid*, et le second *Almudafar;* or, Abdallâh ibn-Bologguîn portait réellement ce titre; Ibn-al-Khatîb l'atteste dans son article sur ce prince (man. E.). Joignez-y, d'abord qu'on lit aussi dans la *Chanson* (vs. 109 —112) que le Cid était allé percevoir le tribut, qu'il en retint quelque chose pour lui-même et qu'il fut exilé par le roi lorsque celui-ci se fut aperçu de cette fraude; ensuite, que l'auteur de l'ancien poème latin parle aussi d'un combat livré à *Caprea*, comme il écrit; et dans lequel Garcia Ordoñez fut fait prisonnier par Rodrigue. Toutefois ce poète diffère de l'auteur des *Gesta* quand il dit que ce combat eut lieu après l'exil de Rodrigue, et que Garcia Ordoñez avait été envoyé contre ce dernier par Alphonse.

VII.

(Note pour la page 116.)

L'auteur des Gesta donne à entendre que Rodrigue arriva à Saragosse peu de temps avant la mort de Moctadir, c'est-à-dire peu de temps avant le mois d'octobre de l'année 1081 (comparez Ibn-al-Abbâr, dans mes *Script. Arab. loci de Abbad.*, t. II, p. 105, et le *Cartás*, p. 109). Les chartes viennent à l'appui de cette assertion. Rodrigue Diaz signe des titres de Sancho des années 1068[1], 1069, 1070[2], 1072[3],

---

1) Voyez Sandoval, *S. Pedro de Cardeña*, fol. 41 r.; *Cinco Reyes*, fol. 23, col. 1; Sota, p. 523, col. 2. 2) Sandoval, *S. Pedro*, fol. 41 r.; *Cinco Reyes*, fol. 23, col. 3; Yépès, t. V, Escr. 46. 3) Sandoval, *S. Pedro;* Sota, p. 520, col. 1.

et des titres d'Alphonse VI de 1074[1] et de 1075[2]. Le *Fuero* de Sepulveda (publié par Llorente, t. III, p. 425 et suiv.), de l'année 1076, porte aussi la signature de « Rodericus Diaz. » Par une charte du 12 mai (jeudi) 1076[3], Rodrigue Diaz et son épouse Chimène donnent à Saint-Sébastien (c'est-à-dire, au cloître de Saint-Domingue de Silos) plusieurs propriétés territoriales dont ils avaient hérité (« has hæreditates habuimus ex nostris parentibus ») et qu'ils énu-

---

1) Sandoval, *Cinco Reyes*, fol. 41, col. 1. Sota (p. 657) a publié une charte d'Alphonse VI, où il donne à l'abbé Lecennius, parent (consanguineus) de Rodricus Didaz Campidator, l'église de Sainte-Eugénie, dans le district d'Aguilar del Campo, avec tout son territoire; elle porte la date: « Facta charta apud Legionem anno tertio in quarto mense post obitum Santij regis in Zamora. Et in Castro Mayor fuit tradita ad roborandum sub Era T. C. XI. regnante Adefonso » etc. Cette charte porte la signature de plusieurs personnages parmi lesquels se trouve « Roy Diaz Campidator. » Sancho ayant été assassiné le dimanche 7 octobre 1072, l'année 1073 n'est pas la troisième du règne d'Alphonse. Il est vrai qu'on lit chez Sandoval (*Cinco Reyes*, fol. 37, col. 1) « Era 1113; » mais dans un autre endroit (fol. 60, col. 2), il dit: « Está confussa la Era. » (2) Sandoval, *San Pedro; Esp. sagr.*, t. XXXVIII, Escr. 19. 3) Sandoval, *Cinco Reyes*, fol. 54, col. 4. La date est « Era 1114. regnante Rex Alfonso in Legione et Castella, quinta feria IIII. Idus Maij. » Cette date est parfaitement exacte (année 1076, lettres dominicales CB.), et je ne sais comment Sandoval a pu dire: « Que viene al justo quitando 39. años de la Era, como se han de quitar contando desde la Encarnacion, y no del Nacimiento. » La date 1075 serait fautive; pour cette année la lettre dominicale est D., et le 12 mai tombait un mardi.

mèrent; ils ajoutent: « Quomodo nobis ingenuavit Sanccius Rex. » Sota (p. 650, 651) a publié une charte d'Urraque et d'Elvire, filles de Ferdinand I*er*, de l'ère 1120 (année 1082), qui porte la signature de « Rodrico Didaz. » Il a cru que ce Rodrigue était le Cid, et que Didaco Rodriz, un des autres témoins, était son fils; ce dernier point est tout à fait inadmissible, Rodrigue ne s'étant marié qu'en 1074; il doit y avoir eu d'ailleurs à cette époque une foule de personnages qui portaient le nom de Diégo, fils de Rodrigue. Que si à présent le Rodrigue Diaz de cet acte est le Cid, il n'avait pas encore quitté le royaume en 1082, tandis que l'auteur des *Gesta* atteste qu'il se trouvait déjà à Saragosse en 1081. Mais ce Rodrigue Diaz ne pourrait-il être Rodrigue Diaz l'Asturien, le beau-frère du Cid? Supposé cependant que ce soit le Cid lui-même, alors l'auteur latin aurait commis une erreur chronologique assez légère; car il ne dit rien sur les relations de Rodrigue avec Moctadir; il passe de prime abord au règne de Moutamin, le fils de Moctadir. « Deinde vero, » dit-il, « ad Cæsaraugustam venit, regnante in ea tunc Almuctamir, qui mortuus fuit Cæsaraugusta. Regnumque autem eius divisum est inter duos eiusdem filios, Almuctamam videlicet, et Alfagib. » Toujours est-il qu'aucune charte postérieure à l'année 1082, ne porte la signature du Cid; les *Gesta* précisent donc assez exactement l'époque où Rodrigue quitta sa patrie.

VIII.

(Dans cette note j'ai rassemblé tous les renseignements que j'ai pu trouver sur Modhaffar de Lérida.)

Ibn-Khaldoun, dans son chapitre sur les Beni-Houd (d'après

les deux man. de Paris et celui de Leyde): تولى ابنه احمد المقتدر سرقسطة وسائر الثغر الاعلى وابنه يوسف المظفر لاردة ثم نشأت الفتنة بينهما وانتصر المقتدر بالافرنج والبشكنس فجاءوا لميعاده فوقعت الفتنة بين المسلمين وبينهم نائرة وانصرفوا الى يوسف صاحب لاردة فحاصر بهم سرقسطة وذلك سنة ٣٤٣. «(Après la mort de Solaimân Mostaîn en 438), l'un de ses fils, Ahmed Moctadir, gouverna Saragosse et le reste de la Frontière supérieure, et l'autre, Yousof Modhaffar, gouverna Lérida. La guerre éclata entre eux, et Moctadir appela les Francs (c.-à-d. les Catalans) et les Basques (c.-à-d. les Navarrais) à son secours; mais après quelques combats acharnés, les chrétiens embrassèrent le parti de Yousof, seigneur de Lérida, qui assiégea avec leur secours Saragosse, dans l'année 443 (15 mai 1051 — 2 mai 1052).»

Dans un titre de Ramire d'Aragon du 4 mai 1049 (cité par Briz Martinez, *Hist. de S. Juan de la Peña*, p. 449, col. 2), on lit que Moctadir régnait alors à Saragosse et *Almudafar* à Lérida. Moret (*Annales de Navarra*, t. I, p. 680) cite une autre charte, où on lit la même chose; mais la date, 1043, doit être fautive, car Mostaîn ne mourut qu'en 1046 ou 1047.

Ibn-Haiyân (*apud* Ibn-Bassâm, man. de Gotha, fol. 115 v., 116 r.; dans le man. de M. de Gayangos on ne trouve que les trois dernières lignes de ce passage): النخبير ببادرة احمد ابن سليمان بن هود فيما كان رامه من الفتنة باخيه ابو مروان بن حيان وفي رمضان من سنة ٤٥٠ سقط

XLVII

الخبير الينا بذلك وكانا ¹ اتّفقا على الالتقاء طلبًا للسلم
والكفّ عن الفتنة فلما خرجا للمكان المتّفق عليه تكارما
فى اللقاء وتدانيا دون احد من اصحابهما وكلاهما
حاسرٌ أعزلُ ² على ما تشارطاه تمكينًا لطمانينتهما ³ فتنازعا
الكلام فيما *جاءا له⁴ فلم يرع يوسف إلّا اطلال فارس
عليه من ناحية موقف معسكر اخيه احمد شاكّ⁵ السلاح
يبرق سنان⁶ رمحه واذا بطاريق من مستامنة الانصارى
الخريبيين (؟النبريين lisez) الخادمين معه قد واطاه احمد
على الفتك باخيه فانقضّ على يوسف وهو يكلّم اخاه
واحمد يصيح حتى خالط يوسف وطعنه ثلاث طعنات
وناكت درع يوسف درع حصينة كان قد استظهر
بلباسها خلل اثوابه ابدا بالحزم فرَدَّتْ سنانَ الرمح عنه
وصاح يوسف نحو اصحابه غُدِّرتُ فابتدروه وناجوا به
وثَبَتَ بجراحه وقد ابتدر احمد رجاله واختلط الفريقان
اختلاطا قبيحًا كادت تقع بينهما ⁷ ملحمة اطفاءًا احمد
بالتبرّد⁸ من العلج لوثبته والبدار لقتله ورفع راسه والنداء
عليه فسكن شغب الفريقين وانكفّأ⁹ كلٌّ الى وطنه فعادت

---

1) Dans le man. وكان. 2) Le man. porte اعدل!. 3) Dans
le man. لضانينتهما!. 4) Le man. porte جاء اليه. 5) Dans
le man. شاكى. 6) Dans le man. وسنان. 7) Le man. A.
porte بينهم. 8) Dans le man. A. بالبرود. 9) B. وانكفّ, ce
qui revient au même.

XLVIII

حالُ ابنَى هود كالذى كانت من التفرُّق : « *Récit de l'action inconsidérée d'Ahmed ibn-Solaimân ibn-Houd, quand il chercha à tuer son frère par trahison.* Abou-Merwân ibn-Haiyân dit: Dans le mois de Ramadhân de l'année 450 (novembre 1058), nous fûmes informés (à Cordoue) de cet événement. Les deux frères étaient convenus d'avoir une entrevue pour tâcher de faire cesser la guerre. Arrivés tous les deux à l'endroit indiqué, ils se témoignèrent beaucoup d'estime et s'approchèrent l'un de l'autre sans suite et sans armes, comme cela avait été arrêté entre eux pour leur sûreté réciproque. Ils parlèrent de l'objet de leur entrevue; mais au moment où Yousof y songeait le moins, un cavalier qui venait du côté du camp de son frère, fondit sur lui; il était armé de pied en cap, et la pointe de sa lance jetait des éclairs. Le fait était qu'Ahmed avait intimé l'ordre à un des chevaliers chrétiens et navarrais qu'il avait à son service et auxquels il se fiait, d'assassiner son frère. Ce chevalier fondit donc sur Yousof au moment où celui-ci parlait avec son frère, et tandis qu'Ahmed poussait des cris, il porta à Yousof trois coups de lance. Mais Yousof avait sous sa tunique une bonne cotte de mailles, que par prudence il portait toujours sous ses habits. Cette armure repoussa la pointe de la lance, et Yousof cria aux siens: — Je suis trahi! — Ils se précipitèrent vers lui et le mirent en sûreté, ses blessures l'empêchant de marcher. Ahmed était retourné en toute hâte vers son camp. Les soldats des deux armées se dirent les plus graves injures, et peu s'en fallut qu'ils n'en vinssent aux mains; mais Ahmed apaisa ceux de son frère en niant à l'instant même toute complicité avec le chrétien; après quoi, l'ayant fait décapiter, il fit porter sa tête au bout d'une lance, tandis qu'un héraut proclamait son crime. Alors le tumulte cessa, et des deux côtés l'on rentra dans ses foyers; mais les deux Beni-Houd restèrent ennemis comme auparavant.»

Dans un titre du 26 novembre 1058 (cf. Bofarull, *Condes de Barcelona*, t. II, p. 79), Raymond Ier de Barcelone promet à Raymond, comte de Cerdagne, qu'il l'aidera à forcer le prince de Saragosse et celui de Lérida à lui payer le tribut qu'ils avaient payé auparavant aux comtes de Cerdagne. Dans une convention entre Ermengaud, comte d'Urgel, et Raymond Ier, de l'année 1063 (*Marca Hispanica*, p. 1125 et suiv., où l'éditeur donne par erreur l'année 1064), le premier promet au second de lui donner la troisième partie des terres qu'il pourrait enlever, soit à Alchagib (al-hâdjib; c'était le titre de Moctadir, ainsi qu'il résulte d'une autre charte (*Marca*, p. 1112), où on lit: *Alchagib Dux Cæsaraugustæ*), soit à Almudafar. Au rapport d'Ibn-Haiyân (*apud* Ibn-Bassâm, man. de Gotha, fol. 48 v.—51 r.), Barbastro fut pris par les chrétiens en 456 (1064, et non 1065, comme on le dit ordinairement), parce que son émir, Yousof ibn-Solaimân ibn-Houd (c.-à-d. Modhaffar), avait abandonné à leur sort les habitants de cette ville, qui voulaient se gouverner eux-mêmes. Dans le printemps de l'année suivante (1065), Moctadir, aidé par une troupe de cinq cents cavaliers que lui avait envoyés Motadhid de Séville, reconquit Barbastro, dont les habitants ne l'aimaient pas; ils lui préféraient son frère. Par un acte du 18 juin 1078 (cf. Diago, *Condes de Barcelona*, fol. 132 r. et v.), Raymond II de Barcelone promet à son frère Bérenger, qu'il sera pour lui un ami fidèle et qu'il l'aidera de tout son pouvoir; il lui donne comme otage le roi Almudafar, qui serait obligé à payer à Bérenger le tribut qu'il avait payé au père des deux princes, Raymond Ier. Chez Ibn-Bassâm (man. de Gotha, fol. 9 r.) on trouve une lettre d'Ibn-Tâhir à *Modhaffar, seigneur de Lérida*; elle ne porte point de date. D'après un auteur cité par Ibn-al-Abbâr (dans mes *Script. Ar. loci de Abbad.*, t. II, p. 104), le célèbre Ibn-Ammâr séjourna pendant quelque temps à Lérida, à la cour «du seigneur de cette ville, Modhaffar Hosâm-ad-daula Abou-Omar Yousof, fils de Solaimân Mostaîn.» Cet auteur ajoute que ce prince était le fils *aîné* de Mostaîn, et qu'il surpassait son frère Moctadir par sa bravoure et par ses connaissances littéraires.

D'après les *Gesta*, Modhaffar (l'auteur espagnol le nomme par erreur *Adafir*) fut emprisonné à Rueda par son frère Moctadir. Or, comme nous avons vu que Modhaffar était encore seigneur de Lérida en juin 1078, et que nous savons que Moctadir mourut en 1081, il faut admettre que ceci arriva dans une des quatre dernières années du règne de Moctadir.

IX.

(Extraits relatifs à l'histoire de Valence.)

Ibn-al-Abbâr, au commencement de son chapitre sur le câtib Abou-Abdallâh Mohammed ibn-Merwân ibn-Abdalazîz:

اصله من قرطبة وسكن بلنسية ويعرف بابن رويش[1] وسياتى ذكر نسبه عند ذكر ابنه الوزير الاجلّ ابى بكر احمد ابن محمد[2] وكان ابو عبد الله هذا قد راس فى اخر

---

1) Ces voyelles se trouvent dans le man.   2) Le chapitre auquel Ibn-al-Abbâr renvoie ici, ne se trouve pas dans le manuscrit.

دولة المنصور عبد العزيز بن عبد الرحمن بن محمد بن ابى عامر صاحب بلنسية فلما توفى المنصور وملك ابنه المظفر عبد الملك بن عبد العزيز تمشت (تملّكت ١.) حاله معه على ما كانت عليه فى حياة ابيه وكان عبد الملك ضعيفا فخلعه صهره المامون يحيى بن اسماعيل بن ذى النون صاحب طليطلة فى سنة ٤٥٧ وفى ليلة عرفة لتسع خلون من ذى الحجة منها وملك بلنسية وما اليها من بلاد الشرق فاستخلف عليها ابا عبد الله بن عبد العزيز هذا وجعل اليه تدبير امرها ثم انتقل ذلك عند وفاته الى ابى بكر ابنه فتناقضت فيها حاله بعد موت المامون ابن ذى النون واستبدّ بالرياسة وجرى على احمد سنن من السياسة نذكر اكثر هذا الخبر ابو بكر محمد بن عيسى بن مزين فيما وقفت عليه من تاليف له مختصر فى التاريخ واما ابن حيان فذكر هذا المخلوع عبد الملك واساء الثناء عليه وحكى انه كان فى مصير ملك ابيه اليه قد تخلّى عن امر الامارة اجمعه وفوّضه الى وزيره احمد بن محمد بن عبد العزيز الماضى لعبد الملك مكانه عند توليته واشبع الكلام فى صفة خلع عبد الملك ونسب محاولته الى ابى بكر دون ابيه فدلّ ذلك على وفاته قبلها والله اعلم ۞

Je crois devoir préférer le témoignage d'Ibn-Haiyân à celui

d'Ibn-Mozain, car Ibn-Bassâm (man. de Gotha, fol. 10 r., et man. de M. Gayangos) cite un passage d'Ibn-Haiyân, qui paraît avoir échappé à l'attention d'Ibn-al-Abbâr, mais qui contient la date assez précise de la mort d'Ibn-Abdalazîz le père, puisqu'il y est dit que la nouvelle de son décès arriva à Cordoue pendant l'un des dix derniers jours de Djomâdâ II 456 (milieu de juin 1064). Voici ce passage: وقد ذكره
ابو مروان بن حيان فقال وفى العشر الاواخر من جمادى
الاخرة سنة ست وخمسين نُعىَ اليها وزير بلنسية ابن
عبد العزيز وكان على خمول اصله فى الجماعة من
اراجح¹ كبار الكتاب الطالعين فى زمن² هذه الفتنة
الملهمة ولدى السداد³ من وزراء ملوكها⁴ ذا حنكة
ومعرفة وارتياض وتجربة وهدى وقوام سيرة الى تَرَاه⁵
وصيانة انتهى كلام ابن حيان.

Ibn-al-Abbâr, au commencement de son court article sur Abou-Amir ibn-al-Faradj: كان من بيت رياسة تعرف اباؤه
وقومه مع بنى ذى النون ملوك طليطلة والى ابى سعيد
منهم وهو وال على كونكة وجّهَ المظفّرُ عبد الملك ابن
المنصور عبد العزيز بن ابى عامر حين خلعه المامون بن
ذى النون من بلنسية فى ذى الحجة سنة ٤٥٧.

---

1) A. porte أرجح. Voyez sur ce mot (*l'un des plus illustres*) Script. Ar. loci de Abbad., t. I, p. 183, n. 48.   2) B. رمس.
3) A. المداد.   4) B. ملوكنا.   5) Je prends le mot تَرَاء dans le sens de *modestie* (*contentus fuit, satis habuit*). B. porte ترى.

Ibn-Bassâm (man. de Gotha, fol. 10 v., et man. de M. de Gayangos), après avoir dit qu'Abou-Becr succéda à son père comme vizir d'Abdalmelic, continue en ces termes: فلما قدّس[1] يحيى بن ذى النون الملقب بالمامون آثار آل[2] ابن ابى عامر، وآجتثّت أُصلهم من بلنسية اخر الدهور الداعر،، حسبما سنأتى عليه، الذا انتبينا ان شاء الله اليه،، كان ابن عبد العزيز زعموا احد مَن اقام ميلها، واوضح لابن ذى النون سُبلها،، حتى خلصت له وخلص لها فكانّه ابن ذى النون لاول تملّكه اياها بأن ولّاه امورها، وحلّاه شـذورها،، البخ. Le passage auquel Ibn-Bassâm renvoie, se trouve dans son chapitre sur les rois de Tolède, ainsi qu'il le dit plus loin (fol. 11 r.), c'est-à-dire, dans le quatrième volume, que nous ne possédons pas en Europe.

Ibn-Haiyân (apud Ibn-Bassâm, man. de Gotha, fol. 67 r., et man. de M. de Gayangos): فاجتمع اصحابه على تأمير ولده عبد الملك وقام له بامره كاتبُ والده المدبّر لدولته ابن عبد العزيز * المشهور مع معرفته بابن روبش القرطبى وكان موصوفا بالرجاحة فأحْسَنَ هـذا الكاتب معونته على شانه وتولّى تمهيد سلطانه واستقرّ امرُه على ضعف ركنه لعدم المال وقلّة الرجال وفساد اكثر الاعمال وراعى هذا الكاتب[3] الشّهْمْ مُدبّر هـذة الدولة فى هذا المومر

---

1) A. خس. 2) A. الى; dans B. ce mot manque. 3) Tout

عبد الملك مكان صهره وظهيره المامون بيحيى بن ذى
النون اذ كان صهر عبد الملك أبأ امرأته المُساعم[1] لـه
فى مَصاب ابيه المعين لـه على سبٍّ ثلمه اللاتى عنه
كلِّ مَن طمع فيه فانزعج عند نزول الحادثة من حضرته
بلبطلة الى قلعة قونكة من طرف اعماله للدنو من صهره
عبد الملك ويدار بانفاذ قائد من خاصته وبالكاتب ابن
مثنى الى بلنسية فى جيش كثيف امرهم بالمقام مع
عبد الملك وشدّ ركنه فسكنت الدعماء عليه ۞

X.

(Note pour la page 127.)

Cr. general; Kitâb al-ictifâ (*Script. Ar. loci*, t. II, p. 19), où on lit aussi qu'Alvar Fañez commandait l'armée chrétienne (ce qui est confirmé indirectement par Ibn-abî-Zer, *Cartâs*, p. 94, l. 3); mais quand l'auteur de ce livre ajoute que Valence se soumit à Câdir dans l'année 480, il est clair qu'il se trompe; car non-seulement il se trouve en opposition avec Ibn-Bassâm (*avant* la bataille de Zallâca), avec la *Cron. general* (de même) et avec Ibn-Khaldoun, mais encore il est peu probable qu'Alphonse ait entrepris la conquête de Valence

---

ce passage, à partir du signe *, manque dans le man. A. Au lieu de وراعى, B. porte وراعنى.

1) Voyez sur la 8ᵉ forme du verbe سهم, *Script. Ar. loci*, t. I, p. 254, l. 3, et la note p. 286.

alors que son armée venait d'être anéantie dans la bataille de Zallâca.

Ibn-Khaldoun, fol. 27 r.: فلما سلّم القادر بن ذى النون طايطلة وزحف الى بلنسية ومعه الغنش كما قلناه خلع اهل بلنسية عثمان بن ابى بكر وامكنوا منها القادر خوفًا من استيلاه النصرانى وذلك سنة ٤٧٨ ثم ثار الخ Après « que Câdir ibn-Dhî-'n-noun eut livré Tolède et qu'il se fut mis en marche contre Valence, accompagné d'Alphonse, » — ce dernier renseignement me paraît inexact — « ainsi que nous l'avons dit, les Valenciens déposèrent Othmân ibn-abî-Becr, et livrèrent leur ville à Câdir, de crainte que le chrétien ne la prît par la force. Ceci arriva dans l'année 478. » Le passage auquel l'auteur renvoie, se trouve dans l'histoire des rois de Tolède (fol. 26 v.). Le voici: (الغنش) وضايق ابن ذى النون حتى غلب على طايطلة فخرج لـه القادر عليها (عنها: lisez) سنة ٤٧٨ وشرط عليه ان يظاهره على اخـذ بلنسية وعليها عثمان القاضى ابن ابـى بكر ابن عبد العزيز مـن وزراء ابن ابـى عامر فخلعه اهلهـا خوفًا من القادر ان يمكن منهم الغنش فدخلها القادر. « Alphonse réduisit Ibn-Dhî-'n-noun à l'étroit, jusqu'à ce qu'il s'emparât de Tolède. Câdir lui céda cette ville dans l'année 478, après avoir stipulé qu'Alphonse l'aiderait à reconquérir Valence, où régnait le cadi Othmân, fils d'Abou-Becr ibn-Abdalazîz, un des vizirs d'Ibn-abî-Amir. Othmân fut déposé par les Valenciens, parce qu'ils craignaient que Câdir ne les livrât à Alphonse. Câdir entra alors dans Valence. »

Comparez aussi Ibn-Bassâm. Nowairî (man. 2 A, p. 494) dit: ارسل القادر بالله الى بلنسية,, «Alphonse envoya al-Câdir-billâh à Valence.»

XI.

(Note pour la page 129.)

Dans le texte espagnol on trouve *Giralte el Romano*. Il faut lire *Giralte Alaman*, comme on trouve dans les *Gesta* (*Giraldus Alaman*, p. xxxv, xl). Les documents relatifs à l'histoire de la Catalogne donnent quelques détails sur ce personnage. Il est nommé comme témoin dans plusieurs chartes; voyez, par exemple, un titre de 1068 dans la *Marca Hispan.*, p. 1137, et un autre de 1071 dans l'*Histoire générale de Languedoc*, t. II, Preuves, p. 279, 280. Il était un des exécuteurs du testament de Raymond Ier de Barcelone (Diago, *Condes de Barcelona*, fol. 129 r.), qui l'avait d'ailleurs nommé tuteur de sa fille Sancha (*ibid.*, fol. 131 v.). Son nom apparaît aussi dans un titre de 1086 (Bofarull, *Condes*, t. II, p. 184). Son oncle, l'évêque de Barcelone Humbert de Alemany, comme écrit Diago (fol. 138 r.), lui donna le château de Gelida. Parmi les noms des vingt et un seigneurs qui aidèrent Raymond Ier dans la composition des *Usages*, on trouve celui d'Aleman de Cervellon (voyez Diago, fol. 120 v.). Ce personnage est sans doute le même que celui dont il s'agit dans notre texte, car il existe dans les archives de Barcelone (voyez Diago, fol. 138 v., 140 v.) une convention, datée du 15 juin 1089, en vertu de laquelle Giraud Alaman de Cervellon s'engage à prêter au comte Bérenger de Barcelone la somme de sept mille ducats d'or de Valence, tandis que de son côté le comte lui donne en nantissement le château de Santa Perpetua del Penadès. Il est donc certain que Giraud Alaman était baron de Cervellon; car Cervellon était une baronnie (voyez Diago, fol. 122 r.), ainsi qu'Alaman ou Alemany.

XII.

(Note pour la page 132.)

L'auteur de la *Cronica general* (fol. 320, col. 4) raconte ici, d'après les *Gesta*, que le Cid quitta la Castille; mais ceci n'eut lieu que dans l'année suivante, 1089. Il se trompe aussi quand il dit que Yousof de Saragosse (Moutamin, qui était mort en 1085) mourut vers cette époque, et que Mostaîn lui succéda. Ce qu'il dit à ce sujet est emprunté des *Gesta* (p. xxv), mais il a brouillé les dates. Immédiatement après il retourne à son auteur arabe, qui est d'accord avec le *Kitáb al-ictifá*.

XIII.

(Note pour la page 142.)

«Si autem hoc factum nolueris, eris talis qualem dicunt in vulgo Castellani *aleroso*, et in vulgo Francorum *bauzador* et fraudator.» Le mot *fraudator* est une glose du mot provençal *bauzador* (régime direct ou indirect; le sujet est *bauzaire*). Dans la réponse du Cid on trouve seulement: «Me autem falsissime deludendo dixisti quod feci *aleve* ad Forum Castellæ,» — comparez *Fuero Viejo*, Lib. I, Titol V, §1 — «aut *bauzia* ad Forum Galliæ, quod sanè proprio ore plane mentitus es.» Du reste la glose est exacte. Dans la traduction provençale des Actes des Apôtres (V, vs. 1, 2), citée dans le *Glossaire occitanien* (p. 40), les mots « vendidit agrum et *fraudavit* de pretio agri, » sont traduits ainsi : « vendec un camp e *bauzec* del pretz. » *Fierabras*, vs. 59, 60 :

    autras gens lay menet, cuy dami-dieus maldia,
    los parens Gaynelo, que tostemps fan bauzia.

Comparez Raynouard, *Lexique roman*, t. II, p. 202, 203.

XIV.

(Note pour la page 149.)

J'ai suivi ici un historien fort respectable, savoir Ibn-al-Athîr. D'après une communication de M. Defrémery, cet auteur dit en tête de l'année 485 (12 février 1092—31 janvier 1093) (man. 741 suppl. ar. de la Bibl. impér., fol. 59 v.) :

ذكر الحرب بين المسلمين والفرنج باجيان ۞ في هذه السنة جمع الذفونس عساكره وجموعه وغزا بلاد جيان من الاندلس فلقيه المسلمون وقاتلوه واشتدَّ الحرب وكانت الهزيمة اولا على المسلمين ثم ان الله تعالى ردَّ لهم الكرَّة على الفرنج فهزموهم واكثروا القتل فيهم ولم ينج الا الذفونس في نفر يسير وكانت هذه الوقعة من اشهر الوقائع بعد الزلاقة وأكْثَرَ الشعراء ذكْرَها في اشعارهم ۞

« *Récit de la guerre entre les musulmans et les Francs près de Jaën*. Dans cette année, Alphonso rassembla ses troupes et fit une incursion dans le pays de Jaën en Andalousie. Les musulmans allèrent à sa rencontre et le combattirent. Le combat fut acharné. D'abord les musulmans prirent la fuite, mais plus tard Dieu leur donna la victoire sur les Francs. Alors ils les mirent en déroute et en tuèrent un grand nombre. Alphonse n'échappa qu'avec une petite troupe des siens. Cette bataille fut une des plus glorieuses après celle de Zallâca, et les poètes en parlèrent fréquemment dans leurs compositions.» Il est curieux de comparer avec ce récit, sans doute exact, celui des *Gesta:* «Rex autem in eodem loco VI. permansit diebus. Juzeph vero, Rex Moabitarum et Sarracenorum, Regem Aldefonsum expectare et cum eo pugnare non audens, eiusdem Regis pavore perterritus, una cum exercitu suo fugit et a partibus illis clam recessit.» Est-ce ignorance de la part de l'auteur espagnol? ou bien est-ce un manque de bonne foi, est-ce le désir de dissimuler une défaite de l'empereur?

Sandoval (*Cinco Reyes*, fol. 84, col. 4) nous apprend qu'il y a un titre où Doña Mayor donne quelques terres au cloître d'Arlanza, afin que Dieu fasse revenir ses fils sains et saufs du pays des Maures, contre lesquels l'armée était en campagne. S'il s'agit ici de l'expédition d'Alphonse, comme je serais porté à le croire, celle-ci eut lieu dans le mois de juin, car le titre en question est du 12 juin 1092.

Peut-être est-il question de la même campagne dans les *Anales Toledanos II*, où on lit que dans l'année 1092, Alvar Fañez fut mis en déroute près d'Almodovar del Rio. Il se peut fort bien qu'Alvar Fañez ait commandé une division de l'armée castillane et qu'il ait été battu pendant sa retraite.

Au reste, M. Malo de Molina, qui a publié à Madrid, il y a deux ans, une traduction libre de mon travail sur le Cid, accompagnée de quelques remarques, a eu tort d'identifier cette expédition d'Alphonse avec celle qu'il fit pour venir au secours de Motamid, roi de Séville. Cette dernière avait eu lieu l'année précédente, car déjà dans le mois de septembre 1091, Séville était tombée au pouvoir des Almoravides.

XV.

(Note pour la page 150.)

Kitâb al-ictifâ, plus haut, p. XXVII, XXVIII. Ibn-Khaldoun, dans son histoire des rois chrétiens, parle aussi du siége de Valence par Alphonse. Les *Gesta* gardent le silence à ce sujet, et ce livre, incomplet ici comme ailleurs, ne dit rien qui puisse motiver l'invasion du Cid dans la Rioja. Le même reproche frappe la *Cron. gener.*; mais il est fort remarquable qu'on trouve dans la *Cron. del Cid* (chap. 162) le passage suivant: «Ensuite le roi don Alphonse réunit une très-grande armée, assiégea Valence et envoya dire aux châtelains de la province qu'ils eussent à lui donner cinq fois le tribut qu'ils payaient au Cid. Quand le Cid en eut été averti, il fit dire au roi qu'il ne comprenait pas pourquoi Sa Grâce voulait le déshonorer, mais qu'il se tenait assuré que, Dieu aidant, elle reconnaîtrait bientôt qu'elle avait été mal conseillée par son entourage.» Suit le récit de l'invasion de la Rioja d'après les *Gesta*. J'ignore où la *Cronica* a puisé ce renseignement, du reste exact. Peut-être y avait-il un ancien document chrétien, aujourd'hui perdu, où il était question du siége de Valence par Alphonse. Ce qui m'engage à le croire, c'est un passage de Sandoval (*Cinco Reyes*, fol. 91, col. 2), conçu en ces termes: «Après avoir quitté Ubéda, le roi Alphonse marcha contre le roi de Valence, et il attendit la flotte que les Pisans et les Génois avaient promis d'envoyer à son secours pour attaquer Tortose. Ils manquèrent à leur engagement, et le roi, qui n'avait pas de machines de guerre, retourna à Tolède. Peu de jours après, la flotte des Génois et des Pisans arriva en vue de Tortose; mais Alphonse avait déjà laissé ses troupes se disperser, et Pierre d'Aragon accourut pour défendre son territoire avec une armée si nombreuse que la flotte italienne fut obligée de partir sans avoir remporté aucun avantage.» Sandoval assigne une fausse date (ère 1136, année 1098) à ces événements, et sa notice renferme encore quelques autres erreurs, comme M. Huber (*Gesch. des Cid*, p. 195) l'a déjà fait remarquer. Mais le fond, loin d'être tout à fait fabuleux, comme l'a cru ce savant, est vrai; l'ancien *Kitáb al-ictifá*, qui parle aussi de l'attaque de Tortose par la flotte italienne, le prouve. Je crois donc que Sandoval a trouvé ce récit dans un manuscrit aujourd'hui perdu, probablement dans l'histoire de Pierre de Léon, et peut-être le compilateur de la *Cronica del Cid* a-t-il puisé à la même source.

XVI.

(Note pour la page 153.)

«Un château nommé Benaccab (lisez Benaocab), c'est-à-dire, château de l'aigle.» *Cron. gener.* Dans la première édition de ce travail, j'avais cru avec Escolano (*Hist. de Valencia*, t. I, p. 393), qu'il s'agit ici de Penaguila; mais M. Malo de Molina a observé avec toute raison que cette opinion est inadmissible, attendu que Penaguila se trouve entre Dénia et Alcira, c'est-à-dire dans un district qui était alors au pouvoir des Almoravides. Il pense que la forteresse en question doit être Olocau, entre Liria et Ségorbe. Le nom d'Olocau, dit-il, peut fort bien être une corruption d'*al-ocáb*, l'aigle (پَنْيَة العُقاب, *Peña al-ocáb*, rocher de l'aigle), et d'ailleurs l'auteur des *Gesta* raconte que plus tard le château d'Olocau (qu'il nomme *Olokabet*) fut pris par le Cid, et qu'alors celui-ci y trouva de grandes richesses qui avaient appartenu à Câdir.

Le géographe Dimichkî (man. 464, fol. 169 r.) nomme al-Ocâb parmi les villes de la province de Valence. Il nomme aussi مُورَلَة (Morella), شَرِيكَة (Xerica) et جُوبِلَة (le *Jubala* de la *Cronica general*, le *Cebolla* des *Gesta*), endroits dont il est souvent question dans l'histoire du Cid.

XVII.

(Note pour la page 156.)

L'auteur du *Kitâb al-ictifâ* (plus haut, p. xxx) fixe, avec toute raison, le meurtre de Câdir à l'année 485. Rodrigue de Tolède, dans son *Historia Arabum* (ch. 49), donne la même date quand il dit que Câdir régna pendant sept ans à Valence. « Yahye, dictus Alchadir Bille, postquam Toletum perdiderat, ivit Valentiam, quæ ad suum dominium pertinebat, et annis VII vixit ibidem, et interfecit eum iudex quidam qui Abeniahab dicebatur. » Le mois se trouve indiqué dans la lettre que le Cid adressa à Ibn-Djahhâf et qui se trouve dans la *Cron. gen.* (fol. 324, col. 4). Le Cid y dit qu'Ibn-Djahhâf a dignement terminé son jeûne en tuant son seigneur. Il s'agit ici du jeûne du mois de Ramadhân, de sorte que le meurtre doit avoir eu lieu au commencement du mois de Chauwâl, et le premier Chauwâl de l'année 485 répond au 4 novembre 1092.

XVIII.

(Note pour la page 157.)

«Davan las mugeres grandes alegrías con él,» · la *Cron. gener.* Dans la *Cron. del Cid* (ch. 166): «davan las mugeres *albuércolas*,» et cette leçon se trouve peut-être aussi dans les manuscrits de la *General*. M. Huber (p. xciv) déclare qu'il ne connaît pas ce mot; il propose de lire *albricias* (conjecture bien malheureuse); mais il ajoute qu'il est possible qu'*albuércolas* soit un mot d'origine arabe, tombé en désuétude.

Cette note a de quoi étonner de la part d'un savant aussi consciencieux et aussi versé dans la langue espagnole que l'est M. Huber. Non-seulement le mot *albórbolas* se trouve dans les dictionnaires anciens (Jérôme Victor (1609): *albórbolas, ó albórbolos de alegría, cry signifiant ioye; hazer albórbolas, ó alborbolear, s'escrier de ioye, faire des cris de ioye*) et dans celui de l'Académie espagnole (*albórbola, albórbora, arbórbola*), mais il a encore été employé par Quevedo, et même les Dictionnaires modernes, tels que celui de M. Nuñez de Taboada, offrent les mots *albuérbola* et *albórbola, cri de joie, acclamation*[1]. Du reste, *albórbola* est sans doute d'origine arabe, bien qu'il ne dérive nullement d'un mot arabe *boóra* («que significa enójo y coráge»?) comme le prétendent les académiciens de Madrid. Il faut observer que la deuxième syllabe était anciennement *buel* et non pas *buer*

---

1) D'après M. Malo de Molina, le mot *albórbola* est encore en usage à Grenade, où l'on appelle ainsi les cris aigus que l'on pousse dans les chants du carnaval.

ou *lor*. On retrouve la forme ancienne chez un poëte du XIV⁰ siècle, l'Archiprêtre de Hita (copla 872):

Mas valia vuestra *albuélrola* ó vuestro buen solas,
Vuestro atombor sonante, los sonetes que fas,
Que toda nuestra fiesta.

(Dans le XV⁰ siècle, le poëte Juan de Mena écrivait déjà *albuérbolas*). Remarquons à présent que Pierre d'Alcala traduit *albórbolas de alegria* par *teguelgúl* (تَوَلْوُل, *telueltol*), et que Cañes (*Diccion. Esp. Lat. Arab.*) dit que le mot *albórbola* (il fait observer qu'il a vieilli) indique ces cris de joie, que les femmes en Asie poussent pendant les noces, où, après avoir chanté quelque couplet, elles finissent par ces *albórbolas* qu'elles produisent avec la langue, et qui ressemblent au bruit de l'eau quand elle bout. On ne peut donc douter que le mot espagnol en question ne dérive du verbe arabe *walwala* (ولول), auquel nos Dictionnaires ne donnent d'autre sens que celui de *pousser des gémissements*, mais qui signifie aussi *pousser des cris d'allégresse*. On lit, par exemple, chez Abd-al-wâhid (*Histoire des Almohades*, p. 211 de mon édition), à l'occasion d'une fête: وجاء النساء يُوَلْوِلْنَ ويضربن بالدفوف «les femmes accoururent (auprès du prince) en poussant des cris d'allégresse et en jouant du tambour de basque.» En général *walwala* signifie *pousser les cris lou, lou, lou, lou*, comme les femmes arabes ont la coutume de le faire aux jours de fêtes, de noces, de funérailles, et dans d'autres occasions. *Voyez* Hœst, *Nachrichten von Marokos*, p. 111; Kennedy, *Algiers en Tunis in 1845*, t. I, p. 111; *Narrative of a ten years' residence at Tripoli in Africa*, p. 91, 93. Dans cette dernière relation on trouve un passage qui présente presque autant d'analogie avec notre texte, que celui d'Abd-al-wâhid. Il y est dit (p. 82) que, lorsque l'épouse du Bey et trois autres princesses firent une procession, les meilleures chanteuses entonnèrent les chants de lou, lou, lou.

XIX.
(Note pour la page 159.)

« Los de tierra de Moya, » dit le texte espagnol. Il est fort naturel que le rédacteur de la *Cron. del Cid* n'ait pas compris cela, et qu'il ait sauté la phrase. Il faut lire Mōya, c'est-à-dire, Monya, mot arabe (مُنْيَة) qui désigne *un vaste jardin*, *huerta* en espagnol, ainsi que je l'ai déjà fait observer ailleurs (*Script. Arab. loci de Abbad.*, t. I, p. 31, note 99). Aux exemples que j'ai cités pour prouver que le mot *almunia* s'est conservé dans plusieurs noms de lieux espagnols on peut ajouter que, dans son testament, de l'année 1090 (*apud* Diago, *Condes de Barcelona*, fol. 137 r.), Ermengaud de Gerp, comte d'Urgel, fait mention de l'Almunia d'Abluez (ce nom est altéré), qui lui avait été donnée par Almudafar. Dans le *Kitáb al-iclifá* (fol. 164 v.) on lit que, dans l'année 503, Ali ibn-Yousof attaqua Tolède, ونزل على بابها وحاز المنية المشهورة التى بها, « mit le siége devant les portes de cette ville et prit possession du célèbre jardin qui se trouve dans son voisinage.» Dans le récit arabe traduit dans la *General*, il est question de la *Monya* ou jardin d'Ibn-Abdalazîz. Ibn-Khâcân (man. A., t. I, p. 117) parle du magnifique jardin (منية) d'Almanzor ibn-abî-Amir, près de Valence. Malheureusement ce sens du mot *monya* manque dans les Dictionnaires, et les orientalistes ont souvent traduit *monya* par *désir* là où ce mot signifie *jardin*. Ainsi M. Reinaud (traduction française de la Géographie d'Aboulféda, t. II, part. 1, p. 258) dit que *monya-Ibn-abi-Amir* « paraît signifier, en arabe, *le désir* d'Ibn-abi-Amir. » Dans un passage d'Ibn-Khâcân, publié par M. Hoogvliet (p. 55), il est question d'un festin nocturne, auquel le prince de Badajoz avait convié ses amis; وَالمُثَنِّي قَدْ أَصْبَحَتْ وَرُقْها, lit M. Hoogvliet, ce qu'il traduit ainsi (p. 92): *purique erant votorum nummi.* Avec la meilleure volonté du monde, je n'ai pu réussir à comprendre ces paroles latines; il me semble même que c'est là un non-sens. Le fait est qu'il faut prononcer وَرُقُها et non وَرَقُها (le man. Ga. porte و), et traduire: *et les tourterelles des jardins roucoulaient.*

XX.

(Note pour la page 160.)

Ici (fol. 325, col. 2) et plus loin on lit dans la *Cron. gener.*: « los fijos de Aboegib; » ailleurs (fol. 330, col. 2 etc.): « los fijos de Abenagit; » dans la *Cron. del Cid*: « los fijos de Abenagir. » Quelque leçon qu'on adopte, il n'y pas là de nom propre arabe. J'ai donc cru devoir lire: « los fijos de Abentahir » (plus haut (fol. 320, col. 3) le nom d'Ibn-Tâhir, comme je l'ai fait remarquer, se trouve altéré de cette manière: Abēnaher). Nous ne connaissons aucune autre famille valencienne dont le nom se rapproche davantage des leçons fautives des deux chroniques.

XXI.

(Note pour la page 164.)

Le texte espagnol porte ici *Abdenabdis*; plus loin (fol. 335, col. 1) on lit *Abenahadyz*, *Abenadalhyz* (fol. 336, col. 4) et

Abenaduz (fol. 337, col. 1); mais la véritable leçon ne saurait être douteuse. Ibn-Bassâm (man. de Gotha, fol. 323 v.) donne le récit d'un événement qui avait eu lieu à Saragosse; ce récit lui avait été communiqué par le Dhou-'l-wizârataini Abou-Amir (عامر) ibn-Abdous (عبدوس). Dans son chapitre sur ibn-Tâhir (man., fol. 16 v.), le même auteur copie une lettre adressée par ce personnage à Ibn-Abdous. J'ignore s'il s'agit dans les deux endroits du même homme et si l'Ibn-Abdous d'Ibn-Bassâm est identique avec celui de la *General*.

XXII.

(Note pour la page 166.)

La *General* porte ici *Gobaira* et plus loin *Cervera*. Il y a bien un *Cervera* dans le royaume de Valence, mais il se trouve près de Morella (voyez Escolano, t. II, p. 664), et les Almoravides n'avaient nullement pénétré jusque-là. Il y a aussi un *Corbera* à cinq lieues de Valence, sur le Rio Xucar (Escolano, t. II, p. 212, 213), et il se peut qu'il soit ici question de ce dernier endroit; mais la *Chanson* (vs. 1735) parle à une autre occasion d'un château qu'elle nomme *Guyera*. Cela ne peut guère être que *Cullera*, près de l'embouchure du Rio Xucar, et je crois que, dans notre texte, il s'agit de la même forteresse. Voici pourquoi: 1° Édrisi (t. II, p. 37) parle de Cullera قلّيرة; 2° l'endroit en question doit avoir été un château, une forteresse, puisqu'il s'y trouvait un capitaine et une garnison; Édrisi dit en effet que le château de Cullera est bien fortifié; 3° quand on adopte cette leçon, on s'explique pourquoi on lit une fois *Gobaira* dans la *General*; le traducteur aura lu قبيرة au lieu de قليرة; c'est une faute très-fréquente dans les manuscrits arabes.

XXIII.

(Note pour la page 172.)

Il y a ici dans le texte espagnol trois fautes fort ridicules, qu'il faut attribuer au copiste ou à l'éditeur du manuscrit. On y lit: « É los moros de Valencia estando así mal cuytados *llegóse cerca de allí Abonaxa* el adelantado de los Almoravides. » Il est clair qu'il faut lire: « cuytados, llególes carta de Ali Abenaxa. » Mais ce passage est le seul dans la *General*, où Ibn-Ayicha porte le nom d'Alî, qui lui est donné quelquefois dans la *Cron. del Cid*. L'auteur du *Kitáb al-ictifá* (man., fol. 163 r. et v.) et d'autres écrivains l'appellent *Mohammed* ibn-Ayicha. Peut-être faut-il lire *Aboali* (Abon-Alî) dans la *General*.

XXIV.

(Sur l'élégie valencienne.)

Cette élégie est incontestablement d'origine arabe, car elle porte le cachet particulier qui fait reconnaître à la première vue la poésie de ce peuple, et il me semble qu'Ibn-al-Abbâr l'a eue devant les yeux quand il écrivit son épître en prose rimée sur la prise de Valence par Jacques d'Aragon (voyez cette épître dans Maccarî, t. II, p. 790). Cependant, il ne faut pas croire que l'élégie traduite dans la *Cronica general* soit celle d'Ibn-Khafâdja, dont Ibn-Bassâm cite quatre vers; cette dernière ne peut avoir été composée qu'après que les Castillans eurent brûlé et évacué Valence, puisque le poète dit: « La misère et *le feu* ont détruit tes beautés. »

Dans la *General*, l'élégie valencienne est accompagnée d'un commentaire, où on lit que le *noble mur* désigne le peuple, les *hautes tours*, les nobles, les *blancs créneaux*, les sages les de ces nobles, le *grand fleuve*, le code, les *clairs canaux*, les juges etc. Comme Alphonse-le-Savant avait trop de goût pour composer une pièce de cette nature, je serais porté à l'attribuer à un de ces alchimistes arabes dont ce roi aimait à s'entourer et qui travaillaient avec lui au grand œuvre. En effet, on lit en tête de cette pièce: *Paroles d'Alhagib alfaqui*; elle se donne donc elle-même pour une traduction d'un original arabe. Il est présumable qu'Alphonse, qui savait assez d'arabe pour pouvoir traduire passablement de la simple prose, mais qui ne comprenait qu'imparfaitement la langue poétique, avait besoin d'assistance quand il en fut arrivé au poème qui se trouvait dans sa chronique valencienne. Il en aura donc demandé l'interprétation à un des savants de sa cour. Malheureusement celui auquel il s'est adressé n'avait pas la moindre idée d'une œuvre poétique, de sorte qu'il a vu partout un sens caché et des allusions mystérieuses.

Au reste, le texte arabe de l'élégie valencienne n'existe plus. Il est vrai que M. Pidal [1] a cru l'avoir retrouvé, non pas dans un manuscrit arabe, ni même dans un exemplaire de la Cronica general, mais dans une espèce d'histoire universelle en six volumes in-folio, composée par Juan Fernandez de Eredia. Le manuscrit de cet ouvrage, qui a été copié à Avignon, dans l'année 1385, et qui se trouve dans la Bibliothèque du duc d'Osuna, contient, outre le texte espa-

---

1) Voyez le *Cancionero de Baena*, que cet écrivain a publié en 1851, p. LVIII et LXXXIV.

gnol de l'élégie valencienne, un texte arabe écrit en caractères ordinaires. M. Pidal l'a publié; il a pensé que c'était la rédaction originale de l'élégie, et il a considéré celle-ci comme un poëme populaire [1].

Au premier abord, j'en conviens, j'étais fort porté à adopter cette opinion, car l'existence du texte original de l'élégie valencienne serait une nouvelle preuve que le récit de la Cronica general est bien réellement une traduction d'une chronique arabe. Mais en y regardant de plus près, j'ai dû changer d'avis. Le texte que M. Pidal a publié ne peut pas être du XIe siècle. Ce texte fourmille de barbarismes et de solécismes (on y trouve, par exemple, حناك au lieu du pronom possessif), et quoique les Arabes d'Espagne se soient permis certaines licences dans leurs poésies populaires, comme le prouvent celles que donne Maccarî, rien ne nous autorise cependant à penser qu'ils aient poussé aussi loin le mépris

---

1) J'ignore comment M. Pidal a pu m'accuser d'avoir nié que les Arabes d'Espagne aient eu une poésie populaire. Dans le passage qu'il attaque, je nommais les *moxaschaha*. Or, les mowaschaha appartiennent à la poésie populaire; ce sont des pièces que l'on ne cite pas dans un livre sérieux, comme dit Abd-al-wâhid (p. 63). Quant à la question principale, celle de savoir si la poésie arabe a eu de l'influence sur la poésie espagnole et particulièrement sur les romances, après avoir lu ce que M. Pidal dit à ce sujet, je ne puis que répéter ces paroles qui se trouvaient dans ma première édition: «Nous considérons cette question comme tout à fait oiseuse; nous voudrions ne plus la voir débattue, quoique nous soyons convaincu qu'elle le sera pendant longtemps encore. A chacun son cheval de bataille!»

des lois de la grammaire. Mais d'ailleurs, ce ne sont pas des vers; on n'y découvre pas de rimes, et M. Malo de Molina a observé avec raison que si les périodes de ce morceau étaient des vers, ces vers auraient une longueur démesurée et ne répondraient à aucun des mètres que nous connaissons. Je crois donc que ce morceau n'est autre chose qu'une traduction du texte espagnol, faite, vers la fin du XIV⁰ siècle et à la prière d'Eredia, par un juif qui, grâce à ses voyages dans les pays musulmans, connaissait tant bien que mal le langage vulgaire que l'on parlait alors.

XXV.
(Note pour la page 176.)

Cette date résulte de la lettre qu'Ibn-Tâhir écrivit en Çafar 487 (mars 1094), lorsqu'il était prisonnier dans le camp du Cid. Voyez plus haut, p. 11, 12. Ibn-Bassâm prétend qu'Ibn-Tâhir écrivit cette lettre en 488; mais dans cette circonstance, son témoignage n'a aucun poids. Cet auteur se trompe assez souvent quand il veut indiquer l'occasion et l'époque où les morceaux qu'il copie ont été composés; très-souvent ces indications n'ont aucune valeur parce que ce ne sont que des conjectures. Ici il nomme l'année 488, parce qu'il a cru qu'Ibn-Tâhir fut jeté en prison après la prise de Valence, événement qu'il fixe à tort à l'année 488. Maintenant de deux choses l'une: ou Ibn-Bassâm a voulu dire qu'Ibn-Tâhir fut jeté en prison après la prise de Valence, c'est-à-dire, après le mois de Djomâdâ I⁰ʳ 487, et alors il est évident qu'il se trompe, car Djomâdâ I⁰ʳ est le cinquième mois de l'année, et la lettre porte la date: «milieu de Çafar,» qui est le deuxième mois; ou bien Ibn-Bassâm a eu réellement en vue l'année 488, mais dans ce cas on peut objecter qu'aucun autre auteur ne parle d'une captivité d'Ibn-Tâhir à cette époque; nous ne voyons pas d'ailleurs pourquoi le Cid, alors qu'il était déjà maître de Valence, aurait emprisonné Ibn-Tâhir; enfin, la lettre elle-même ne donne nullement à entendre que Valence fût alors au pouvoir du Cid. J'ai donc cru devoir rapporter cette lettre à la captivité d'Ibn-Tâhir dont parle l'auteur valencien contemporain.

XXVI.
(Note pour la page 182.)

Cronica general: « É estavan así de la manera que dezien estos versos que estavan en aravigo que fizo Albataxi: Si fuere á diestro, matarme ha el aguaducho; é si fuere á siniestro, matarme ha el leon, é si quisiere tornar atras, quemar me ha el fuego.» *Cron. del Cid* (ch. 187): «que estavan hy como dize el Philosopho en el Proverbio: Si fuere á diestro, matarme ha el aguaducho; é si fuere á siniestro, comerme ha el leon; é si fuere adelante, moriré en la mar; é si quisiere tornar atras, quemarme ha el fuego.» Il va sans dire que la troisième phrase a été omise par erreur dans la *General.*

M. Huber semble croire que ces vers ont été composés à cette occasion (voyez son Introduction, p. LXII, dans la note); mais le rédacteur de la *Cron. del Cid* a très-bien vu qu'ils sont proverbiaux, et, par conséquent, plus anciens que le récit valencien. L'ancien poëte est nommé dans la *General*, mais nous ne connaissons point de poëte du nom d'Albataxi, et comme je n'ai pas trouvé ces vers ailleurs, je dois me borner à une conjecture. Des vers qui sont devenus proverbiaux, doivent avoir un poète célèbre pour auteur; je propose donc de lire *Albatari*, c'est-à-dire, al-Bohtorî, البحتري. C'est, comme on sait, le nom d'un célèbre poète qui florissait dans la seconde moitié du VIIIe siècle. Dans cette supposition, l'*z* au lieu du *r*, serait une faute de copiste, et Alphonse, qui d'ordinaire ne rend pas l'*h* (ابن جحاف *Abenjaf*, ابن مقور *Abenmacor*), aurait prononcé *Albatari* avec deux *fathas*, de même que l'ont fait d'Herbelot et d'autres[1]. Du reste, mes savants confrères à Saint-Pétersbourg ou à Paris, pourront décider si cette conjecture est fondée, car le *Diwán* de Bohtorî se trouve aux bibliothèques de ces deux villes.

XXVII.

(Note pour la page 186.)

La *Cronica general* (fol. 333, col. 1) nomme ce personnage *Aboegid*. Nous avons vu plus haut (p. LXVI) que, dans cet ouvrage, *Aboegib* est une des altérations du nom d'Ibn-Tâhir; mais il ne peut être question ici de ce dernier, car nous avons vu qu'il était prisonnier auprès du Cid, et rien n'indique qu'il eût été mis en liberté. Aussi la *Cron. del Cid* (ch. 192) présente une tout autre leçon; elle porte *Alenmoxiz*, et elle parle de ce personnage comme s'il n'eût pas encore été question de lui (« un Maure puissant de la ville qu'on nommait Abenmoxiz »). J'ai donc cru devoir la suivre ici. Moxiz est un nom propre fort rare, mais il existe; car Dhahabî (*Mochtabih*, man. 325) dit, au mot معيص :

---

1) D'Herbelot (*Bakhteri*) et Silvestre de Sacy ont même commis une faute de plus, en prononçant خ au lieu de ح.

وبمعاجمتَيْن مـحـمـد بن مـوسـى بن مُشيش (sic) عن احمد بن حنبل وعنده الحسن بن الهيثم. On ne peut objecter contre cette explication, que la dernière lettre est un *z* et non *x*, car dans le mot حنش (*bebalhanes, la porte de la couleuvre*) la *Cron. gen.* rend aussi le ش, qui se trouve à la fin du mot, par *s*.

XXVIII.
(Note pour la page 193.)

Dans le man. de Leyde d'Ibn-Khaldoun (fol. 27 r.) on lit (histoire de Valence): ثم تغلّب النصارى عليها (على بلنسية) سنة تسع وثمانين وقتلوه (ابن جحاف) «Les chrétiens s'emparèrent de Valence dans l'année 489 et tuèrent Ibn-Djahhâf.» Dans son chapitre sur les rois chrétiens, Ibn-Khaldoun dit que ce fut le Campéador qui prit Valence, mais il y donne la même fausse date, 489 au lieu de 487. Les mots تسع (9) et سبع (7) sont confondus fort souvent par les copistes; cependant il paraît qu'il ne faut pas mettre l'erreur sur le compte des copistes, mais sur celui d'Ibn-Khaldoun lui-même; car dans les deux endroits, les deux manuscrits de Paris présentent la même erreur que le manuscrit de Leyde.

Les *Anales Toledanos I* (*Esp. sagr.*, t. XXIII, p. 385) sont plus exacts; ils donnent l'année 1094: «Prisó Mio Cit Valencia, Era MCXXXII.»

La date précise est donnée par Ibn-al-Abbâr qui dit: un jeudi, vers la fin de Djomâdâ Ier de l'année 487, c'est-à-dire, le 28 de ce mois, qui répond au 15 juin. La *Cronica general* (fol. 325, col. 4) est d'accord avec Ibn-al-Abbâr pour le mois (juin) et pour le jour (jeudi); mais elle diffère de lui pour ce qui concerne le quantième du mois, car elle dit: « jeudi, le dernier jour de juin, après la fête de Saint-Jean, que les Maures appellent Alhazaro.» (Il faut lire Alhāzarō, c'est-à-dire, Alhanzaro. العنصرة manque dans nos dictionnaires, mais le renseignement est exact; comparez Maccarî, t. II, p. 88). Ce passage donne lieu à deux observations: 1° le dernier jour de juin 1094 (lettre dominicale A) n'était pas un jeudi, mais un vendredi; si l'on voulait fixer, avec Ibn-Bassâm, la reddition de Valence à l'année arabe 488, c'est-à-dire, à l'année chrétienne 1095 (lettre dominicale G), le renseignement serait plus inexact encore, car le 30 juin 1095 tombe un samedi; 2° que signifie cette addition, « après la Saint-Jean?» Si Valence se rendit le 30 juin, il est bien superflu d'ajouter: après le 24. Voici comment je crois devoir résoudre ces difficultés. Le traducteur espagnol aura trouvé dans son ouvrage arabe la même phrase qu'emploie Ibn-al-Abbâr: « jeudi, vers la fin de Djomâdâ Ier.» Il aura calculé que Djomâdâ Ier 487 répond au mois de juin 1094, ce qui est vrai à moitié; mais il n'aura pas calculé scrupuleusement; il aura cru que la fin de Djomâdâ Ier répond à la fin de juin, et voilà pourquoi il s'est trompé en voulant indiquer le quantième du mois. Quant à cette addition assez ridicule: « après la Saint-Jean que les Maures appellent Alhanzaro,» je crois qu'il faut l'attribuer à un bonhomme de copiste qui avait la démangeaison de montrer son savoir.

On ne saurait douter, du reste, que la *Cronica* n'ait emprunté au récit arabe la date qu'elle donne, car elle nomme (fol. 337, col. 2) l'année 1087. Cette fausse date ne se trouve dans aucun autre document chrétien; mais n'est-il pas facile de reconnaître dans ce nombre 87, l'année *arabe* 487?

La *General* se trompe quand elle dit que le siége de Valence dura neuf mois. Elle a emprunté ce renseignement erroné à la Chanson du Cid.

Le récit du siége de Valence dans les *Gesta* est fort court; mais il est singulier que l'auteur de ce livre dise que le Cid obtint la possession de Valence, non par capitulation, mais de vive force. Cette assertion est contredite par presque tous les auteurs arabes, et même la *Chanson du Cid* semble donner à entendre que Valence capitula (vs. 1217—1219). Deux écrivains arabes, savoir l'auteur du *Kitâb al-ictifâ* et un historien cité par Maccarî (voyez plus haut, p. XXX, XXXVIII) sont d'accord avec l'auteur des *Gesta*; mais il va sans dire qu'ils se trompent.

XXIX.

(Note pour la page 199.)

D'après Ibn-al-Abbâr (plus haut, p. XXXIV), le Cid laissa à Ibn-Djahhâf le poste de cadi pendant environ une année. Cette assertion ne peut se concilier avec le récit valencien, d'après lequel Ibn-Djahhâf fut arrêté peu de temps après la reddition de Valence. Je serais porté à croire qu'Ibn-al-Abbâr a trouvé seulement chez les auteurs contemporains qu'Ibn-Djahhâf a été brûlé environ une année après la reddition de Valence, dans le mois de Djomâdâ Ier de l'année 488, et qu'il a tiré de là la conclusion qu'il resta cadi jusqu'à cette époque. Mais rien ne nous empêche d'admettre qu'il resta longtemps en prison. Il n'est donc nullement nécessaire de rejeter le récit de l'auteur contemporain, traduit par Alphonse.

XXX.

(Note pour la page 204.)

D'après l'auteur des *Gesta* (p. L), cette armée était commandée par Mohammed, le fils de la sœur de Yousof. M. Huber (p. 82) et d'autres auteurs ont cru que ce personnage était Sîr ibn-abî-Becr. Mais celui-ci ne s'appelait pas Mohammed, et il n'était pas le fils de la sœur de Yousof, il était son cousin germain (ابن عمه; *al-Holal* dans mes *Scriptorum Arab. loci de Abbad.*, t. II, p. 204). Il me paraît donc beaucoup plus probable, pour ne pas dire certain, que l'auteur des *Gesta* parle de Mohammed ibn-Ayicha, dont le nom s'est déjà présenté maintes fois à nous. Je ne me rappelle pas, je l'avoue, d'avoir lu autre part qu'il était le fils de la sœur de Yousof; cependant, puisqu'il porte le nom de sa mère (Ibn-Ayicha), il est fort possible que celle-ci fût une princesse.

Du reste, l'auteur des *Gesta* fixe cette expédition à l'année 1094; mais comme le chroniqueur valencien ne parle pas de cet événement, cette date est inadmissible.

XXXI.

(Note pour la page 212.)

Gesta; voyez aussi plus haut, p. 25—28, et les textes dans l'Appendice, nº II; *Chron. de Cardeña*, sous l'année 1102: «Perdieron los Christianos á Valencia;» Ibn-Khaldoun : ثم تغلّب المرابطون على الاندلس وزحف مزدلى قائدهم الى بلنسية فاسترجعها من ايديهم سنة 495 «Ensuite les Almoravides prirent possession de l'Espagne; leur général

Mazdali marcha contre Valence et la reprit sur les chrétiens dans l'année 495.» Ibn-al-Khatîb, man. E., article sur Mazdalî: من مناقبه استرجاعُ مدينة بلنسية من ايدى الروم بسعيه وردَّها الى ملكة الاسلام بحميد غنائه فى منتصف رجب عام ٤٩٥ «Un de ses mérites, c'est que grâce à ses efforts et à sa louable persévérance, la ville de Valence a été enlevée aux chrétiens et rendue à l'islamisme dans le milieu de Redjeb 495 (5 mai 1102).»

XXXII.

(J'ai réuni dans cette note les observations que j'ai faites
sur quelques passages du texte de la Cronica rimada,
et qui, dans la première édition de ce travail,
se trouvaient éparpillées au bas des pages.)

Vs. 247, 248. Ce passage que l'éditeur, M. Francisque Michel, a fait imprimer comme si c'étaient des vers, est de la prose, comme le commencement de la Cronica, car l'assonance y manque.

Vs. 292. M. Francisque Michel ne paraît pas avoir compris ce passage. Il a imprimé:

ca a mí non me atenderedes a tantos por tantos, por quanto él está escalentado.»

Redro Ruy Laynes, señor que era de Faro:
Ce que M. Michel a imprimé comme une seule ligne doit en former deux, comme le montre l'assonance; puis les guillemets doivent se placer, non après *escalentado* (car alors cette phrase serait un non-sens), mais après *tantos*. Il faut donc lire ainsi:

«ca á mí non me atenderedes á tantos por tantos.»

Por quanto él está escalentado,
redro Ruy Laynes, señor que era de Faro:

Après le vers 298:

É los nueve dias contados cavalgan muy privado,

on lit dans le manuscrit:

Rodrigo, fijo de don Diego, é nieto de Layn Calvo,
é nieto del conde Nuño Alvares de Amaya, é visnieto del (rey de Leon,

et ensuite la romance:

«Dose años avia por cuenta, é aun los trese non son.»

Il faut rayer les deux lignes «Rodrigo» et «é nieto,» qui sont évidemment interpolées. Elles paraissent être une glose qui se rapporte au mot *avia* dans la romance.

Vs. 305—307:

Paradas estan las bases (*lisez* hases), é comiensa (*lisez* comiensan) á lidiar.
Rodrigo mató al conde, ca non lo pudo tardar.
Venidos son los ciento é pienssan de lydiar.

Il saute aux yeux que le vers 307, qui n'est pas à sa place, n'est qu'une rédaction différente du vers 305.

La ligne 312: «et l'une était Elvire Gomez, et la cadette, Aldonsa Gomez, et la troisième, la plus jeune, Chimène Gomez,» où l'assonance manque, me paraît une glose.

Vs. 398, 399:

Por yo matar mi enemigo en buena lid en campo,
yrado contra la corte é do está el buen rey don Fernando.

Le premier vers est une explication assez fade de l'auteur de la Cronica; le second, placé ici, ne présente point de sens satisfaisant.

Vs. 841. Lisez *la seña*, au lieu de *la peña*. Dans le vers suivant:

apriessa ertó de punta á la meter la espada que trayn
al cuelo,

il faut lire *erió* (c'est-à-dire *hirió*, *firió* dans la *Chanson*, vs. 2029) au lieu de *ertó*, verbe qui n'existe pas. On disait *herir de punta* comme on disait *herir de espada* (Alexandre, copla 63, 70). Du reste, tout ce passage (vs. 840—846 dans l'édition de M. Michel) est de la prose.

Vs. 863 : « é dixo: Señor, á fruenta (*lisez fruente;* cf. *Alexandre*, copla 1712) de Dios *te* fago.» Ce *te* est fautif; Pero Mudo ne tutoie pas Rodrigue (*rey* dans le vs. 864 est une espèce d'interjection), et d'ailleurs, qu'est-ce que *te fago* signifierait ici? Je crois donc devoir lire: *lo fago*.

Vs. 885. Les mots: «que de mi cuerpo a tanto» me paraissent altérés.

Vs. 888. Lisez *nos* au lieu de *vos*.

Vs. 897:

Atantas lanças quebradas por el *primore* quebrar.

Il va sans dire qu'il doit lire *primero*, et d'après M. Damas-Hinard, cette leçon se trouve dans le manuscrit. Ces huit vers qui riment en *ar* pourraient bien être un fragment d'une romance ou d'une chanson de geste, car ces dernières offrent souvent des descriptions de batailles où l'assonance est *a;* voyez, par exemple, *Chanson du Cid*, vs. 2414—2417. On peut aussi comparer avec ce passage, *Gérard de Rossillon*, p. 189.

Vs. 920:

Que nunca prendes ombre nado, que nunca te prendiesse.

Pour restituer le sens et l'assonance, il faut lire:

Que nunca te prendiesse ombre nado.

Il est clair que le copiste d'un ancien manuscrit a écrit par erreur *prendes* au lieu de *te prendiesse*, qu'il a corrigé sa bévue sur la marge, et que celui qui a copié ce manuscrit-là a transcrit la faute de même que la véritable leçon.

XXXIII.

(Sur les infants de Carrion dans la Chanson du Cid.)

Ces personnages ont existé. Ils étaient, d'après la Chanson, de la famille des *Vani Gomez*, «d'où sont sortis des comtes de prix et de valeur.» Le terme *Vani Gomez* est arabe: c'est *Bani Gomez* (on sait qu'en espagnol *b* et *v* permutent), *les fils de Gomez*. Ibn-Khaldoun atteste, dans son histoire des rois chrétiens de l'Espagne, que les Beni Gomez régnaient sur le pays qui s'étend entre Zamora et la Castille, et que Santa-Maria (c'était le nom que portait anciennement Carrion) était leur capitale. Dès l'année 915, les chartes font mention de cette famille, et en 1051, Gomez Diaz, comte de Carrion, Saldaña et Sainte-Marthe, bâtit le célèbre couvent de Saint-Zoïl de Carrion [1].

Mais quoique la famille des Gomez fût très-illustre et que les deux chevaliers nommés dans la Chanson, Diégo et Ferdinand, aient existé, il n'en est pas moins vrai que ces personnages n'ont pas épousé les filles du Cid, car, d'après son épitaphe dans le cloître de Saint-Zoïl [2], le comte Ferdinand Gomez était déjà mort dans l'année 1083, neuf années seulement après le mariage du Cid, et onze années avant la prise de Valence. D'ailleurs, Carrion n'était pas ce qu'on appelait un *solar* ou une *heredad*, c'est-à-dire une terre allodiale; c'était un *realengo*, une propriété du roi. Différents che-

---

1) *Voir* Sandoval, *Cinco Reyes*, fol. 62, col. 4.   2) Voyez Sandoval, *Cinco Reyes*, fol. 63, col. 2 et 3.

valiers de la maison de Gomez avaient gouverné ce pays, car souvent le roi donnait au fils le gouvernement qu'avait eu le père; néanmoins ce gouvernement n'était pas héréditaire, et nous savons à n'en pas douter que, depuis l'année 1088, ou peut-être plus tôt, jusqu'à l'année 1117, le comte de Carrion était Pierre Ansurez, qui n'appartenait pas à la famille des Gomez [1]. Mais il faut remarquer que le poète a confondu les Gomez avec une autre famille, non moins puissante, celle qui descendait de l'infante Christine et de son époux l'infant Ordoño, fils de Ramire l'Aveugle, et dont les membres, qui possédaient beaucoup de biens-fonds sur le territoire de Carrion, s'appelaient *les infants de Carrion*, parce qu'ils étaient de sang royal [2]. Peut-être le poète, pour lequel les infants de Carrion, neveux de Garcia Ordoñez, sont les Vani Gomez, a-t-il commis sciemment cette erreur, afin de pouvoir présenter sous un jour défavorable *deux* illustres et puissantes familles léonaises qui étaient haïes en Castille.

---

1) C'est ce qui résulte des chartes; voyez Sandoval, *Cinco Reyes*, fol. 45, col. 4; 70, 2; 74, 1; 79, 2; 83, 4; 89, 3; 92, 4; 93, 1; 94, 1 et 2; Sota, p. 536, col. 2; 539, 1; 540, 1 et 2; 543, 1; Moret, *Annales*, t. II, p. 85. Llorente, t. IV, p. 23, pour l'année 1117, mais dans cette même année on trouve (Llorente, t. IV, p. 25): Comes *Bertrandus* de Carrione. 2) Voyez Rodrigue de Tolède et les autres historiens qui se trouvent cités chez Salazar, *Casa de Silva*, t. I, p. 65.

FIN DE L'APPENDICE.

TABLE DES MATIÈRES

CONTENUES DANS CE VOLUME.

Pages.

Introduction. 1
Première partie. Les sources. 7
Deuxième partie. Le Cid de la réalité. 109
Troisième partie. Le Cid de la poésie. 214
Appendice. . . . . I—LXXXII.

ERRATA.

Pag.	lig.		lisez :
13	18	maniât	mania
—	20	établit	établit
15	not. 4	que	de ce que
16	21	loins	loin
107	5	a	ait
125	10	aveuglement	aveuglément
189	9	chacun	chaque individu
237	16	peint	peinte

www.ingramcontent.com/pod-product-compliance
Lightning Source LLC
Chambersburg PA
CBHW072005150426
43194CB00008B/1009